本书为以下本科教学工程项目的研究成果：
福建师范大学经济学基地人才培养模式创新试验区（国家级）（N200801003）
福建师范大学国家级特色专业（经济学 L201001001）
福建师范大学理论经济学省级教学团队（M200802005）
福建省经济学专业综合改革试点（L201202005）
福建师范大学本科教学改革研究（I201302027）

经济科学实验方法

李建建　黄茂兴　李军军　主编

经 济 科 学 出 版 社

图书在版编目（CIP）数据

经济科学实验方法/李建建，黄茂兴，李军军主编．—北京：经济科学出版社，2013.6
ISBN 978－7－5141－3636－4

Ⅰ.①经… Ⅱ.①李…②黄…③李… Ⅲ.①经济学－实验方法 Ⅳ.①F0－33

中国版本图书馆 CIP 数据核字（2013）第 169231 号

责任编辑：刁其武
责任校对：苏小昭
责任印制：李　鹏

经济科学实验方法
李建建　黄茂兴　李军军　主编
经济科学出版社出版、发行　新华书店经销
社址：北京市海淀区阜成路甲 28 号　邮编：100142
教材分社电话：010－88191345　发行部电话：010－88191522
网址：www.esp.com.cn
电子邮件：houxiaoxia@esp.com.cn
天猫网店：经济科学出版社旗舰店
网址：http://jjkxcbs.tmall.com
北京密兴印刷有限公司印装
787×1092　16 开　14.5 印张　350000 字
2013 年 8 月第 1 版　2013 年 8 月第 1 次印刷
ISBN 978－7－5141－3636－4　定价：29.00 元
（图书出现印装问题，本社负责调换。电话：010－88191502）

前　言

经济学是一门研究人类经济行为和经济现象及人们如何进行选择的学科，由于经济现象的复杂性，经济学家受到立场、环境、理论和方法不同的影响，对于同一个问题往往有不同的看法，致使经济学的科学性遭受质疑。数学的广泛应用使得经济学成为现代经济学，应用规范的分析框架和研究方法成为现代经济学的基本要求，通过经济数据考察社会经济现象使得研究结论更加客观，经济理论也能通过实验得到验证，学术交流变得更加顺畅有效。在一定的环境和条件下，设定假设，构建分析模型，利用现实数据求解，据此进行分析，成为目前经济学定量研究的主要方法，也符合"大胆假设，小心求证"的研究原则。基于现代经济学研究方法的重要性，有必要对经济学专业学生进行研究方法基础训练，至少从方法上提高学术研究的技能，在学术研究道路上从学习到模仿，再到创新，走得更加扎实。

目前出版了大量经济学数量分析方法图书，但能把研究方法和实际问题结合起来的书比较缺乏，而我们认为通过实际案例来学习经济研究方法更有针对性，既掌握了方法，对研究的问题也有深入了解，还可以引导学生进行深入研究，起到激发研究兴趣的作用。基于这样的考虑，我们编写了本书。本书内容主要包括经济数据收集和整理、经济地图制作和应用，SPSS 和 Eviews 软件应用、经济金融理论的建模和验证、经济发展现状报告、经济指数编制和竞争力评价。内容涉及面广，每一个专题都包括原理、方法和实验步骤，便于读者模仿操作，专题后面的实验拓展利于开阔思路，加强研究。

本书是由福建师范大学经济学院几位教师通力合作的成果，他们结合自身的研究专长，以前期学术成果为基础，广泛查阅国内外相关文献，精心编写，为本书的完成付出了艰辛的劳动。分工如下：叶琪老师编写第一章至第四章，郑蔚老师编写第五章，林寿富老师编写第六章和第七章，邓春宁老师和陈洪昭老师编写第八章和第九章，李军军老师编写第十章、第十二章和第十三章，周利梅老师编写第十一章。最后由李建建教授、黄茂兴教授和李军军老师修改定稿。

受作者的经验和水平所限，本书当有诸多不足之处，敬请读者批评指正，以便修订和改进。

编者

2013 年 5 月

目　录

第一章

数据收集和整理

一、实验说明

经济研究的定量分析需要数据作为基础，如何收集到符合研究需要的数据至关重要，应该说数据收集和整理是开展研究工作的前提和基础，也是进行经济科学定量研究最基本、最基础的阶段。一般收集研究所需的数据有两个途径，一个是进行社会调查，根据研究主题确定调查对象，设计调查指标，工作量非常大，成本也比较高。另一个就是利用现有的二手数据，对其加工整理可以满足研究的需要，快捷方便，是当前经济研究最主要的数据采集方法。二手数据来源广泛，为收集数据提供便利的同时，也使得二手数据面临数据来源和可靠性的问题。如果收集的数据不规范、不真实，那么后续的一切工作都将建立在错误数据基础上，没有任何价值。因此，采集数据资料时，应该注意以下几点：一是看数据的发布者是否权威，相对于商业公司和个人，统计局和其他政府机构发布的数据是比较权威的，学术研究机构和非政府组织也比较可信。二是看数据发布的目的，处于宣传目的发布的商业市场数据，一般带有偏向性，而法规要求和学术研究发布的数据更为可靠。三是看数据收集的方法，大多数政府发布的数据是由统计报表汇总而成，而统计调查的数据质量受限于样本数量、抽样方法、误差控制等各种因素。

通过本章的实验，掌握统计数据的来源渠道，学会使用统计年鉴、数据网站、专业数据库等收集经济研究工作所需要的数据。

二、实验 1：统计年鉴的使用

国家统计局负责建立健全国民经济核算体系，组织实施全国及省、自治区、直辖市国民经济核算和各类经济社会调查，汇编提供国民经济核算资料，形成了以《中国统计年鉴》为龙头、以行业统计年鉴和地区统计年鉴为两翼的统计资料系列产品，是经济研究所需数据的主要来源。统计年鉴是以全面、系统、准确地记述上一年度事物运动、发展状况为主要内容的资料性工具书，汇辑一年内的统计资料，一般按年度连续出版，具有数据资料权威、反应及时、连续出版的特点。统计年鉴一般分为综合性年鉴如《中国统计年鉴》、《国际统计年鉴》，地方年鉴如每个省（直辖市、自治区）的统计年鉴和专业统计年鉴如《中国工业经济统计年鉴》、《中国科技统计年鉴》等。由于统计数据有一个核算、汇总和核实的过程，统计年鉴一般要到次年 10 月份出版，所以统计年鉴的名称和数据有一年滞后期，即 2012 年统计年鉴的最新数据更新到2011年，专业统计年鉴和国际统计年鉴的滞后期更长。

【实验内容】

获取统计年鉴的渠道；利用统计年鉴查找收集统计数据。

【实验数据】

1. 获取统计年鉴的渠道。

2. 利用《中国统计年鉴》查找2011年我国国内生产总值。

【实验过程】

1. 获取统计年鉴的渠道。首先是购买，但一般价格较高；其次是借助网络获取电子版，一般综合性的统计年鉴可以登录国家统计局网站和各省（市、区）统计局网站获得电子版，此类统计年鉴数据更新及时，一般在当年的年底会上传最新的统计年鉴。专业统计年鉴可以登录各部委网站获取电子版，但一般更新较慢，难以获得最新的数据。

2. 登录国家统计局网站，在“统计数据”栏目下单击“年度数据”（http：//www.stats.gov.cn/tjsj/ndsj/），即出现《中国统计年鉴》的电子版，由于所需收集的是2011年的年度数据，故需查找2012年《中国统计年鉴》（见图1-1）。

图1-1　中国统计年鉴主页

左边目录共有25章和2个附录，每一章展开后都有“简要说明”、分类指标、“主要统计指标解释”，“简要说明”是对本章的主要内容和资料来源作一个概括说明，包括核算体系、统计方法等内容；“主要统计指标解释”对本章几个最关键的指标作出解释，包括概念、统计口径和统计方法等内容。

单击第二章“国民经济核算”，再选择“2-1　国内生产总值”，可以查到按生产法核算的中国历年国内生产总值、三次产业增加值和人均国内生产总值等指标数据，即可出现从1978~2011年的我国国内生产总值（GDP）数据，因此找到了所需查找的数据（见图1-2）。其他部分还可以查到分别按收入法、使用法核算的国内生产总值（GDP）以及地区生产总值（RDP）的总量和结构数据。

如果找到的数据满足需要，可以直接复制数据，也可以单击数据表格上方的“连接Excel”按钮，把数据表格下载到本机后进行处理。请特别注意两个地方，一个是数据表上方的说明，包括指标核算的价格和指标单位，另一个是数据表下方的注释，对某些指标作了关键性的说明，需要在引用数据的时候，处理好统计口径的变化带来的影响。

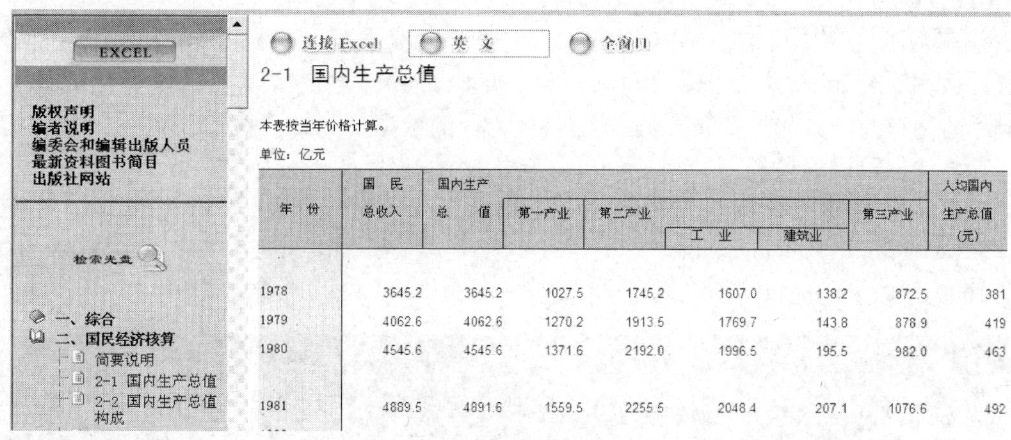

年　份	国民总收入	国内生产总值	第一产业	第二产业			第三产业	人均国内生产总值（元）
					工　业	建筑业		
1978	3645.2	3645.2	1027.5	1745.2	1607.0	138.2	872.5	381
1979	4062.6	4062.6	1270.2	1913.5	1769.7	143.8	878.9	419
1980	4545.6	4545.6	1371.6	2192.0	1996.5	195.5	982.0	463
1981	4889.5	4891.6	1559.5	2255.5	2048.4	207.1	1076.6	492

图 1－2　《中国统计年鉴》中的国内生产总值

如果对指标归类不太熟悉，也可以单击左边菜单栏的“检索光盘”，在右边“查询条件”文本框中输入要查询的指标，可以找到与这个指标相关的所有条目，在查询结果中可以选择网页或者 Excel 文件，前者如同单击目录，后者直接下载指标数据的 Excel 文件，非常方便。

【实验结论】

利用统计年鉴查找的数据具有科学性、客观性和权威性等特点，关键是要找准所需收集的数据是属于哪一类年鉴，在年鉴的哪一个项目之下。

【实验讨论】

1. 熟悉《中国统计年鉴》的数据分布和查找。
2. 查找 1952～2011 年中国 GDP 和 GDP 增长率。
3. 查找 2011 年福建省三大产业增加值。

三、实验 2：国际数据收集

在进行国别比较和国际问题研究过程中，往往要用到国际数据，与国内数据收集相比，国际数据收集更多地依赖数据网站，而且多是英文。尽管我国从 1993 年开始全面采用联合国推荐的国民账户核算体系，核算方法和统计体系都有一套标准的工作流程，但由于管理体制的不同以及经济运行体系的巨大差别，同一指标的名称和统计口径与国内可能会有偏差，要求掌握一些基本的专业术语的翻译和表达。

【实验内容】

国际数据的收集渠道，国际数据的收集方法。

【实验数据】

1. 国际数据的收集渠道。
2. 国际证券交易所的数据收集。
3. 全球各国的宏观经济数据。

【实验过程】

1. 国际数据的收集渠道。国际数据的收集渠道主要有两种：一是通过国家统计局网站的“统计数据”栏目下的“国际数据”项目，单击进入，然后查找自己所需的数据。二是通过国际网站查找，如果所需的数据是行业或专业的数据，一般在国家统计局网站的国际数据中没有统计，可以通过行业或专业的国际机构网站查找。

2. 国际股票交易的数据收集一般是通过相关网站，如可以登录国际股票交易所联盟（http：//www. world-exchanges. org/）网站（见图1-3），有提供52家证券交易所的年度、月份和1990年以来的时间序列数据。

图1-3　国际股票交易所联盟主页

单击“Statistics”进入统计数据库，在网站左边出现一系列统计数据项目，可以根据需要进行选择。如果需要的是最近年份的月度数据，则单击“YTD Monthly”，出现界面如图1-4所示，然后根据需要进行选择，从而可以下载到所需要的数据。

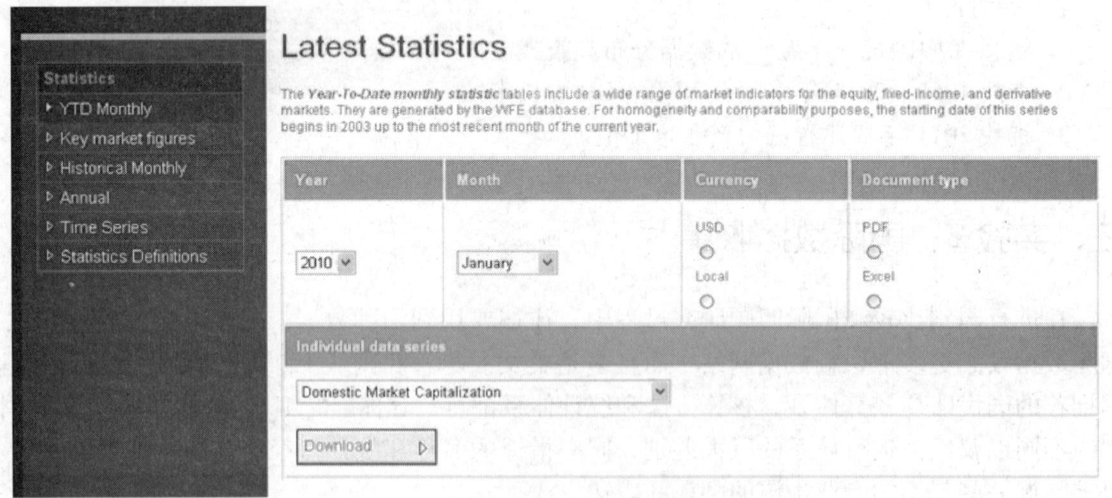

图1-4　国际股票交易所联盟数据查询

3. 全球各国宏观经济数据的收集一般也是通过登录国际官方统计网站或者权威部门网站进行查询，如可以登录世界银行数据库（http：//www. worldbank. org/data/）如图1-5所示，分为四个栏目，可以根据自己搜集数据的需要进行选择，如果需要的是某个国家的数据，单击“By Countries”进入，各国国家已经按照首字母进行排序，如果想要得到美国的数据，则找到“United States”单击进入，便出现了美国的宏观经济数据，如图1－6所示，如果觉得英文看起来很别扭，可以在语言栏中选择中文，此时世界银行的网站中大部分的表达都会用中文来表示了。

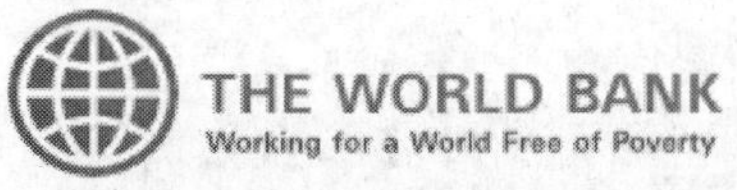

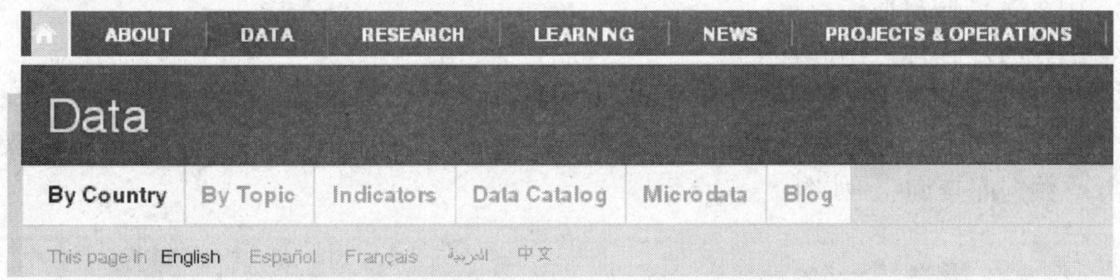

图1－5 世界银行数据库

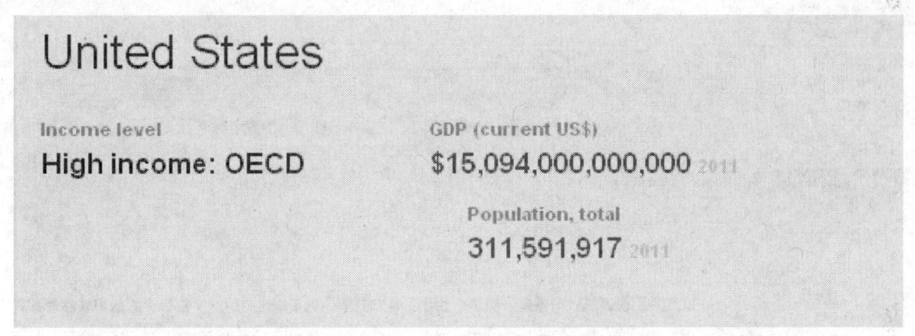

图1－6 世界银行数据库查询

【实验结论】

国际数据收集首先要明确可能在哪些网站上找到所需要的数据，弄懂英文翻译，注意单位换算。数据收集是一项庞大而艰难的工作，需要细心和耐心。

【实验讨论】

1. 熟悉国家统计局网站，查找国际数据。
2. 熟悉世界银行数据库的使用。
3. 熟悉国际货币基金组织网站查找数据，http://www.imf.org/external/pubs/ft/gfsr/。
4. 熟悉联合国数据库的使用。

四、实验3：数据库查询

由于数据来源众多，分布广泛，数据使用人员如果全部要自己去搜寻、甄别和整理各种数据，显得费时费力，提供数据收集和整理服务的数据产业应运而生，为数据使用人员提供了极大的便利。数据产业是从事数据收集、处理、传播、存储、流通、服务以及相关软、硬件研发制造业的总称。数据产业是IT产业的后续发展产业，IT产业发展到今天正在进入成熟期，这为数据产业发展奠定了软、硬件基础，铺就了数据产业的高速公路。政府部门、研究机构和商业公司纷纷建立各种数据库，收集整理相关指标数据，根据不同类别、时序、周期进行整理，使用人员设定筛选条件，很快获得大量符合要求的数据。

【实验内容】

了解常用的数据库，掌握基本的数据库使用方法。

【实验数据】

1. 国家统计局数据库。
2. 国家时序指标数据的收集。

【实验过程】

登录国家统计局主页（http：//www. stats. gov. cn）后单击“统计数据”，在左边菜单栏里单击“数据库查询”，如图1－7所示。

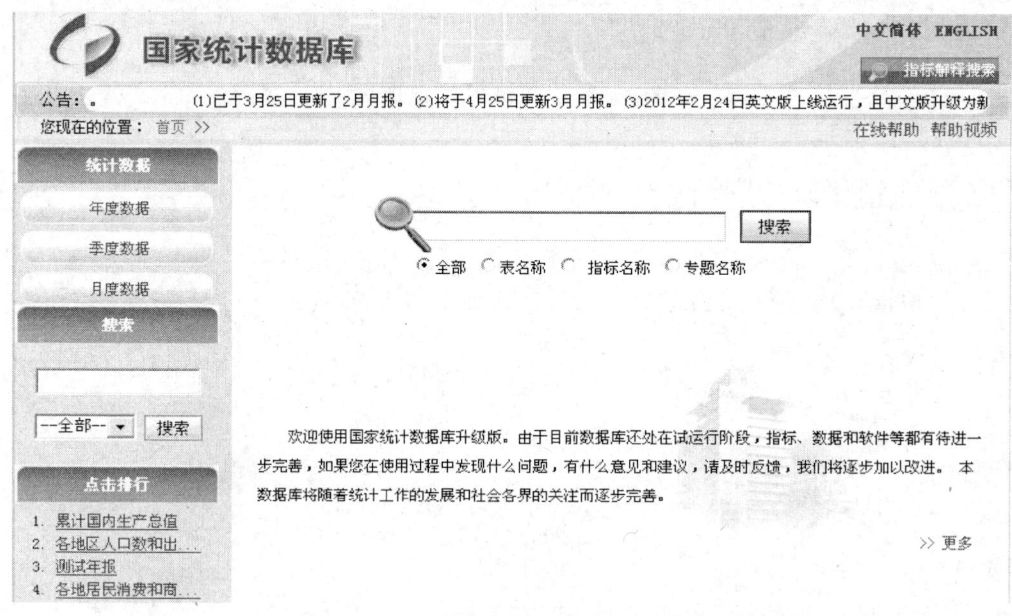

图1－7　国家统计数据库

在这个数据库里，数据类型分为年度数据、季度数据和月度数据，年度数据是按照年鉴的目录整理的，包括《中国统计年鉴》中各统计指标的历年数据。季度资料则包括“就业与工资”等10项主题，指标数据跨时较短，大多是近十年的数据。月度数据包括“城镇住户”等7项主题，指标数据跨时各不相同。

数据查询时，有可以按照整表查询、指标查询和专题查询三种方法。整表查询只能查到某个指标单独年份的数据，比如选择年度数据，单击指标列表中的“人口”，就可以看到1954年至2011年度人口数据，如图1－8所示。展开2011年以后，可以看到关于人口统计的主要指标，单击“人口数及构成”，可以查到2011年度全国人口数及按性别、城乡分类的构成，如图1－9所示。在查询结果中，可以选择用Excel输出结果，也可以单击下列列表框，选择其他年度数据。

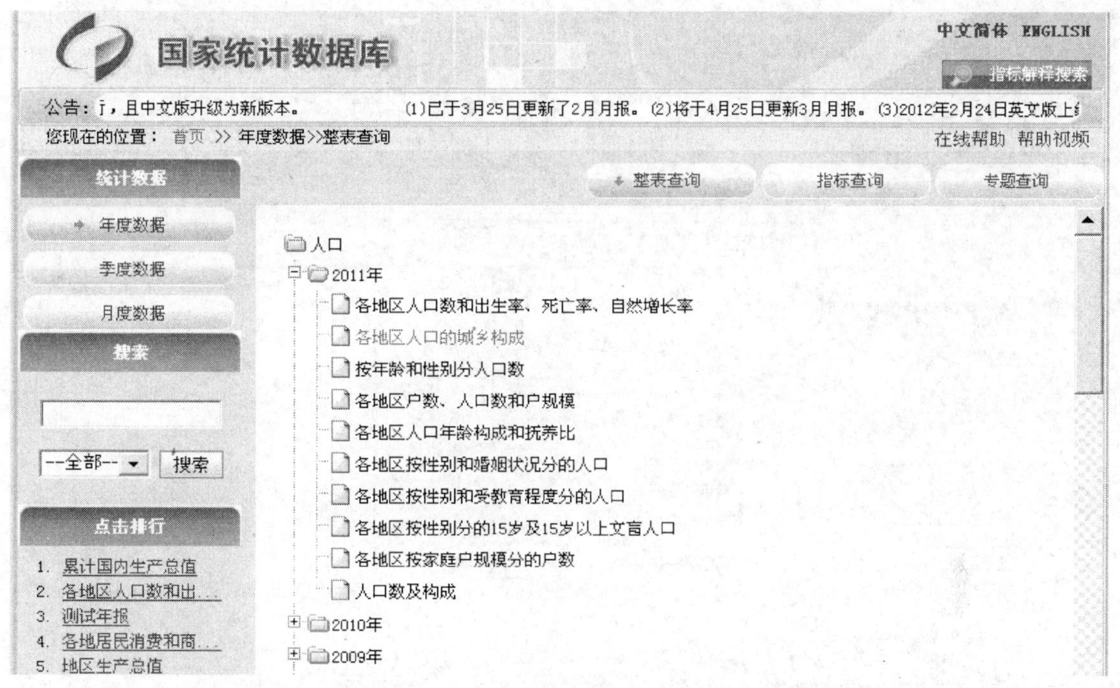

图 1-8 整表查询人口数据

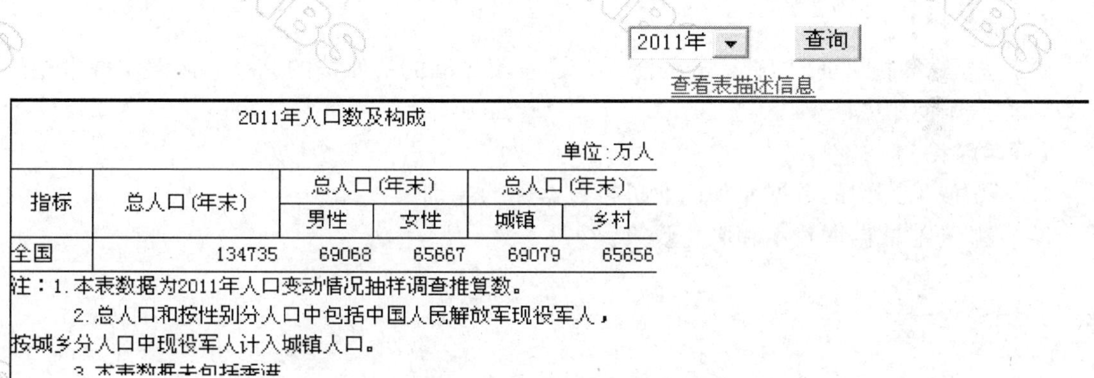

2011年人口数及构成

单位:万人

指标	总人口(年末)	总人口(年末)		总人口(年末)	
		男性	女性	城镇	乡村
全国	134735	69068	65667	69079	65656

注：1. 本表数据为2011年人口变动情况抽样调查推算数。

2. 总人口和按性别分人口中包括中国人民解放军现役军人，按城乡分人口中现役军人计入城镇人口。

图 1-9 整表查询结果

如果选择指标查询方式，就需要通过“选择指标”、“选择分组”、“时间地区”和“调整布局”四个步骤设定数据查询条件，其中时间又分为“列表时间”查询单独年份数据和“连续时间”查询连续年份数据，如图 1-10 所示。在查询结果中，可以选择用 Excel 输出结果，也可以选择用统计图显示查询结果，并选择不同的图形种类。另外还提供了对查询结果求和、求平均等简单的计算工具，使用比较简便。

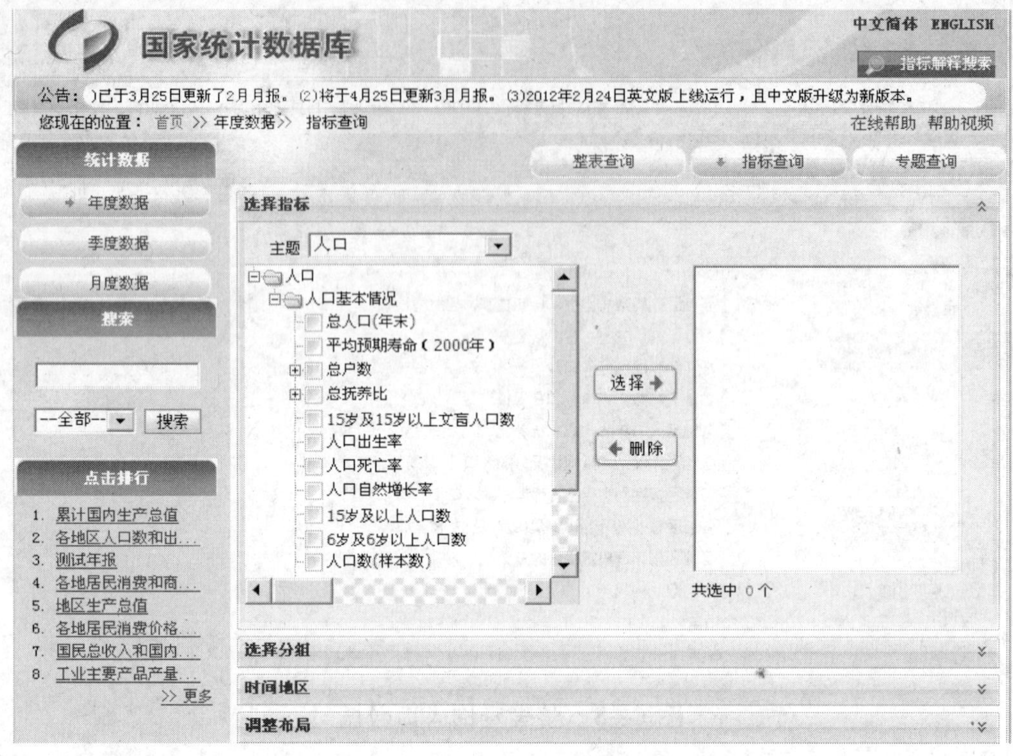

图 1－10　指标查询方式

【实验结论】

数据库已经对不同指标进行分类汇总，是收集数据的最便捷的途径，需要掌握常用的一些数据库操作使用方法。

【实验讨论】

1. 了解政府部门的数据库和商业机构数据库的差别。

2. 了解商业数据库费用和服务政策。

五、实验拓展

1. 收集 1978 年以来中国三次产业增加值及其比重的数据。

2. 收集 1978 年以来主要国家地区生产总值（GDP）的总量和增长趋势。

附：一些数据收集网站

1. 世界银行中文版（http：//www. worldbank. org. cn/Chinese）全球经济发展展望和金融发展报告。

2. 联合国统计网（http：//unstats. un. org/unsd/default. htm）全球报告国家经济数据。

3. 中经专网（http：//211. 81. 31. 53：88/index/index. asp）中国宏观经济数据和地区数据。

4. 巨潮资讯网（http：//www. cninfo. com. cn/）中国证监会指定信息披露网站，可以查询国内资本市场和上市公司披露的信息。

5. 高校财经数据库（http：//www. bjinfobank. com/）收录 12 个在线数据库，超过三百万篇商业报告和文章。

6. 公司金融数据库（http：//pages. stern. nyu. edu/ ~ adamodar/）美国、欧洲以及部分新兴市场、亚洲国家企业金融数据。

第二章

统计调查设计

一、实验说明

第一章所介绍的统计调查数据的收集主要指的是间接数据的收集，是由国家权威的统计机构收集发布的，具有客观性和权威性，而且这些数据靠个人的力量无法完成收集。但在有些研究中，特别是针对企业、家庭等微观领域的研究，一般无法通过政府公开发布数据的渠道收集数据，主要原因是这些内容没有纳入国民经济核算体系，很多内容也没必要由政府进行统计。因此，当公共统计体系没有办法提供数据时，就要采用各种调查方法来直接收集数据。另外，政府公共统计体系中，除了采用普查、统计报表的形式核算产业部门经济运行数据以外，家庭和个人的收入消费等数据也需要采用统计调查的方法获得，所以，从事经济问题研究需要掌握统计调查的基本方法和开展统计调查工作的基本流程。

二、实验1：统计调查方案的设计

统计调查方案是指统计调查前所制订的实施计划，是全部调查过程的指导性文件，保证调查工作有计划、有组织、有系统地进行。统计调查方案主要包括的内容有：调查目的与任务、调查对象与调查单位、调查项目与调查表、调查时间和调查时限、调查的组织实施计划。

【实验内容】

设计一份统计调查方案（如城镇住户调查）。

【实验过程】

1. 调查目的：明确统计调查要解决什么问题。

如：为全面了解城镇居民生活现状及变化情况，满足各级政府制定政策计划和进行宏观管理的需要，依照《中华人民共和国统计法》规定，特制定《城镇住户调查方案》。

2. 调查对象和调查单位。

调查对象：需要调查现象的总体。如：本调查方案的调查对象：户口在本地区的常住非农业户；户口在本地区的常住农业户；户口在外地，居住在本地区半年以上的非农业户；户口在外地，居住在本地区半年以上的农业户。包括单身户和一些具有固定住宅的流动人口。

调查单位：组成调查对象的个体，如每一户。

3. 调查项目和调查表。

调查项目：调查中所要登记的调查单位的特征，即调查单位所承担的基本标志。如本调查方案主要内容包括：城镇居民家庭成员基本情况；城镇居民家庭基本情况；城镇居民家庭现金收支；城镇居民家庭消费支出；城镇居民家庭非现金收入等。

调查表：将各个调查项目按一定的顺序排列在一定的表格上，就构成了调查表。调查表一般有两种形式：一览表（见表2-1）和单一表（见表2-2）。调查项目较多时，需采用单一表。

表2-1 家庭收入统计调查表

地址：______省（市、自治区）______县（市、区）______乡（镇、街道）

户名	家庭成员（关系、姓名）	性别	年龄	职业	家庭月均收入（元）	家庭月均支出（元）	家庭非现金收入（元）	备注
1								
2								
3								

表2-2 单一表

（执行企业会计制度的单位填报）

指标名称		序号	1992年	1991年
财务收支情况	一、营业收入			
	二、营业成本或费用			
	1. 工资			
	2. 职工福利费			
	3. 折旧费			
	4. 大修理或计提的大修理基金			
	5. 税金			
	6. 利息			
	7. 上交管理费			
	8. 工会经费			
	9. 其他			
	三、销售（营业）税金			
	四、营业利润			
	五、政策性补贴			
	六、附营业务收支净额			
实物资产情况	一、年末固定资产原值			
	二、年末固定资产净值			
	三、年末库存总值			
	年末职工（从业）人数			
	年平均职工（从业）人数			

4. 调查时间和调查时限。

调查时间包括调查数据的所属时间和调查工作的期限。

[例] 城镇住户调查方案

1. 调查目的和作用。

(1) 了解城市居民家庭人口、就业、收入、支出、消费、手存现金、商品需求、家庭主要耐用品拥有和住房等变化情况，为国家和各级地方政府研究制定劳动力就业、社会保障、货币流通、商品生产和供应等政策提供依据。

(2) 满足国民经济核算体系要求，作为计算国民生产总值的依据；为确定居民消费价格指数提供各类商品及服务项目的权数；可以开展一系列有价值的研究活动，如国民收入分配比例、城市居民收入水平、收入差距、消费结构、消费心理、营养水平，贫困状况等。

(3) 协助国家和各级地方政府及时掌握城市居民家庭生活情况，解决居民生活中的困难，改善居民生活。

2. 调查对象。

城市市区和县城关镇区居民委员会行政管理区域内的住户，包括：户口在本地区的常住非农业户；户口在本地区的常住农业户；户口在外地，居住在本地区半年以上的非农业户；户口在外地，居住在本地区半年以上的农业户。调查包括单身户，但不包括集体户中的单身者。

3. 调查和统计单位。

本调查分别以住户及个人作为统计单位。

4. 调查内容。

城市住户调查主要内容包括：

(1) 城市居民家庭成员基本情况。

(2) 城市居民家庭住房基本情况。

(3) 城市居民家庭就业情况。

(4) 城市居民家庭主要耐用消费品拥有情况。

(5) 城镇居民家庭现金收支。

(6) 城市居民家庭消费支出。

(7) 城市居民家庭食品消费。

(8) 城市居民家庭非现金（实物及服务）收入。

5. 调查城市和县城选取。

调查城市和县城采用划类选点随机抽样的方法确定。国家重点调查城市选取办法：按照地理位置和人口规模将全国所有城市划分为若干类。在每类中，按各城市就业者年人均工资从高到低排队，依次计算各城市常住人口累计数，按照人口比例概率抽选所需数量的调查城市。国家重点调查县城的选取办法：将全国所有县按地理位置和城镇人口收入水平排队，随机等距抽选所需数量的县城。为了使调查力量的分布比较均匀，并适当照顾某些边远省份和少数民族地区，在随机抽样的原则上，又给部分省、自治区增加了个别调查点。国家重点的调查点共226个，其中城市146个，县城80个。为了增强地区调查样本代表性，部分省（自治区、直辖市）如果需要增加调查市（县），可参照上述抽样调查原则，结合当地实际情况，在本辖区内划类选取适量的市县，自扩调查点所需的调查人员和调查经费，由当地政府负责解决。

6. 调查户数和选户方法。

国家调查样本量为25 000户。国家重点调查城市、县城的样本量由国家统计局城调总队在全国范围内按城市人口比例分配确定。

各调查市、县采取二相抽样和多阶段抽样相结合的方法选取调查户。第一相样本采用多阶段方法抽选：第一阶段抽选调查街道；第二阶段抽选调查居委会；第三阶段抽选调查户。中小城市和县城采用两阶段抽样，直接抽选调查居委会，再从中抽选调查户。对选出的大样本或一相样本开展调查，取得调查户家庭人口、就业人口、收入等辅助资料，然后，根据这些资料进行分组，从中按比例抽出一个小样本也称二相样本，作为经常性调查户，开展日记账工作。

调查户的抽选工作应严格按照随机原则在城（镇）区居民委员会行政管理区域内的全体住户中进行。对抽中家庭，调查员应做好开户工作，使调查户积极配合住户调查工作，非不可抗拒因素（如全家调离本市等）不轻易换户，对经反复做工作仍拒绝接受调查的户，可找条件相同的家庭代替。换户情况应报省队备案。

各调查市、县自增调查户并准备参加全国汇总，则必须严格按照方案要求抽选样本，并有相应的调查人员和调查经费保障。

7. 样本轮换。

为了增强样本代表性，减轻调查户长期记账的负担，必须实现样本轮换。一个样本调查每隔三年进行一次，为二相样本提供抽样框。调查城市中的经常性调查户要求每年轮换1/3，也就是每年有1/3的调查户要退出调查，再从一个样本中抽选1/3的新调查户替代之。三年之内，所有调查户要被轮换掉。调查县的经常性调查户要求在每三年一次的大样本调查年度的下一年，至少轮换2/3或者一次全部轮换。

8. 数据采集方式。

城市居民家庭成员基本情况、城市居民家庭就业情况、城市居民家庭现金收支、城市居民家庭消费支出、城市居民家庭非现金（实物及服务）收入等内容采用日记账方法搜集；城市居民家庭主要耐用消费品拥有情况年初一次性填报，以后每季更新一次；城市居民家庭住房基本情况年初一次性填报；城市居民家庭食品细项消费情况每三年采用日记账方法搜集一次，具体执行时间另行通知。

收入和社会保障支出内容按家庭成员分别记账，消费支出以家庭为单位记账。对于文化水平有限或记账有困难的老、弱、病、残单身户，全部收支账可由调查员代记。

调查户月记账周期为上月21日至本月20日。

9. 质量检查。

各省（自治区、直辖市）对可支配收入、消费支出、平均家庭人口三个指标的年度资料要求计算方差，定期检验抽样调查误差；采用对比方法，分析抽样调查数据与全面统计资料的差异程度，系统评估调查结果代表性。

10. 数据汇总。

（1）全国及省级调查资料汇总范围：规定的国家重点调查市、县调查户资料；规定的地方重点调查市、县调查户资料。

参加全国和省级汇总的调查市、县，每三年由国家统计局统一进行调整修订，三年内各地不得随意变更或增减调查市、县；参加全国和省级汇总的各调查市、县调查户数，每年年初由调查市、县一次性调整修正，年内不得随意增减调查户数，确因特殊情况需要增减调查户数时，增减量必须控制在3%以内。各地变更的调查市、县或调查户必须严格按照方案要求规范执行。

（2）调查资料汇总方法。全国及省级调查资料全部采用超级加权汇总方式，定期生成全国或省级综合资料。超级加权汇总要求全国和省级二级机构在辖区内所有满足要求的调查户资料基础上，按照城市职工人均工资分类，采用城市人口做权数，直接生成综合资料。

（3）汇总权数的确定。在进行超级加权汇总前，需要对每一参加汇总的调查户事先分配一个权数。汇总权数以省为单位计算。每一参加汇总的调查户的权数是该户在省内某一类市、县中平均所代表的住户数目。计算方法是，调查户权数 = 该类市、县内所有市区居委会住户总数/该类市、县内所有参加汇总的调查户数。在同一类市、县中，各调查户的权数相同。

省内调查市、县分类方法：首先将省内所有市、县分为三层，第一层包括省内所有地级以上城市；第二层包括省内所有县级市；第三层包括省内所有县。在各层内，按照市区（或镇区）职工人均工资从高到低排序（如果无人均工资资料，可用人均 GDP 做近似代替），在排序后的城市（或县城）名目表中逐一标出开展住户调查的城市（或县城）。每一个调查城市（县城）与其后面紧邻的另一个调查城市（县城）之间的所有城市（县城）归为一类。

城市住户数是指居住在市区或县级市城关镇居委会内的常住人口数除以该类城市调查户的平均家庭规模；县城住户数是指居住在县城关镇居委会内的常住人口数除以该类县城关镇调查户的平均家庭规模；如果无县城关镇的常住人口数资料，可以用县总人口与县内乡村人口之差所得的县内城镇人口数的某一比例数来估算。

城市或县城关镇人口数资料一般从当地统计部门的人口普查资料或1%的抽样调查资料整理取得。城市人口权数每三年更换一次。

各调查市、县的汇总权数由城调总队统一制定，各地要严格按照所分配的权数进行本地区调查资料的汇总。

11. 调查资料上报要求。

（1）上报程序。各调查市、县按要求将分户资料上报省级城调队，省级城调队对调查资料进行审核把关，确认无误后再转报城调总队。

（2）上报方式为压缩传输。

（3）上报时间。月度资料于月后 8 日前，由省级城调队转报城调总队；年度资料于次年 1 月 30 日前，由省级城调队转报城调总队。各调查市县队上报省级城调队的时间由各省城调队自定。遇到节日（劳动节、国庆节、元旦和春节），按国务院规定的放假天数顺延。休息日（星期六和星期日）仍按期报送，不得延期。确因特殊情况，需要推迟上报时间，必须经总队同意后，方可执行。

（4）上报内容。

年报。各省、自治区、直辖市城调队上报规定户数的分户资料，内容包括 w101 ~ w106 表和 w108 表。w107 表每隔三年上报一次。w101 表（即个人情况表）是调查户年内各月份相应资料的顺序排列；w102 ~ 108 表（即户情况表）是调查户年内各月份相应资料的累计。

为了便于资料分析处理，在户情况表中附带户主和家庭最高收入者在调查期末时点的特征指标。

月报。各省、自治区、直辖市城调队上报规定户数的分户资料，内容包括 w201 ~ w205 表。w206 表每隔三年分月上报。12 月份免报月报。为了便于资料分析处理，在 w202 ~ w206 表中附带户主和家庭最高收入者在调查期末时点的特征指标。

（5）文件名规则。

各地区上报数据文件名规则：表类别（中文名称）+地区代码（6 位）+年份（4 位）+月份（2 位）．后缀名。

各地区上报数据压缩文件名规则：zh+地区代码（6 位）+年份（4 位）+月份（2 位）．后缀名。

（6）每年度详细上报要求另行通知。

【实验讨论】

请选择一个经济社会发展中主题，设计一份统计调查方案，包括调查目的、调查内容、时间安排、经费安排、调查问卷、误差控制方法等。

三、实验 2：调查问卷的设计

问卷是依据统计研究目的和要求，按照一定的理论假设设计出来的、由一系列问题、项目、备选答案及说明所组成的、向被调查者收集资料的一种工具。问卷按是否由被调查者自己填写可分为自填式问卷和代填式问卷两种。

问卷一般由引言、被调查者基本情况、问题和答案、结语四个部分组成。

引言一般在问卷的开头，或作为问卷的说明信，说明词要态度诚恳、口吻亲切，并要对被调查者表示真诚的感谢。

被调查者基本情况用以了解个人或企事业单位的有关基本特征。

问题和答案是问卷的主要组成部分，包括所要了解的各个问题和相对应的备选答案。这一部分设计得如何直接关系到本次问卷调查能否取得有价值的资料。

结语是在问卷末尾对被调查者再次表示感谢，或用以征询其对问卷设计和问卷调查的意见和感受。有的问卷也可以不要结语。

此外，问卷上还应有便于计算机处理的编码。若是访问问卷，还应有作业证明的记载，即填写访问人员姓名、访问日期和被调查者合作情况等。

【实验讨论】

对下面的问卷客观地评价。

汽油销售的调查问卷

本次调查由国家汽油代理商组织，希望更多地了解消费者购买汽油时的期望。所有信息都会被保密。表格填好后请返回给我们。

1. 姓名和地址。
2. 年龄和性别。
3. 婚姻状况。

4. 年龄状况：A. 21 岁以下；B. 21～40 岁；C. 40～60 岁；D. 60 岁以上。

5. 大多数汽油是由您购买的还是您的妻子买的？

6. 去年您买了多少汽油？

A. 5 000 升以下　B. 5 000～10 000 升　C. 10 000～20 000 升　D. 20 000 升以上

7. 您的汽油油箱容积多大？

8. 在您选购汽油时，价格的重要程度如何？

9. 请您尽可能充分地陈述什么原因使得您购买一种品牌的汽油而不买另外一种？

10. 您喜欢哪些免费提供礼物的加油站？

11. 当您用车执行公务时，您将获赠的礼物或赠券留给自己，还是上交给您的雇主？

12. 您每年行驶的里程是长是短？

谢谢您的合作。

根据您对上述问题的回答，重新起草上面的调查问卷。

第三章

统计数据整理与报告

一、实验说明

通过各种渠道完成数据收集后，接下来的任务就是对这些数据进行加工整理，使之符合统计分析的需要，同时采用图表等直观形式显示数据，以发现数据的一些基本特征，为统计分析提供基本思路。

二、实验1：数据的筛选和排序

【实验内容】

在调查结束后，如果对数据中发现的错误不能予以纠正，或者有些数据不符合调查的要求而无法弥补时，就需要对数据进行筛选。数据的排序是按一定顺序将数据排列，以便研究者通过浏览数据发现一些明显的特征或趋势，找到解决问题的线索。

【实验数据】

调查得到某公司的部分销售数据清单，如表3－1所示。

表3－1　　某公司部分零售店销售数据清单　　单位：元

省份	类别	净销售额	毛销售额	渠道	价位	销售次数
江西	艺术品	561	578	批发	高	3
安徽	艺术品	3 730	4 388	批发	中	2
安徽	体育品	2 244	2 530	批发	高	3
江西	体育品	1 418	1 898	零售	高	6
江西	艺术品	1 399	1 485	批发	中	2
山东	体育品	836	945	零售	中	5
安徽	体育品	413	413	零售	高	6
安徽	艺术品	405	405	批发	中	2
山东	体育品	400	413	批发	高	3
山东	艺术品	383	383	零售	中	5
江西	艺术品	369	369	零售	中	5

【实验过程】

1. 自动筛选。在 Excel 当前工作表中，选择单元格 A1 为当前单元格。选择“数据” | “导入外部数据”，选择数据来源文件即可把数据导入。接下来可使用“数据”中的“自动筛选”命令，如图 3－1 所示，这时会在第一行出现下拉箭头，用鼠标单击箭头会出现图 3－2 的结果。

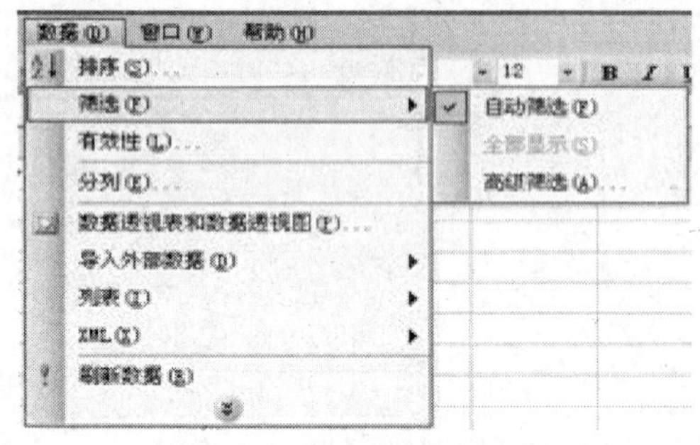

图 3－1　数据自动筛选

1	省份	类别	净销售额	毛销售额	渠道	价位	销售次数
		艺术品	561	578	批发	高	3
		艺术品	3730	4388	批发	中	2
		体育品	2244	2530	批发	高	3
		体育品	1418	1898	零售	高	6
		艺术品	1399	1485	批发	中	2
		体育品	836	945	零售	中	5
8	安徽	体育品	413	413	零售	高	6
9	安徽	艺术品	405	405	批发	中	2

图 3－2　指标筛选

如果要筛选的是销售省份在安徽的销售数据，选择安徽，得到图 3－3 所示的结果。

省份	类别	净销售额	毛销售额	渠道	价位	销售次数
安徽	艺术品	3730	4388	批发	中	2
安徽	体育品	2244	2530	批发	高	3
安徽	体育品	413	413	零售	高	6
安徽	艺术品	405	405	批发	中	2

图 3－3　数据筛选结果

如果要筛选出净销售额前三的零售店的销售数据，可在净销售额箭头下拉中，选择“前 10 个”，然后在对话框中输入 3，得到如图 3－4 所示结果。

省份	类别	净销售额	毛销售额	渠道	价位	销售次数
安徽	艺术品	3730	4388	批发	中	2
安徽	体育品	2244	2530	批发	高	3
江西	体育品	1418	1898	零售	高	6

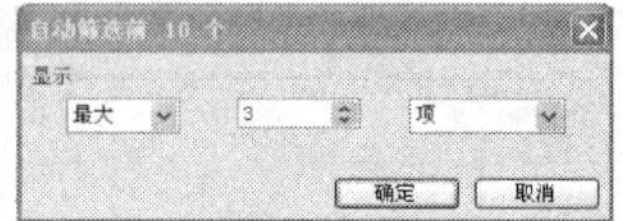

图 3－4　数据筛选结果

2. 高级筛选。如果所设定的条件比较多，可使用“高级筛选”命令。使用高级筛选时，必须建立条件区域。我们可以在数据清单上面至少留出三行作为条件区域，然后把数据清单中含有筛选值的数据列复制粘贴到条件区域的一个空行，再在条件标志下面的一行中键入要匹配的条件。比如我们要筛选的是毛销售额大于 800 元，价位是高，销售品是体育品的零售商店。如图 3－5 所示，在高级筛选对话框里修改“数据区域”或“条件区域”。

3. 数据排序。数值型数据的排序只有两种，即递增和递减，选定数据区域，使用“数据” | “排序”，按照需要选择“关键字”、“升序”或“降序”，如图 3－6 所示。还可以通过排序中的“选项”进一步进行方向和方法的排序选择，如图 3－7 所示。

	A	B	C	D	E	F	G
1	省份	类别	净销售额	毛销售额	渠道	价位	销售次数
2		体育品		>800		高	
3							
4	省份	类别	净销售额	毛销售额	渠道	价位	销售次数
5	江西	艺术品	561	578	批发	高	3
6	安徽	艺术品	3730	4388	批发	中	2
7	安徽	体育品	2244	2530	批发	高	3
8	江西	体育品	1418	1898	零售	高	6
9	江西	艺术品	1399	1485	批发	中	2
10	山东	体育品	836	945	零售	中	5
11	安徽	体育品	413	413	零售	高	6
12	安徽	艺术品	405	405	批发	中	2
13	山东	体育品	400	413	批发	高	3
14	山东	艺术品	383	383	零售	中	5
15	江西	艺术品	369	369	零售	中	5

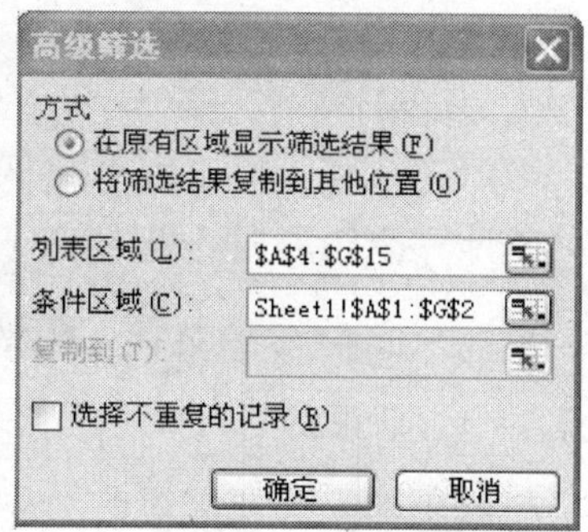

图 3－5　高级筛选

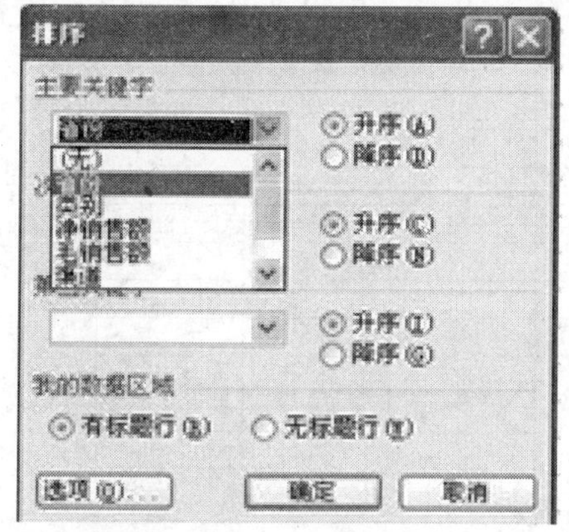

图 3－6　数据排序

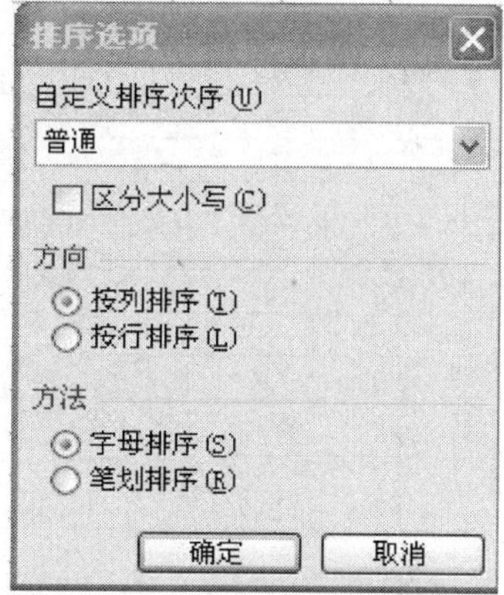

图 3－7　数据排序选项

【实验结论】

数据的筛选和排序是数据整理的先前步骤，是对数据分类或分组之前所做的必要处理，熟练掌握用 Excel 来完成这些步骤。

三、实验 2：统计分组及其频数分布表的制作

【实验内容】

数值型数据均表现为数值，因此，在整理时通常是进行数据分组，根据统计研究的需要，将数据按照某种标准划分成不同的组别，分组后计算各组中出现的次数或频数，就形成一张频数分布表。分组的方法有单变量分组和组距分组两种，单变量分组通常只适合于离散变量，在变量较小的时候使用，这里主要介绍组距分组及其频数分布表的制作。

【实验数据】

在一批灯泡中随机抽取 50 只，测试其使用寿命，原始数据如下（单位：小时）：

700　716　728　719　685　709　691　684　705　718　706　715　712　722　691
708　690　692　707　701　708　729　694　681　695　685　706　661　735　665

668 710 693 697 674 658 698 666 696 698 706 692 691 747 699 682 698 700 710 722

进行等距分组，整理成频数分布表，并绘制频数分布图。

【实验过程】

1. 在单元区域 A2：E11 中输入原始数据。

2. 并计算原始数据的最大值（在单元格 B12 中）与最小值（在单元格 D12 中）。

3. 根据 Sturges 经验公式：组数 $K = 1 + \frac{\log_{10}{}^{n}}{\log_{10}{}^{2}}$，计算经验组距（在单元格 B13 中）和经验组数（在单元格 D13 中）。

4. 根据步骤 3 的计算结果，计算并确定各组上限、下限（在单元区域 F2：G8 中），如图 3－8 所示。

	A	B	C	D	E	F	G
1	原始数据：50只灯泡使用寿命（单位：小时）					各组下限	各组上限
2	700	716	728	719	685	658	671
3	709	691	684	705	718	671	684
4	706	715	712	722	691	684	697
5	708	690	692	707	701	697	710
6	708	729	694	681	695	710	723
7	685	706	661	735	665	723	736
8	668	710	693	697	674	736	749
9	658	698	666	696	698		
10	706	692	691	747	699		
11	682	698	700	710	722		
12	最大值	747	最小值	658			
13	经验组距	13	经验组数	7			

图 3－8　数据分组

5. 绘制频数分布表框架，如图 3－9 所示。

	A	B	C	D	E	F	G	H
17	分组	频数	频数密度	频率（%）	向上累积		向下累积	
18					频数	频率	频数	频率
19	658-671							
20	671-684							
21	684-697							
22	697-710							
23	710-723							
24	723-736							
25	736-749							
26	合计							

图 3－9　数据分组频数

6. 计算各组频数：

（1）选定 B19：B25 作为存放计算结果的区域。

（2）从“插入”菜单中选择“函数”项（或“单击常用工具栏”中的“插入函数”按钮）。

（3）在弹出的“插入函数”对话框中选择“统计”函数 FREQUENCY。

步骤（1）～步骤（3）如图 3－10 所示。

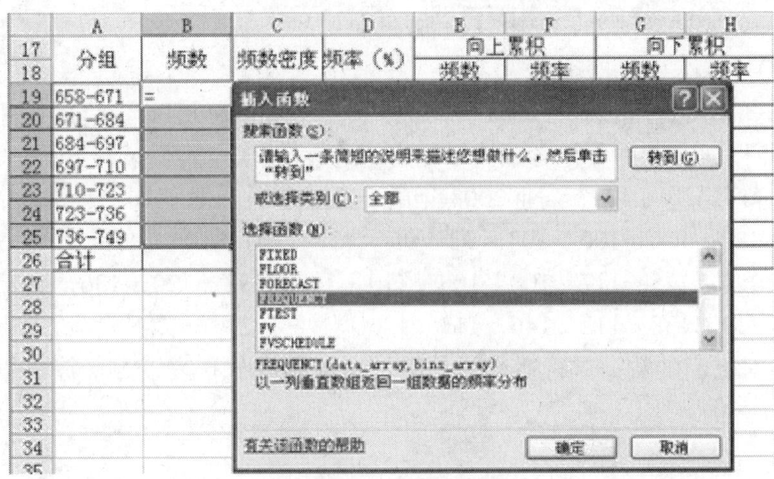

图 3－10　频数统计

（4）单击“插入函数”对话框中的“确定”按钮，弹出“FREQUENCY”对话框。

（5）确定 FREQUENCY 函数的两个参数的值。其中：

Data-array：原始数据或其所在单元格区域（A2：E11）

Bins-array：分组各组的上限值或其所在的单元格区域（G2：G8）。

步骤（4）～步骤（5）如图 3－11 所示。

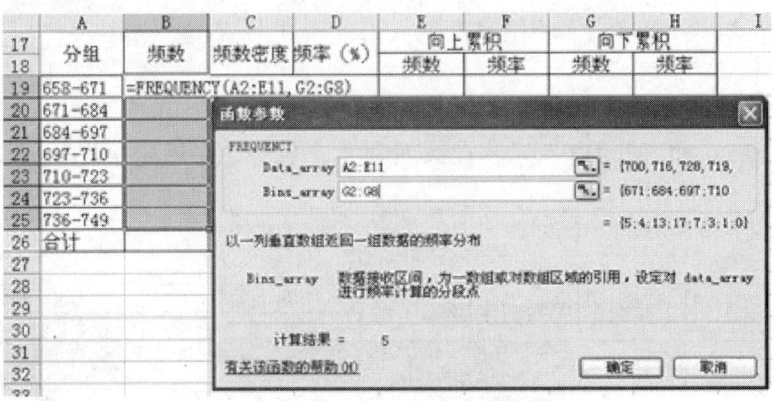

图 3－11　频数统计选项

（6）按 Shift＋Ctrl＋Enter 组合键，结果如图 3－12 所示。

	A	B	C	D	E	F	G	H
16	频数（率）分布表							
17	分组	频数	频数密度	频率（%）	向上累积		向下累积	
18					频数	频率	频数	频率
19	658-671	5						
20	671-684	4						
21	684-697	13						
22	697-710	17						
23	710-723	7						
24	723-736	3						
25	736-749	1						
26	合计							

图 3－12　频数统计结果

（7）用各种公式计算图 3－12 中其他各项。

【实验讨论】

1. 分类数据的频数分布表可以通过“工具”｜“数据分析”｜“直方图”来形成。

2. 如何计算图 3－12 中其他各项。

3. 某行业管理局所属 40 个企业 2008 年的产品销售收入数据如下（单位：万元）：

152　124　129　116　100　103　92　95　127　104　105　119　114　115　87　103
118　142　135　125　117　108　105　110　107　137　120　136　117　108　97　88
123　115　119　138　112　146　113　126

运用 Excel 对上面的数据进行适当的分组，编制频数分布表，并计算出累积频数和累积频率。

四、实验 3：绘制统计图表

【实验内容】

通过数据分组后形成的频数分布表，我们就可以初步看出数据分布的一些特征和规律，如果用图形来表示这一分布的结果，会更形象、直观。显示分组数据频数分布特征的图形有直方图、折线图和曲线图；显示未分组数据的图有茎叶图；显示时间序列数据的有线图。

【实验数据】

以实验 2 的分组结果为例，画出直方图、折线图和曲线图。

【实验过程】

1. 直方图。“插入”｜“图表”｜“柱形图”，选择一个，单击“下一步”。在数据区域中选定（B19：B25）如图 3－13 所示，在系列分类 X 轴标志中选定（A19：A25）如图 3－14 所示。

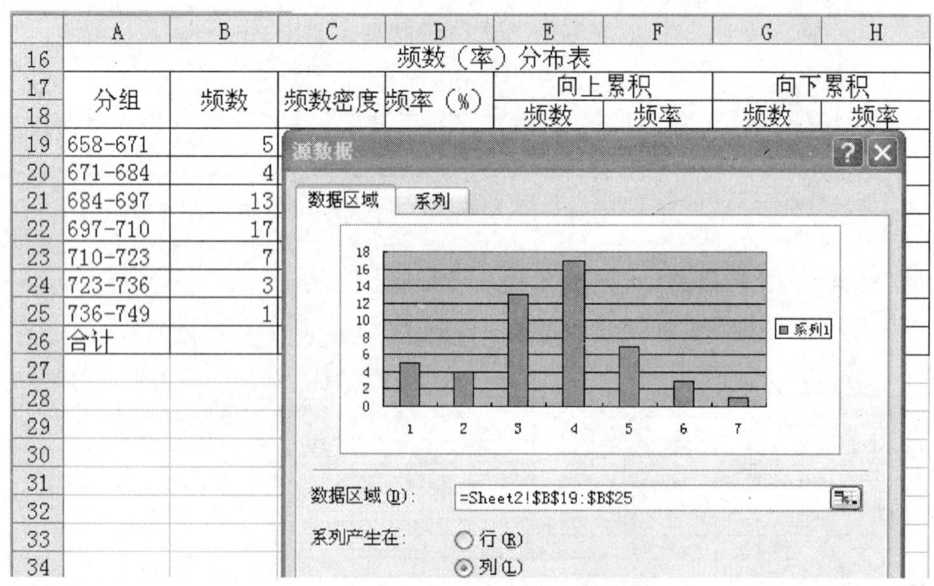

图 3－13　直方图

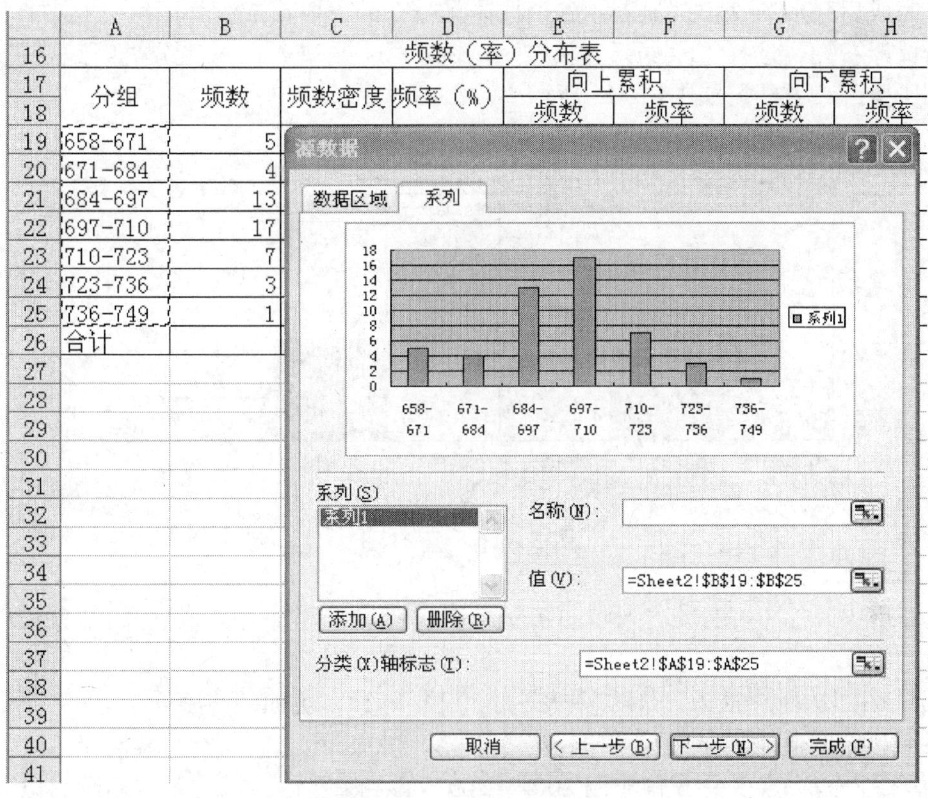

图3－14　直方图

单击“下一步”进入“图表选项”，根据需要在上方各选项中进行选择，如图3－15所示。

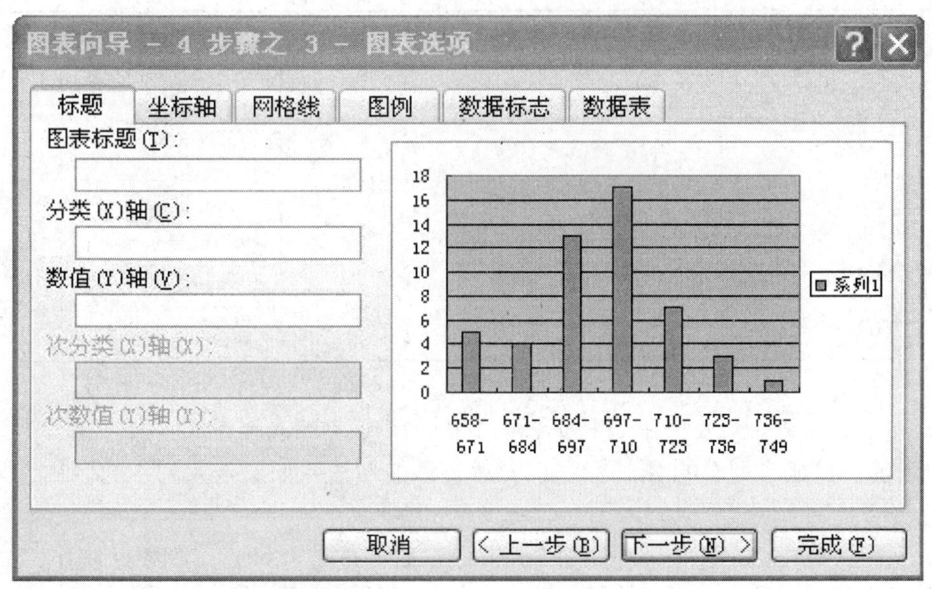

图3－15　直方图选项

单击完成后会形成一个柱形图，各个柱体是分立的，要形成直方图可以选中直方图的柱子，单击鼠标右键，选择“数据系列格式”，找到“选项”卡，把“分类间距”调整为零，即可得到所要的直方图，如图 3－16 所示。

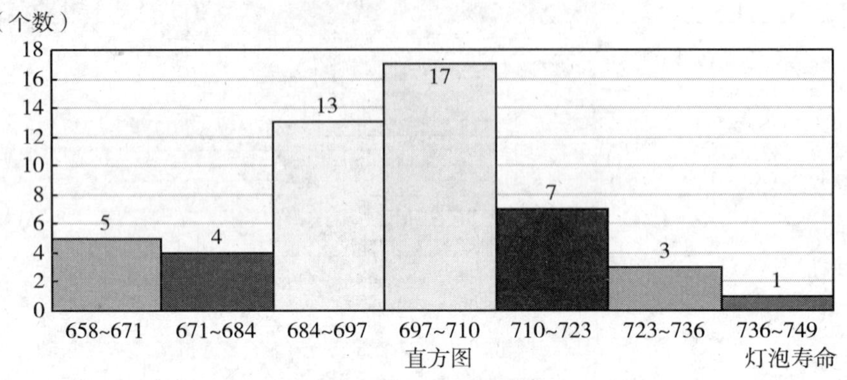

图 3－16　直方图

如果图形中要加上趋势线，可以右击直方图，选择“添加趋势线”，这样就可以给图形配上一条趋势线了。

2. 折线图。选择“插入”｜“图表”｜“柱形图”，后面的步骤同上。

3. 曲线图。选择“插入”｜“图表”｜“XY 散点图”，后面的步骤同上。

4. 柱形图。表 3－2 是万科集团 2004～2007 年在珠三角、长三角、环渤海以及其他地区主营业务收入来源的比重，做出柱形图，从而比较各年份各个地区主营业务收入比重的变化。

表 3－2　主营业务收入来源比重　单位：%

年份＼地区	珠三角	长三角	环渤海	其他
2004	0.15	0.17	0.2	0.48
2005	0.28	0.3	0.26	0.16
2006	0.16	0.38	0.32	0.14
2007	0.4	0.23	0.2	0.17

选择“插入”｜“图表”｜“柱形图”，根据需要进行选择，如选择第 3 个，下一步，选定数据区域，选定系列中的 X 轴标志，同时要添加左边系列 1 至系列 4 的名称，如图 3－17 所示。

单击“下一步”后，进入“图标选项”，根据需要进行选择，完成图标制作，如果要让图标看起来更加美观，可以右击“图表”｜“图表区格式”｜“填充效果”，选择底色，如图 3－18 所示，确定后，得到图 3－19。

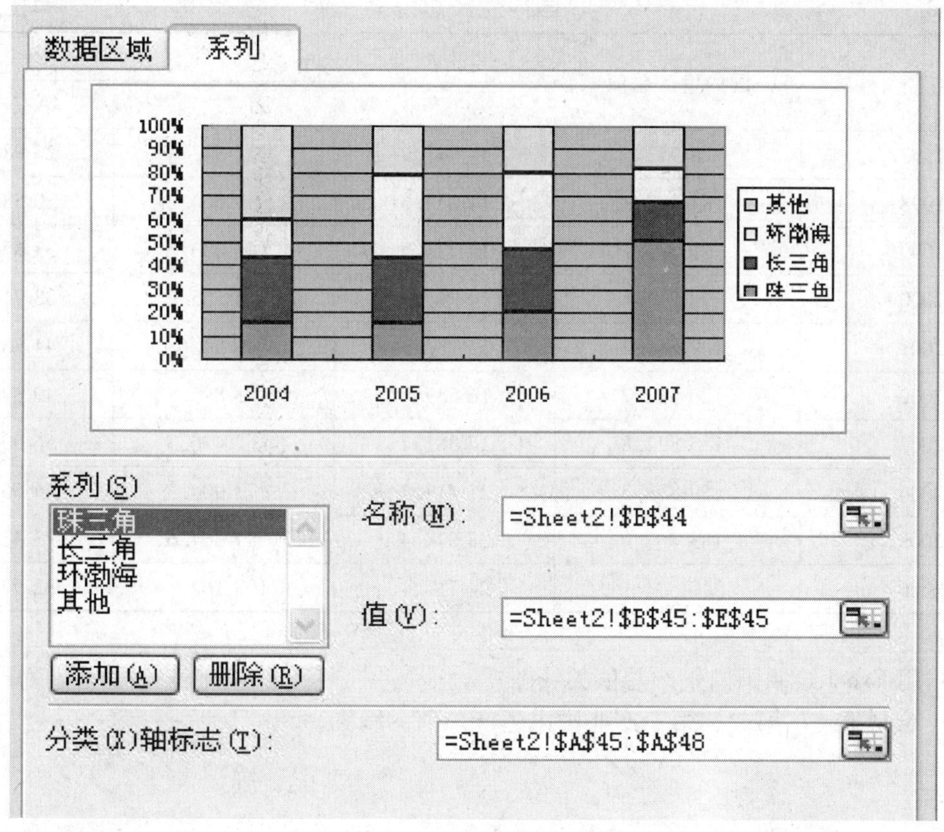

图 3－17　图表选项

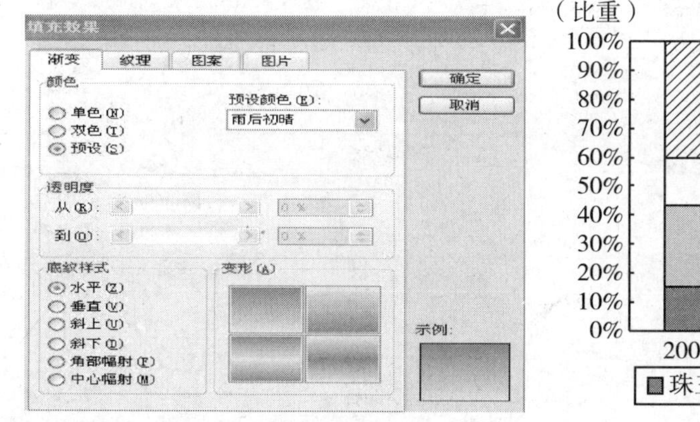

图 3－18　图表区格式

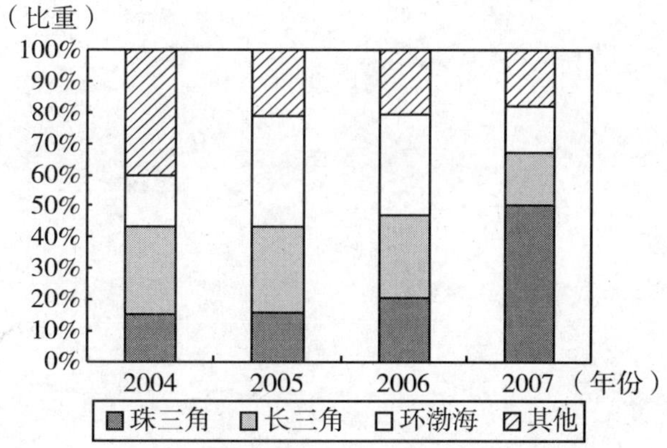

图 3－19　直方图

【实验讨论】

已知 1997～2006 年我国的国内生产总值数据如表 3－3 所示（按当年价格计算）：

表 3-3　**国内生产总值**　单位：亿元

年份	国内生产总值			
		第一产业	第二产业	第三产业
1997	78 973	14 441.9	37 543	26 988.1
1998	84 402.3	14 817.6	39 004.2	30 580.5
1999	89 677.1	14 770	41 033.6	33 873.4
2000	99 214.6	14 944.7	45 555.9	38 714
2001	109 655.2	15 781.3	49 512.3	44 361.6
2002	120 332.7	16 537	53 896.8	49 898.9
2003	135 822.8	17 381.7	62 436.3	56 004.7
2004	159 878.3	21 412.7	73 904.3	64 561.3
2005	183 867.9	23 070.4	87 364.6	73 432.9
2006	210 871	24 737	103 162	82 972

（1）用 Excel 绘制国内生产总值的线图；

（2）绘制第一、第二、第三产业国内生产总值的线图。

第四章

数据分析与 Excel 的应用

一、实验说明

Excel 提供了多种数据分析手段，从函数、分析工具库、加载宏等，一直到数据透视表和数据透视图，我们对数据进行归纳后，能够利用这些函数和图表对数据进行分析。本章以数据透视分析和相关系数的计算为例来介绍 Excel 数据分析的强大功能。

二、实验 1：Excel 数据透视分析表应用

【实验内容】

数据透视表是用于快速汇总大量数据的交互式表格，数据透视表可以从不同角度查看汇总数据，也可以筛选数据，或显示合计值的明细数据。现在要对某公司 2008 年的部分销售数据使用 Excel 数据透视表功能制作分类汇总表，进行汇总分析。

【实验过程】

1. 第一步：在 Excel 中导入某公司 2008 年的数据清单，得到如图 4 – 1 所示的数据清单，执行“数据” | “数据透视表和数据透视图”命令，此时会出现图 4 – 2 所示的“数据透视表和数据透视图向导”对话框，数据类型选择“Microsoft Excel 数据清单或数据库”（针对一个 Excel 工作表中现成的数据清单来制作数据透视表），并选择“数据透视表”为所需创建的报表类型，单击“下一步”按钮。

	A	B	C	D	E	F	G
1	日期	省份	类别	净销售额	毛销售额	渠道	价位
2	1995-1-1	江西	艺术品	561	578	批发	高
3	1995-1-1	安徽	艺术品	3730	4388	批发	低
4	1995-1-1	江西	艺术品	2244	2530	批发	低
5	1995-1-1	山东	艺术品	1418	1898	批发	高
6	1995-1-1	江西	艺术品	1399	2530	零售	高
7	1995-1-1	山东	艺术品	836	1898	零售	低
8	1995-1-1	江苏	艺术品	413	1485	批发	低
9	1995-1-1	安徽	艺术品	405	945	批发	高
10	1995-1-1	广东	艺术品	400	413	零售	低
11	1995-1-1	安徽	艺术品	383	405	零售	高
12	1995-1-1	广东	体育用品	369	413	批发	低
13	1995-1-1	山东	体育用品	151	383	批发	高
480	1995-6-1	山东	自行车	572	598	批发	高
481	1995-6-1	江西	自行车	1024	1126	批发	高

图 4 –1　样本数据

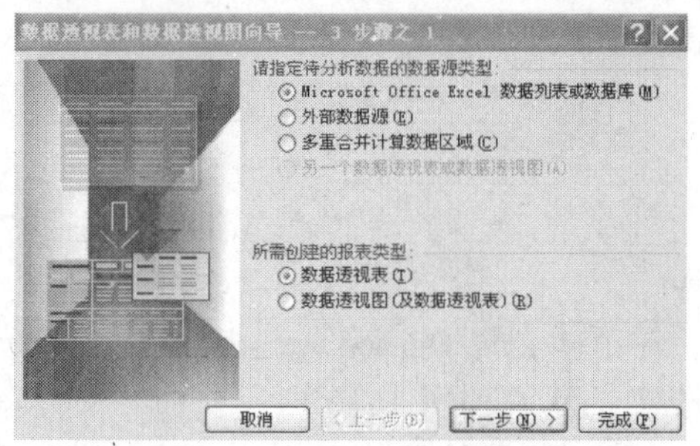

图 4 –2　数据透视表

第二步：选择数据清单所在区域，如图 4 – 3 所示，单击“下一步”按钮。

第三步：指定透视表位置。在数据透视表向导步骤 3 的对话框中，将数据透视表的显示

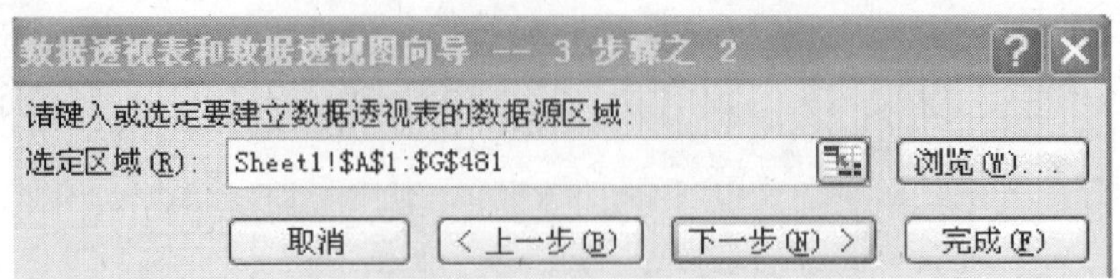

图 4－3　数据区域

位置选为“新建工作表”，这样数据透视表将建立在一张新的工作表中，否则数据透视表会建立在原有数据清单上。单击“完成”按钮。

第四步：设计数据透视表。Excel 将在一张新工作表上生成包含 4 个区域的透视表框架，如图 4－4 所示。中间部分是被汇总数据区域（简称“数据域”），其上方是汇总的列分类字段区域（简称“列域”），左边是汇总的行分类字段区域（简称“行域”），最左上角是页分类字段区域（简称“页域”），在任何时候只要光标停留在数据透视表中，就会出现浮动的数据透视表工具条，工具条中包括对数据透视表进行各种操作的菜单项，下方有一个数据透视表字段列表。

在“数据透视表字段列表”中，选中字段名称“类别”，按住左键不放，将其拖至行域，选中字段名称“省份”，拖至列域，把“净销售额”字段拖至数据域。此时就在数据域汇总出各省不同类别的净销售额总计值。然后在浮动菜单栏，选择“数据透视表”｜“行总计”选项。此时的数据透视表就会产生图 4－5 所示的汇总数据。

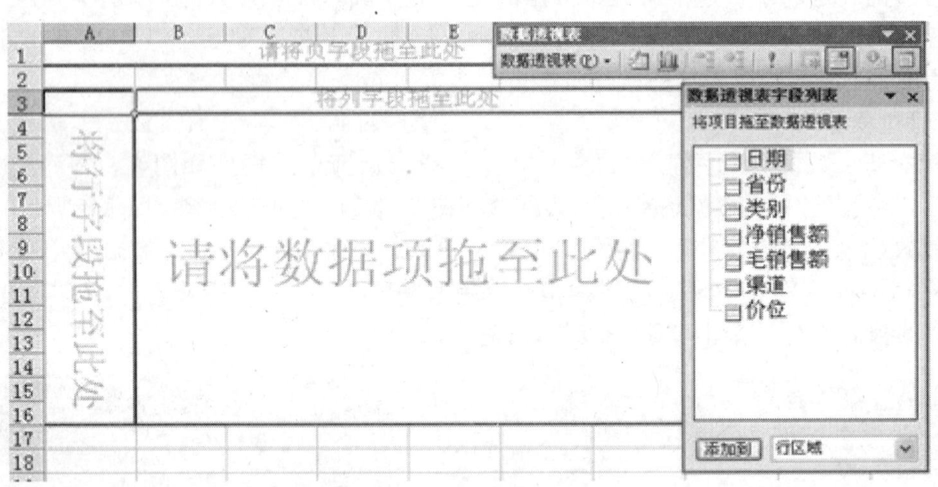

图 4－4　数据透视表布局

第五步：制作数据透视图。将光标置于数据透视表中，用鼠标单击位于常用工具栏的图标按钮，就得到图 4－6 所示的图形。

2. 数据透视表的灵活性。利用数据透视表不仅能够对数据进行分类汇总，而且它还将提供很多其他功能，可以根据需要方便灵活地进行调整。数据透视表的灵活性具体体现在以下几个方面。

（1）改变数据透视表的行列结构。如果希望汇总结构是以“省份”为行，以“类别”

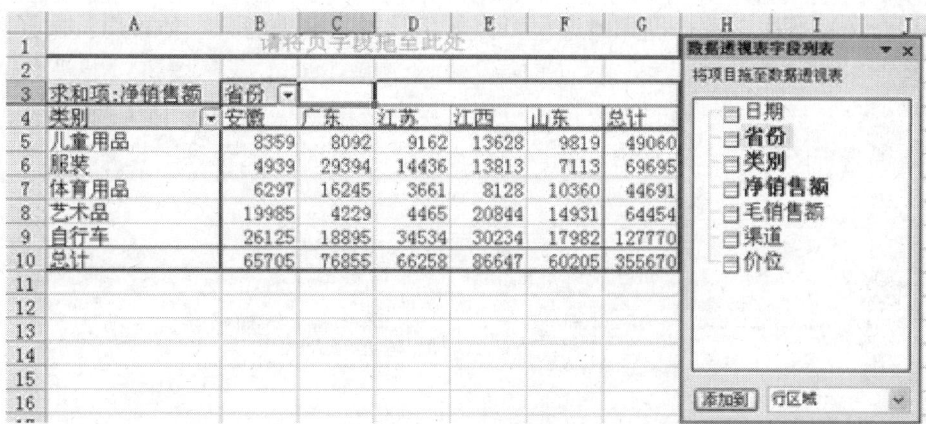

求和项:净销售额	省份					
类别	安徽	广东	江苏	江西	山东	总计
儿童用品	8359	8092	9162	13628	9819	49060
服装	4939	29394	14436	13813	7113	69695
体育用品	6297	16245	3661	8128	10360	44691
艺术品	19985	4229	4465	20844	14931	64454
自行车	26125	18895	34534	30234	17982	127770
总计	65705	76855	66258	86647	60205	355670

图 4－5　汇总数据

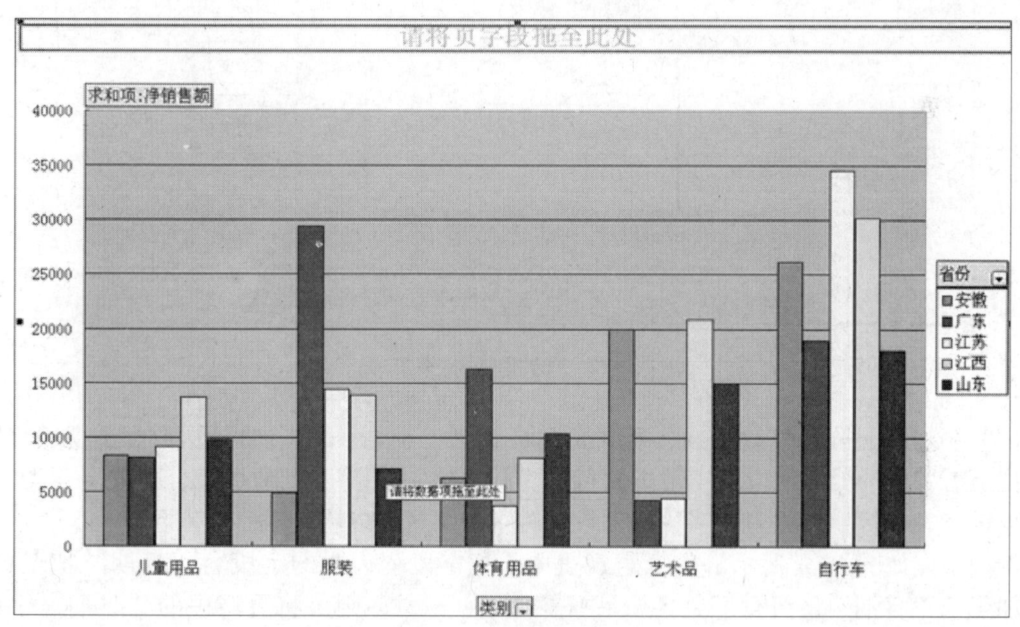

图 4－6　直方图

为列，只需要在如图 4－5 中，选择字段名“省份”，拖至字段名“类别”的左侧，选择字段名“类别”拖至单元格列域，汇总结果如图 4－7 所示。

求和项:净销售额	类别					
省份	儿童用品	服装	体育用品	艺术品	自行车	总计
安徽	8359	4939	6297	19985	26125	65705
广东	8092	29394	16245	4229	18895	76855
江苏	9162	14436	3661	4465	34534	66258
江西	13628	13813	8128	20844	30234	86647
山东	9819	7113	10360	14931	17982	60205
总计	49060	69695	44691	64454	127770	355670

图 4－7　数据汇总

另外在对数据透视表进行操作时，也可以使用数据透视表的另一种布局：选择数据透视表浮动工具条中的“数据透视表” | “向导”命令，单击“布局”按钮，出现了如图4－8所示的对话框，对话框的右侧的字段按钮可以拖至左边的数据透视表中（添加字段），也可以把数据透视表中的字段拖至右侧（删除字段）。把“类别”拖至列，把“省份”拖至行，也可以制作出如图4－7的数据透视表。

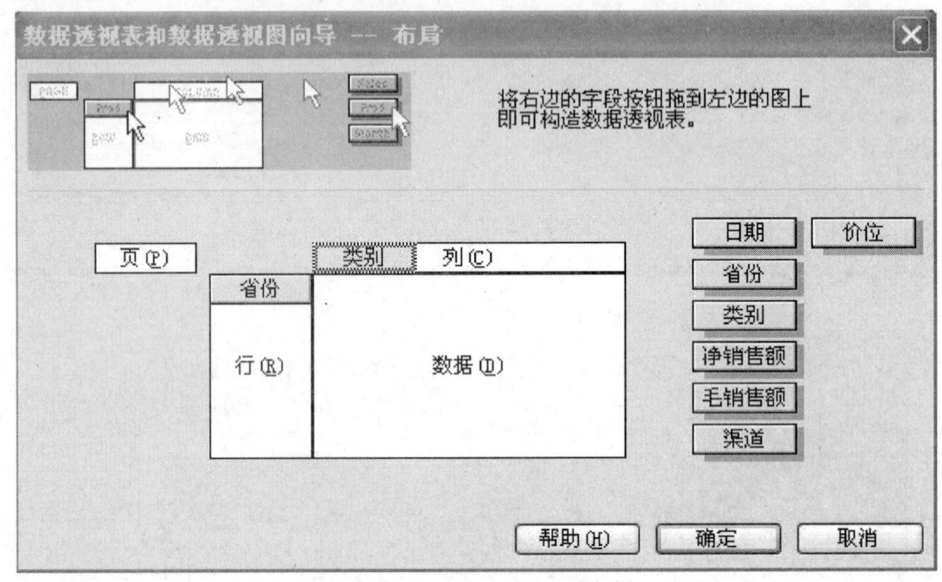

图4－8　数据透视表布局

（2）新增、删除和修改行域、列域或页域字段（分类字段）。直接从数据透视表字段列表中把所需增加的分类字段拖至对应的行域、列域或页域就可以增加行、列或页分类字段。将数据透视表中行、列域中的字段拖出数据透视表，就可以将分类字段删除。

例如，在如图4－7所示的数据透视表中，把字段列表中的字段名“日期”拖至页域，就增加了按“日期”的分页汇总。如果不需要分页汇总，则可将页域中的“日期”字段拖出。如果还需要汇总不同价位的净销售额，只需要把字段列表中的字段名“价位”拖至行域，就可以按照省份和价位汇总净销售额。如果把“价位”拖至“省份”的左侧，则先按照省份汇总，再按照价位汇总。如果把“价位”拖至“省份”的右侧，则先按照价位汇总，然后再按照省份汇总，结果如图4－9所示。

也可以对行、列分类字段名进行修改。例如，在图4－7所示的数据透视表中，选择分类字段“类别”，在公式编辑栏将“类别”两字修改为“商品类别”，就可以修改数据透视表中列分类字段名的显示结果。

（3）新增、删除和修改汇总字段。如果需要将净销售额和毛销售额同时汇总，在图4－7中，将数据透视表字段列表中的字段名“毛销售额”拖至数据域，就可以既汇总毛销售额也汇总净销售额，如图4－10所示。如果要删除汇总字段，只要选择“数据”，单击下拉列表框，选择“求和项：净销售额”，取消选择“求和项：毛销售额”，就可以将“毛销售额”从汇总字段中删除。

（4）改变汇总字段的汇总方式，如图4－11所示，例如，在图4－7中要汇总净销售额的平均值，双击“求和项：净销售额”，就会弹出如图4－11所示的对话框，选择汇总方式

求和项:净销售额		类别					
省份	价位	儿童用品	服装	体育用品	艺术品	自行车	总计
安徽	低	5920	4939	3810	13533	18280	46482
	高	2439		2487	6452	7845	19223
安徽 汇总		8359	4939	6297	19985	26125	65705
广东	低	5353	12883	13976	4229	13479	49920
	高	2739	16511	2269		5416	26935
广东 汇总		8092	29394	16245	4229	18895	76855
江苏	低		9334		4465	4585	18384
	高	9162	5102	3661		29949	47874
江苏 汇总		9162	14436	3661	4465	34534	66258
江西	低	6152	13813	3060	11450	10121	44596
	高	7476		5068	9394	20113	42051
江西 汇总		13628	13813	8128	20844	30234	86647
山东	低	4099	2943	2678	4441	8748	22909
	高	5720	4170	7682	10490	9234	37296
山东 汇总		9819	7113	10360	14931	17982	60205
总计		49060	69695	44691	64454	127770	355670

图 4 –9　数据透视表汇总

		商品类别				
省份	数据	儿童用品	服装	体育用品	艺术品	总计
安徽	求和项:净销售额	8359	4939	6297	19985	65705
	求和项:毛销售额	8916	5373	7093	22716	72480
广东	求和项:净销售额	8092	29394	16245	4229	76855
	求和项:毛销售额	8615	31952	17934	4526	83459
江苏	求和项:净销售额	9162	14436	3661	4465	66258
	求和项:毛销售额	10004	15697	3942	6023	72689
江西	求和项:净销售额	13628	13813	8128	20844	86647
	求和项:毛销售额	14875	14760	8948	24523	95665
山东	求和项:净销售额	9819	7113	10360	14931	60205
	求和项:毛销售额	10214	7817	11531	16701	65783
求和项:净销售额汇		49060	69695	44691	64454	355670
求和项:毛销售额汇		52624	75599	49448	74489	390076

图 4 –10　数据透视表汇总

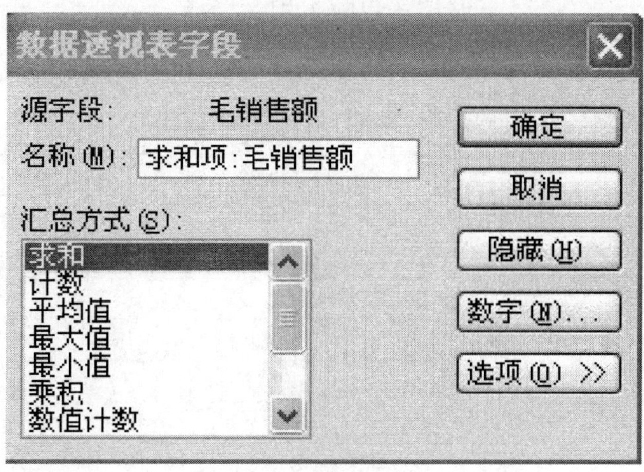

图 4 –11　数据透视表字段

的“平均值”，数据透视表就汇总出净销售额的平均值。当有多个汇总字段时，如，一个汇总字段是“净销售额”，另一个是“毛销售额”，则要鼠标右键单击“求和项：净销售额”，选择菜单项“字段设置”，对汇总方式加以修改。对“毛销售额”汇总方式的修改也可用同样的方法进行处理。

【实验结论】

数据透视表可用于快速汇总大量数据，快速掌握数据的变化规律，并且可以进行灵活的变换，大大提高企业人员、市场分析人员、研究人员等的工作效率。

【实验讨论】

1. 怎样创建数据透视表和数据透视图。
2. 如何更新数据透视表。

三、实验2：用 Excel 求相关系数

【实验内容】

相关系数是描述两个测量值变量之间的离散程度的指标。用于判断两个测量值变量的变化是否相关，即，一个变量的较大值是否和另一个变量的较大值相关联（正相关）；或一个变量的较小值是否和另一个变量的较大值相关联（负相关）；还是两个变量中的值互不关联（相关系数近似于零）。设（X，Y）为二元随机变量，那么：

$$\rho = \frac{\mathrm{Cov}(X,Y)}{\sqrt{DX}\sqrt{DY}}$$

【实验数据】

根据我国 1988 ~ 1998 年的城镇居民人均全年耐用消费品支出、人均全年可支配收入以及耐用消费品价格指数的统计资料（见表 4－1）。试分析城镇居民人均全年耐用消费品支出 Y 关于可支配收入 X_1 和耐用消费品价格指数 X_2 的相关性，求出相关系数。

表 4－1　　城镇居民收入相关指标

年份	人均耐用消费品支出（元）	人均全年可支配收入（元）	耐用消费品价格指数（1987 = 100）
1988	137. 16	1 181. 4	115. 96
1989	124. 56	1 375. 7	133. 35
1990	107. 91	1 510. 2	128. 21
1991	102. 96	1 700. 6	124. 85
1992	125. 24	2 026. 6	122. 49
1993	162. 45	2 577. 4	129. 86
1994	217. 43	3 496. 2	139. 52
1995	253. 42	4 283	140. 44
1996	251. 07	4 838. 9	139. 12
1997	285. 85	5 160. 3	133. 35
1998	327. 26	5 425. 1	131. 27

【实验过程】

第一步：打开 Excel 工作簿，将样本观测值输入到 A2：D12 单元格中。

第二步：选择“工具”下拉菜单的“数据分析”选项；在分析工具中选择“相关系数”，如图 4－12 所示。

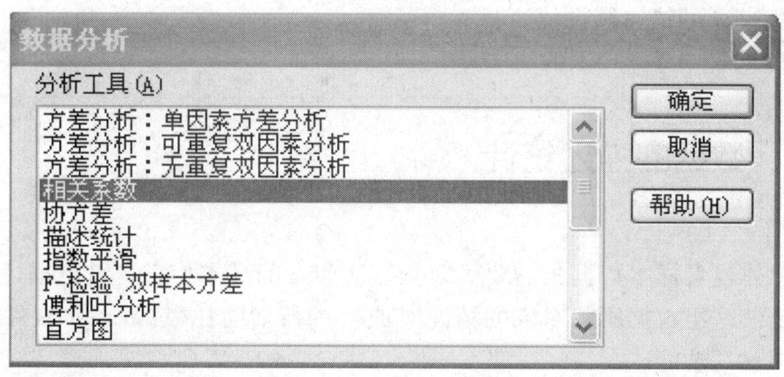

图 4－12　相关系数模块

第三步：当出现“相关系数”对话框后，在“输入区域”中选定 A2：D12；在“输出选项”中选择输出区域（这里我们选择“新工作簿”），如图 4－13 所示；单击“确定”按钮，得下面的相关矩阵表，如图 4－14 所示。

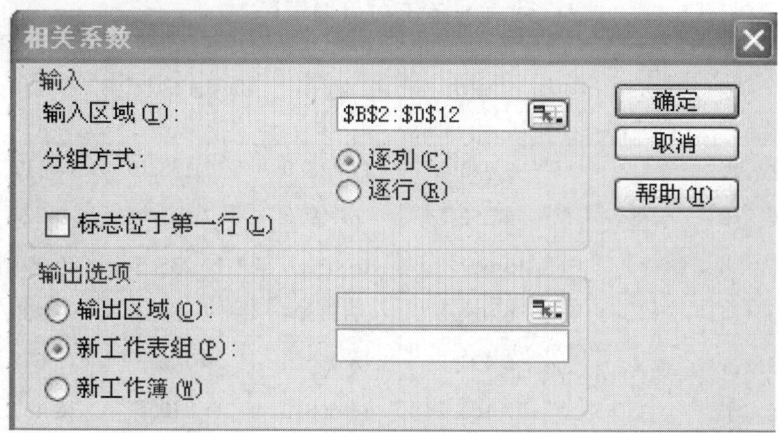

图 4－13　相关系数模块

	Y	X1	X2
Y	1		
X1	0.970741	1	
X2	0.590911	0.652663	1

图 4－14　相关系数

【实验结论】

用 Excel 的“数据分析”不仅可以求出相关系数，而且还可以方差分析、指数平滑、描述统计、移动平均、回归分析等，功能非常强大，方法同求“相关系数”的方法是一样的。

【实验讨论】

1. 求出上面例子的描述统计值。

2. 求出上面例子中 Y 与 X1 的协方差。

四、实验 3：数据的描述统计

【实验内容】

对于一个总体或者样本数据，需要了解数据所包含的基本信息，可以描述其基本特征来掌握，以便于反映这组数据所属对象的情况，或者进行横向比较，Excel 软件提供了常用来函数和工具实现这一功能。

【实验数据】

从 2007 ~2011 年全国 31 个省（直辖市、自治区）地区生产总值为例（见表 4 -2），从纵向上看，各省的地区生产总值都是上升的；横向上看，各省地区生产总值差别较大。如何描述这些数据呢？下面说明 Excel 软件中描述统计的基本用法。

表 4 -2　　各省地区生产总值数据　　单位：亿元

年份 地区	2007	2008	2009	2010	2011
北　京	9 846.8	11 115.0	12 153.0	14 113.6	16 251.9
天　津	5 252.8	6 719.0	7 521.9	9 224.5	11 307.3
河　北	13 607.3	16 012.0	17 235.5	20 394.3	24 515.8
山　西	6 024.5	7 315.4	7 358.3	9 200.9	11 237.6
内蒙古	6 423.2	8 496.2	9 740.3	11 672.0	14 359.9
辽　宁	11 164.3	13 668.6	15 212.5	18 457.3	22 226.7
吉　林	5 284.7	6 426.1	7 278.8	8 667.6	10 568.8
黑龙江	7 104.0	8 314.4	8 587.0	10 368.6	12 582.0
上　海	12 494.0	14 069.9	15 046.5	17 166.0	19 195.7
江　苏	26 018.5	30 982.0	34 457.3	41 425.5	49 110.3
浙　江	18 753.7	21 462.7	22 990.4	27 722.3	32 318.9
安　徽	7 360.9	8 851.7	10 062.8	12 359.3	15 300.7
福　建	9 248.5	10 823.0	12 236.5	14 737.1	17 560.2
江　西	5 800.3	6 971.1	7 655.2	9 451.3	11 702.8

续表

地区＼年份	2007	2008	2009	2010	2011
山　东	25 776.9	30 933.3	33 896.7	39 169.9	45 361.9
河　南	15 012.5	18 018.5	19 480.5	23 092.4	26 931.0
湖　北	9 333.4	11 328.9	12 961.1	15 967.6	19 632.3
湖　南	9 439.6	11 555.0	13 059.7	16 038.0	19 669.6
广　东	31 777.0	36 796.7	39 482.6	46 013.1	53 210.3
广　西	5 823.4	7 021.0	7 759.2	9 569.9	11 720.9
海　南	1 254.2	1 503.1	1 654.2	2 064.5	2 522.7
重　庆	4 676.1	5 793.7	6 530.0	7 925.6	10 011.4
四　川	10 562.4	12 601.2	14 151.3	17 185.5	21 026.7
贵　州	2 884.1	3 561.6	3 912.7	4 602.2	5 701.8
云　南	4 772.5	5 692.1	6 169.8	7 224.2	8 893.1
西　藏	341.4	394.9	441.4	507.5	605.8
陕　西	5 757.3	7 314.6	8 169.8	10 123.5	12 512.3
甘　肃	2 702.4	3 166.8	3 387.6	4 120.8	5 020.4
青　海	797.4	1 018.6	1 081.3	1 350.4	1 670.4
宁　夏	919.1	1 203.9	1 353.3	1 689.7	2 102.2
新　疆	3 523.2	4 183.2	4 277.1	5 437.5	6 610.1

数据来源：《中国统计年鉴》(2012)。

【实验过程】

1. 把数据复制到 Excel 工作表中，在 B34 中输入 = max（B2：B32），可以得到 2007 年 31 个省份地区生产总值最大值为 31777 亿元，拖动填充柄至 F34，可以得到其他年份的最大值。同理，在 B35 中输入 = min（B2：B32），可以得到 2007 年 31 个省份地区生产总值最大值为 341.4 亿元。在 B36：B45 单元格中分别输入 COUNT、AVERAGE、MEDIAN、GEOMEAN、HARMEAN、AVEDEV、STDEV、VAR、KURT 和 SKEW 函数，分别得到数组的个数、平均值、中位数、几何平均数和调和平均数及变异统计的平均差、标准差、方差、峰度和偏度。

2. 选择“工具”下拉菜单的“数据分析”选项；在分析工具中选择“描述统计”，如图 4－15 所示。在描述统计窗口中选择“输入区域”为 B1：F32，注意勾选“逐列”和“标志位于第一行”，如同 4－16 所示。单击“确定”按钮后得到描述统计结果，如图 4－17 所示。

数据分析
分析工具(A)
方差分析：单因素方差分析
方差分析：可重复双因素分析
方差分析：无重复双因素分析
相关系数
协方差
描述统计
指数平滑
F-检验 双样本方差
傅利叶分析
直方图
确定
取消
帮助(H)

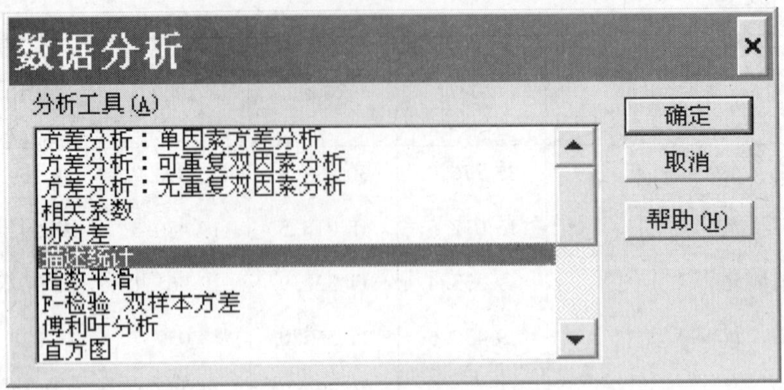

图4-15 描述统计模块

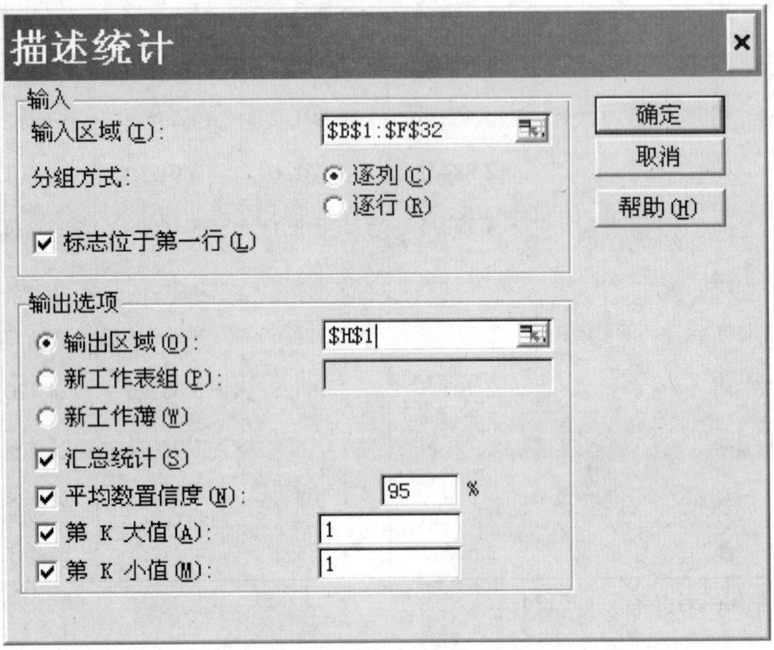

描述统计
输入
输入区域(I):
$B$1:$F$32
分组方式:
逐列(C)
逐行(R)
标志位于第一行(L)
输出选项
输出区域(O):
$H$1
新工作表组(P):
新工作薄(W)
汇总统计(S)
平均数置信度(N):
95
%
第 K 大值(A):
1
第 K 小值(M):
1
确定
取消
帮助(H)

图4-16 描述统计窗口

描述统计结果列出了按列分析的各组数据的基本情况，其中平均数、中位数和众数都是用来说明一组数据分布的集中程度，当数据服从对称分布的时候，这三个值基本相等，但是当数据分布出现右偏或者左偏的时候，三个值会有所偏差。在本例中，由于各省的地区生产总值各不相同，所以没有众数，但平均数受到个别较大极值的影响，普遍大于中位数，说明31个地区生产总值呈右偏分布。这一点也可以从反映数据分布形状的峰度和偏度两个指标得到验证，峰度系数都小于3，说明数据分布相对于正态分布而言，比较扁平，数据比较分散，而偏度系数远大于0，说明数据分布右偏程度较高。

从纵向对比来看，从2007~2011年，各省地区生产总值普遍增长，不管是从最大值、最小值还是平均值来看，增长幅度都比较大。但偏度系数有所缩小，特别是用标准差除以平

H	I	J	K	L	M	N	O	P	Q
2007		2008		2009		2010		2011	
平均	9023.751	平均	10752.06	平均	11783.99	平均	14098.13	平均	16820.68
标准误差	1373.498	标准误差	1605.386	标准误差	1747.632	标准误差	2047.742	标准误差	2373.715
中位数	6423.18	中位数	8314.37	中位数	8587	中位数	10368.6	中位数	12582
众数	#N/A	众数	#N/A	众数	#N/A	众数	#N/A	众数	#N/A
标准差	7647.313	标准差	8938.409	标准差	9730.402	标准差	11401.35	标准差	13216.29
方差	58481400	方差	79895156	方差	94680727	方差	1.3E+08	方差	1.75E+08
峰度	2.209082	峰度	2.142129	峰度	2.036099	峰度	1.902947	峰度	1.806663
偏度	1.545111	偏度	1.526155	偏度	1.495531	偏度	1.450261	偏度	1.401984
区域	31435.58	区域	36401.86	区域	39041.2	区域	45505.6	区域	52604.45
最小值	341.43	最小值	394.85	最小值	441.36	最小值	507.46	最小值	605.83
最大值	31777.01	最大值	36796.71	最大值	39482.56	最大值	46013.06	最大值	53210.28
求和	279736.3	求和	333313.9	求和	365303.7	求和	437042	求和	521441.1
观测数	31	观测数	31	观测数	31	观测数	31	观测数	31
最大(1)	31777.01	最大(1)	36796.71	最大(1)	39482.56	最大(1)	46013.06	最大(1)	53210.28
最小(1)	341.43	最小(1)	394.85	最小(1)	441.36	最小(1)	507.46	最小(1)	605.83
置信度(95	2805.057	置信度(95	3278.635	置信度(95	3569.14	置信度(95	4182.047	置信度(95	4847.773

图 4－17　描述统计结果

均值得到的变异系数从 0.847 逐步下降到 0.786，下降趋势反映了各省地区生产总值之间的差距有所缩小。

【实验结论】

Excel 软件提供的描述统计功能，基本能够满足一般经济研究中说明数据组基本特征的要求，如果需要做更深入的探索，就可以用到软件提供的函数功能，具体使用方法是在单元格中插入函数，随后对话框中列出了函数名称和简要用法，也可以用 Excel 软件的帮助功能，了解更为详细的用法。

【实验讨论】

1. 了解 Excel 软件中函数的使用方法。

2. 如何找出一组数据的极值？

第五章

经济地图绘制

一、实验说明

MapInfo 操作软件是一套功能强大、全面直观的桌面地理信息系统，可以帮助客户完成地图绘制、数据编辑、地理分析、网格影像等工作。利用 MapInfo 提供的最佳决策支持系统，商业分析专家和 GIS 专家可以方便地将数据和地理信息的关系直观地加以展现。

二、实验 1：MapInfo 的启动、退出及界面介绍

【实验内容】

掌握 MapInfo 的启动与退出方式，熟悉软件的工作界面。

【实验过程】

1. MapInfo 的启动。

（1）安装完毕后，可以在桌面上制作一个 MapInfo 的快捷图标，双击该图标，或单击开始→程序→MapInfo→MapInfo Professional 7.5 SCP，启动软件。

（2）MapInfo 启动后，出现"快速启动窗口"（见图 5－1）。

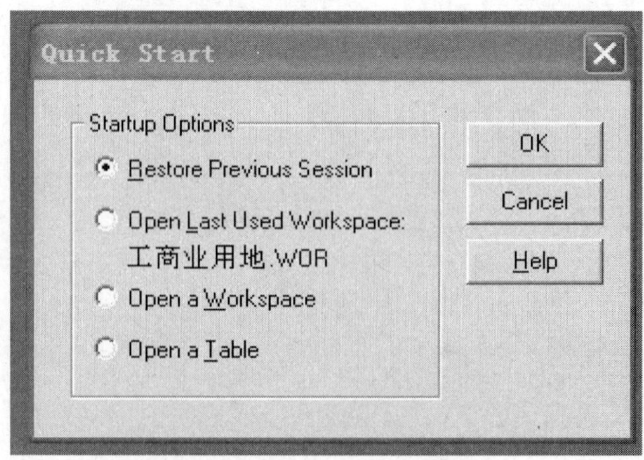

图 5－1　快速启动窗口

分别为：

Restore Previous Session　　恢复上次任务：回到上次关闭 MapInfo 时的操作状态

Open Last Used Workspace　　打开上次工作空间：回到上次保存的工作空间

Open a Workspace　　打开工作空间

Open a Table　　打开表

2. MapInfo 的退出。

（1）单击界面右上角的×后，可以退出 MapInfo。

（2）如果在退出之前没有保存所绘图形，MapInfo 将弹出警示信息框（见图 5－2）。

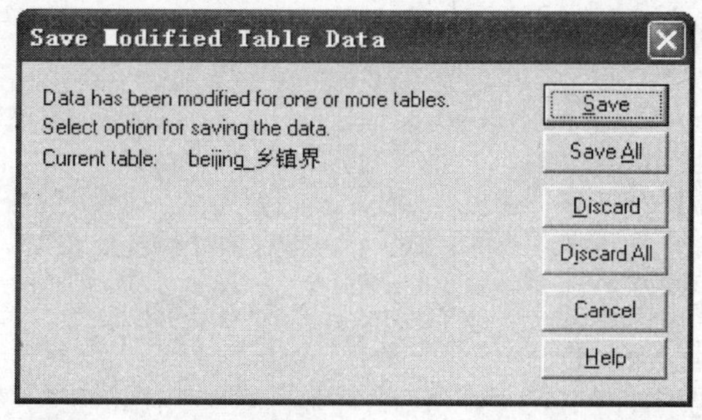

图 5－2　警告信息框：保存已修改的表数据

分别为：

Save　　在关闭之前，保存对当前操作表所作的修改

Save All　　在关闭之前，保存所有被改动的表

Discard　　放弃（只放弃）当前操作表的保存

Discard All　　放弃当前所有被改动的表的保存

Cancel　　取消关闭操作

Help　　弹出帮助窗口

3. MapInfo 的界面介绍。

（1）操作界面（见图 5－3）简介：顶部是标题栏，标题栏左侧是软件图标及名称，标题栏右侧分别是最小化按钮、向下还原按钮/最大化按钮和关闭按钮。标题栏下方是菜单栏，只需在某一菜单上单击，便可打开其下拉菜单。

（2）常用工具条（见图 5－4）：包括新建表、打开表、打开 WMS 表、保存表、打印、剪切、复制、粘贴、撤销、新建浏览窗口、新建地图窗口、新建统计图窗口、新建布局窗口、新建重新分区窗口、帮助（15 个）。

（3）绘图工具条（见图 5－5）：包括符号按钮、直线按钮、折线按钮、圆弧按钮、多边形按钮、圆形按钮、矩形按钮、圆角矩形按钮、文本按钮、框架按钮、整形按钮、加节点按钮、符号样式按钮、直线样式按钮、区域样式按钮、文本样式按钮（16 个）。

（4）主工具条（见图 5－6）：包括选择工具、矩形选择工具、半径选择工具、多边形选择工具、边界选择工具、撤销选择工具、反向选择工具、图形选择工具、放大按钮、缩小按钮、改变视图按钮、漫游器按钮、信息按钮、热链接按钮、标注按钮、拖动地图窗口按

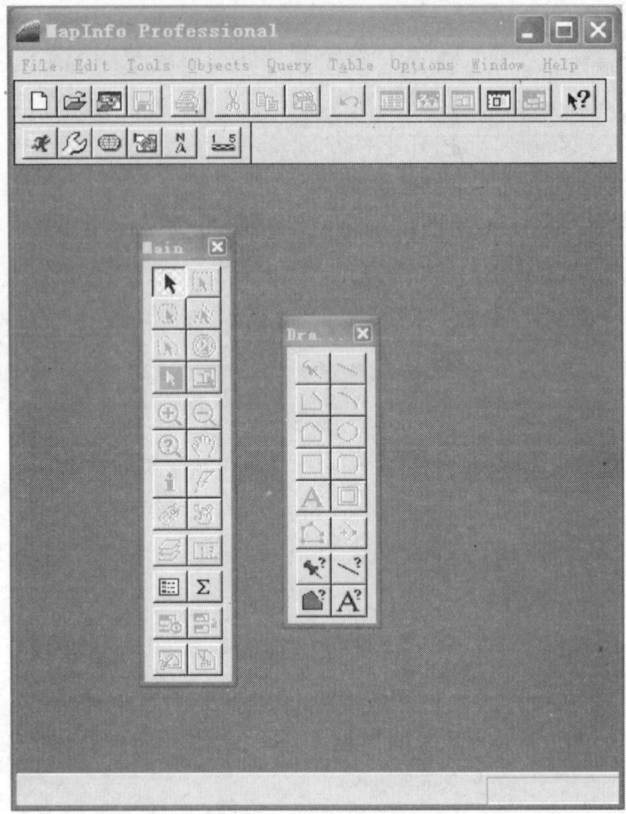

图 5 – 3　工作界面

图 5 – 4　常用工具条

图 5 – 5　绘图工具条

钮、图层控制按钮、标尺按钮、显示隐藏图例按钮、显示隐藏统计窗口按钮、设置目标分区按钮、分配选定对象按钮、开启/关闭区域剪裁按钮、设置剪裁区域按钮（24 个）。

图 5 – 6　主工具条

三、实验 2：MapInfo 的数据组织

【实验内容】

MapInfo 对地图进行处理、查询、编辑和分析，首先应对地图信息化，在地图化之前，

要建立“表”的概念。

【实验过程】

表的组成。

表是 MapInfo 的数据与地图有机联系的枢纽，当用户在 MapInfo 中打开一个数据文件时，MapInfo 将创建一个表，该表至少由以下两个文件组成：(例 world. *)

(1) World. tab：该文件描述表的数据结构；通俗地说，它是地图的组织文件，与其他各种文件格式相关联。

(2) World. dat：以 MapInfo 格式保存的表格数据文件。

当为表记录了 X 和 Y 坐标，也就是创建了可视的地图，表将包含图形对象，此时表将产生另外两个相关的文件：(例 world. *)

(3) World. map：该文件描述图形对象。

(4) World. id：该文件是交叉引用文件，用于连接数据和图形对象。

另外，表还可以包含一个索引文件，它用于查找地图对象。

(5) World. ind：MapInfo 表格文件（World. dat）的索引文件。

一般地，一个完整的 MapInfo 数据包括：World. tab、World. dat、World. map、World. id。如图 5－7 所示。

图 5－7　MapInfo 数据组成

虽然 MapInfo 由以上文件组成，但当用户选择打开命令打开对话框时，只有拓展名为 Tab 的文件出现。此外，还包括其他数据文件：

(6) MID：表格数据的 MapInfo 转入/转出格式。

(7) MIF：图形对象的 MapInfo 转入/转出格式。

(8) WOR：MapInfo 的工作空间文件。

四、实验 3：MapInfo 的基本操作

【实验内容】

掌握打开原有地图文件的方法，学习选择对象的操作，熟练地放大、缩小、移动地图或布局。

【实验数据】

世界地图

【实验过程】

1. 打开地图文件。

(1) 单击菜单栏“File”→“Open Table”，或者单击常用工具条上的“打开表”按钮，

或是在快速启动对话框中选择“打开表”选项，会出现“打开表对话框”，如图 5 – 8 所示。

图 5 – 8　打开表对话框

（2）在打开表对话框中，用 Ctrl + 鼠标单击选择 GRID15、WORLD、WORLDCAP 三个文件，单击“打开”按钮，会出现“打开后的世界地图”，如图 5 – 9 所示。

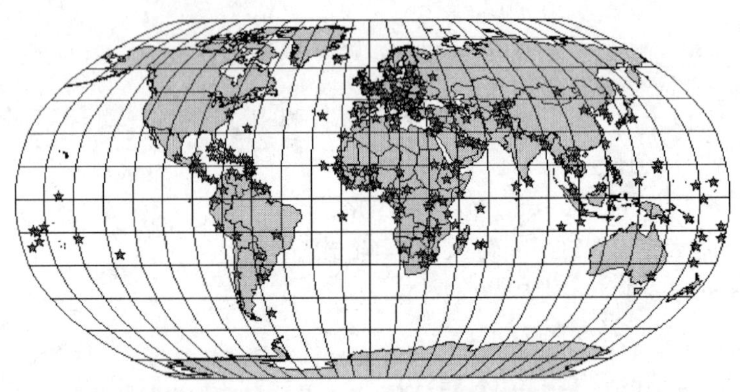

图 5 – 9　打开后的世界地图

2. 对象的选择。

在 MapInfo 中，选择对象的操作是其他操作的基础。选择对象的方式包括使用主工具条中的工具选择、使用浏览窗口选择、使用查询选择以及使用 SQL 查询选择等。

下面以点选择为例进行说明：

从主工具栏中选中点选择按钮，单击地图窗口的对象，会出现“使用点选择工具选择对象”，如图 5 – 10 所示。若对象所在图层可选择，MapInfo 突出显示该对象；若图层可编辑，MapInfo 在对象周围放置编辑柄。

若还想同时选择该图层中的其他对象，则先按住 Shift 键，然后单击要选择的对象。

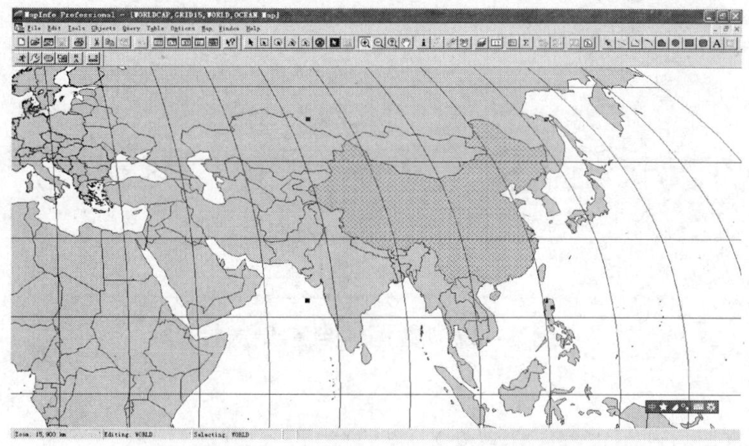

图 5－10　使用点选择工具选择对象

3. 浏览地图。

（1）放大地图：单击主工具栏中的放大按钮，将鼠标指针放至放大区域的中心点，单击鼠标左键，或将鼠标滚轮向前推动，可放大地图窗口的对象。

（2）缩小地图：单击主工具栏中的缩小按钮，将鼠标指针放至缩小区域的中心点，单击鼠标左键，或将鼠标滚轮向后推动，可缩小地图窗口的对象。

（3）移动地图：单击主工具栏中的漫游器按钮，将鼠标指针移动至地图窗口，按住鼠标并根据需要向适当的方向拖动地图。

4. 浏览属性数据。

单击菜单栏上“Window”→“New Browser Window”或常用工具条上的“新浏览”（New Browser）按钮，会出现“浏览属性数据”，如图 5－11 所示。单击选择相应图层可以查看相应图层的属性数据表（或按“F2”键）。

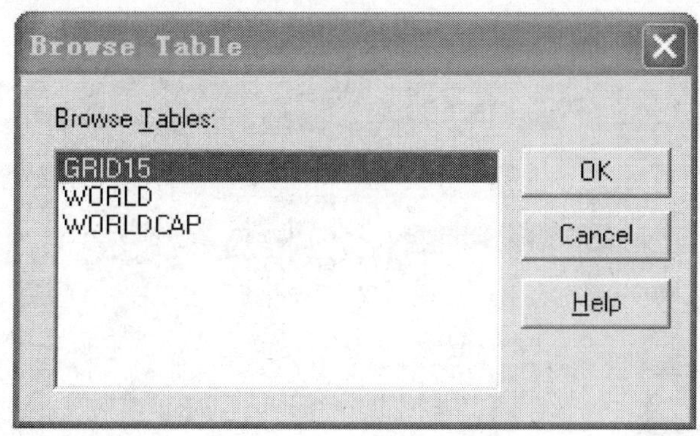

图 5－11　浏览属性数据

5. 数据的自定义选择。

单击菜单栏上的“Query”→“Select”，会出现“数据的自定义选择”，如图 5－12 所示。

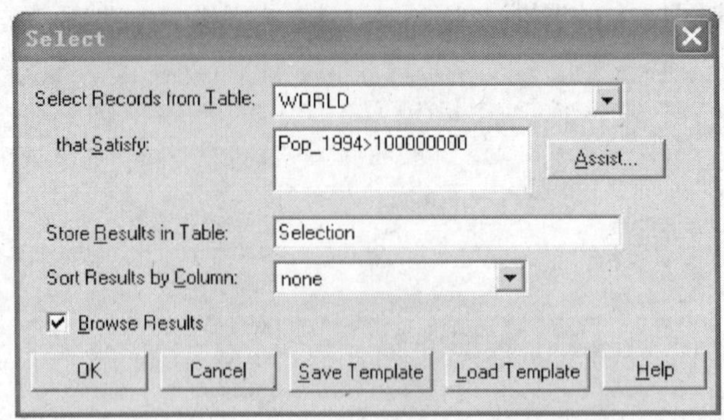

图 5－12　数据的自定义选择

【实验讨论】

1. WORLDCAP 属性表有几个字段？字段名是什么？
2. 查询 1994 年人口超过 1 亿的国家。

五、实验 4：MapInfo 的图层控制

【实验内容】

掌握对图层的控制，通过操纵图层和修改属性以控制地图的显示。

【实验数据】

世界地图

【实验过程】

在 MapInfo 中，图层是计算机地图的构筑块，我们可以把计算机地图看成是由层层叠叠的透明层组合而成，这些透明层就是图层，每个图层包含了整个地图的不同方面。

装饰图层总是位于地图的最顶层，它既不能被删除，也不能参与其他图层的重排序。

在地图窗口单击鼠标右键，选择“图层控制”（Layer Control），或是单击主工具栏上的“图层控制”按钮，出现图层控制界面，如图 5－13 所示。

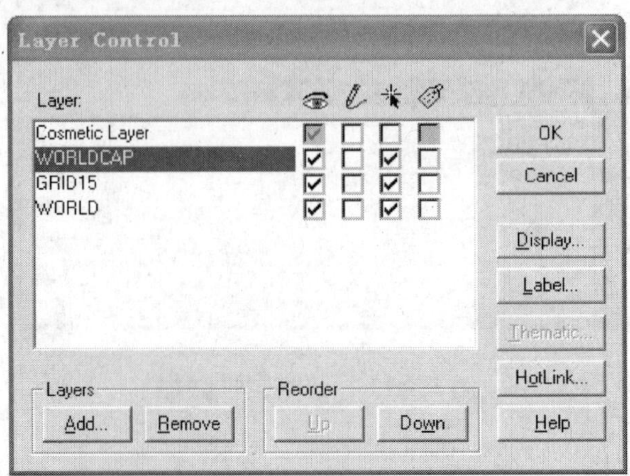

图 5－13　图层控制界面

该对话框显示组成当前地图窗口的所有图层和这些图层属性的状态。复选框状态从左到右分别为："可见"、"可编辑"、"可选择"、"自动标注"，可以用来改变一个或是多个图层的属性。同时，另外一些选项可以改变显示和标注、专题图设置。

1. 显示控制。

单击相应图层的"可见"选择框，实现"可见"与"不可见"的转换（画"√"，或去掉"√"）。

2. 图层顺序。

单击相应图层名称，然后拖动到新位置。或是单击选中相应图层后使用"上"、"下"按钮，之后，单击"OK"按钮，看图层的显示情况。

3. 显示模式。

使用"显示"（display）按钮改变相应图层的显示模式（风格）。

4. 标注地图。

使用"标注"按钮实现相应图层的自动标注，注意：要选中对应图层的"自动标注"复选框（画"√"）。

5. 信息查询。

使用主工具栏上的（INFO）按钮。

6. 距离查询。

使用主工具栏上的（ruler）按钮。

【实验讨论】

1. 分别改变以下图层的显示风格：

（1）WORLDCAP：点图层。

（2）GRID15：线图层。

（3）WORLD：面图层。

2. 分别在以下图层进行标注：

（1）在 WORLD 上标注国名。

（2）在 WORLDCAP 上标注首都名称。

3. 查询地图中"China"等的属性。

4. 查询北京和东京之间的距离。

六、实验 5：MapInfo 文件的创建

【实验内容】

掌握 MapInfo 文件的创建过程。

【实验过程】

1. 创建新表。

单击"File"→"New table"（快捷键：Ctrl + N），出现对话框（见图 5 – 14）。

如果当前窗口有打开的图层，选项"Add to current mapper"可用。

2. 创建字段。

单击"create"，出现"New table structure"对话框（见图 5 – 15），创建字段。

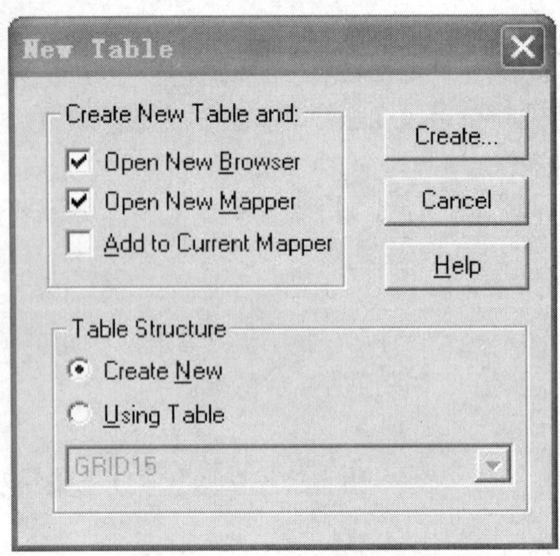

图 5 – 14　创建新表

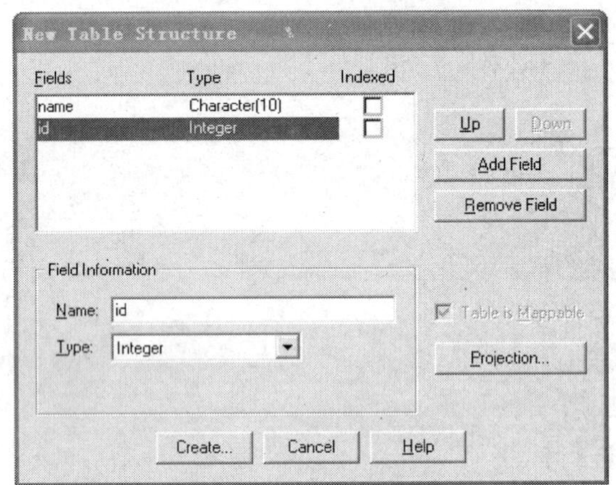

图 5 – 15　创建字段

“Add Field” 是将输入完整的字段添加到上方的窗口；“Remove Field” 是将已有的字段删除。

3. 选择投影。

注意选择 “Projection”，使新建文件具有正确的地图投影。选择 “Projection” 后，出现如图 5 – 16 所示的对话框，从中选择合适的投影方式。

4. 保存文件。

单击 “Create”，出现 “Create New Table” 对话框（见图 5 – 17）：

选择合适的文件名和文件夹后，单击 “保存” 按钮即可。到此，新的 MapInfo 文件创建完毕。

5. 新图层的编辑。

新图层创建完毕后，仅仅是空的图层，并且默认状态是可编辑的（见图 5 – 18）。此时绘图工具条 Drawing 处于激活状态，通过单击绘图工具条上的各种绘图按钮对新建的图层进行编辑。

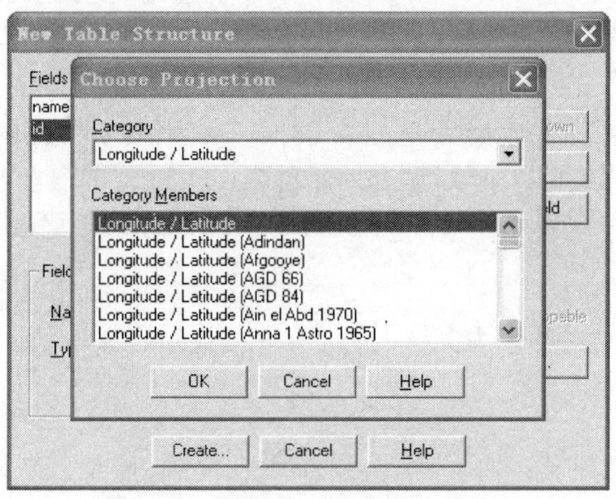

图 5 – 16　选择投影方式

图 5 – 17　保存文件

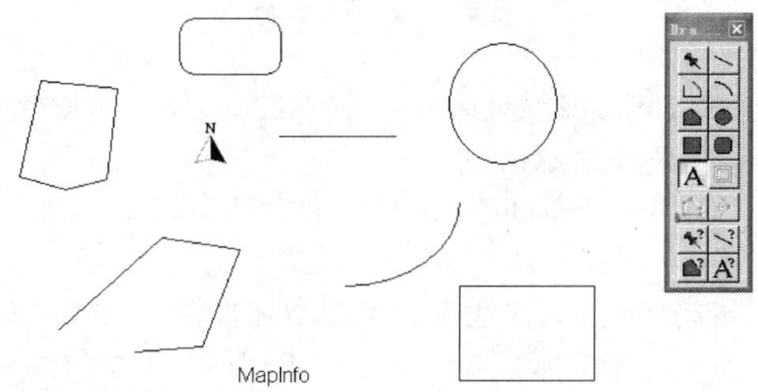

图 5 – 18　新图层的编辑

其中，编辑符号的显示风格可以通过 Drawing 工具条最下面的带问号的四个按钮来设置。编辑完图层后，通过“File”→“Save Table”进行保存（快捷键：Ctrl + S），或者“File”→“Save Copy as”将文件另存。

【实验讨论】

根据你的印象，绘制福建师范大学旗山校区平面图（分别创建点、线、面三个图层，设置不同的显示风格，选取同一投影方式，并将各个图层分别保存，然后在同一窗口内进行叠加显示，将显示结果保存成工作空间）。

七、实验6：配准与数字化

【实验内容】

掌握地图的配准与数字化。

【实验数据】

中国政区图；福建省地图。

【实验过程】

1. 地图配准。

（1）打开“File”→“Open table”，出现对话框如图5-19所示。

图5-19　打开表

（2）选择打开中国政区图，出现对话框，询问是要简单显示图像还是要配准，选择配准，出现如图5-20和图5-21所示窗口。

（3）单击“投影”按钮（Projection），默认为经纬度投影，坐标单位默认为度（Degree）。

（4）单击图中你可以确定坐标的地方，出现增加控制点（Add Control Point）对话框（见图5-22），输入对应的地理坐标，出现如图5-23所示的对话框。为保险起见，每次增加新点的时候，要单击“New”。采用以上方法定义好4个控制点后，单击“确定”按钮，出现如图5-24所示的对话框，完成配准（一幅中国地图一般需要20个点左右）。

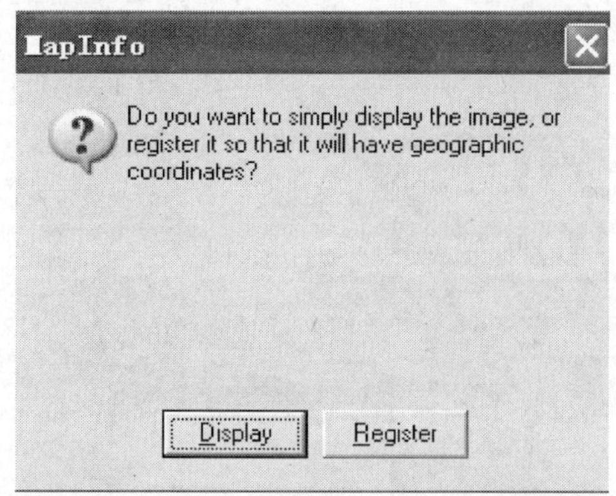

图 5－20　警告信息框：是否选择配准

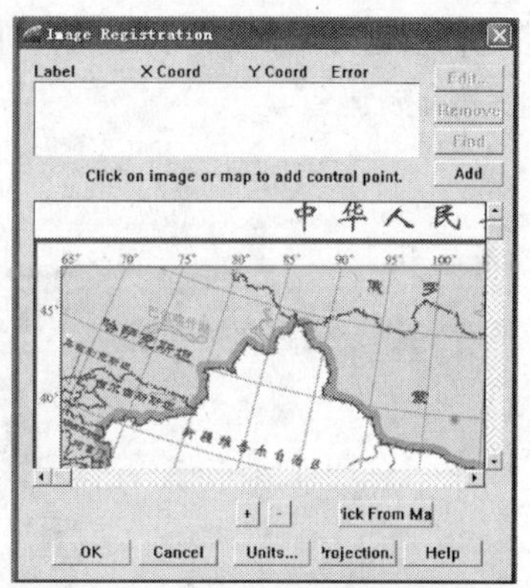

图 5－21　图像配准界面

图 5－22　增加控制点对话框图

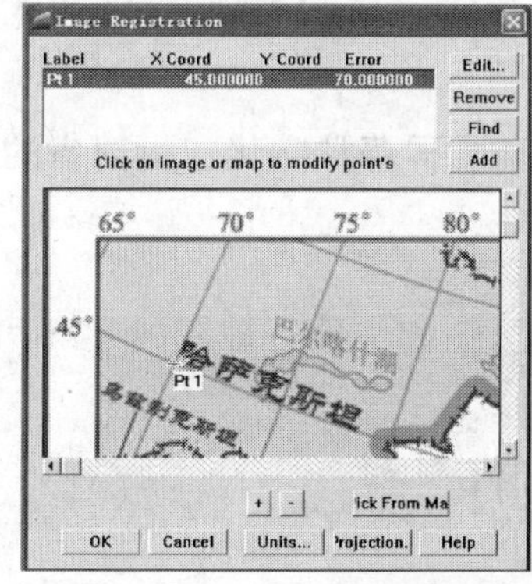

图 5－23　输入地理坐标图

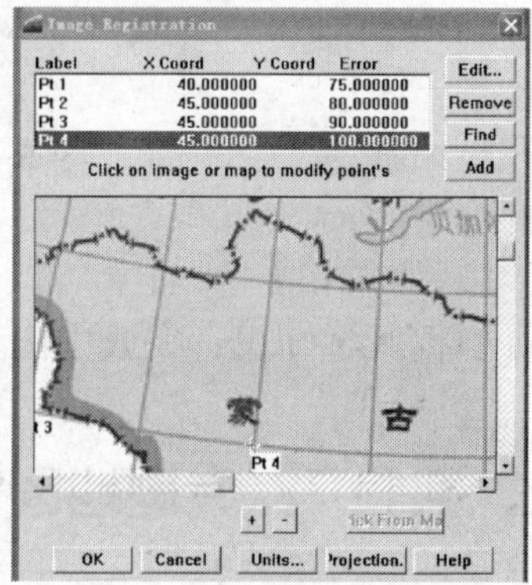

图 5－24　增加 4 个控制点

2. 屏幕数字化。

（1）打开已配准好的地图（中国政区图）。

（2）新建一个图层（见图 5－25），保存，使新建图层可编辑。

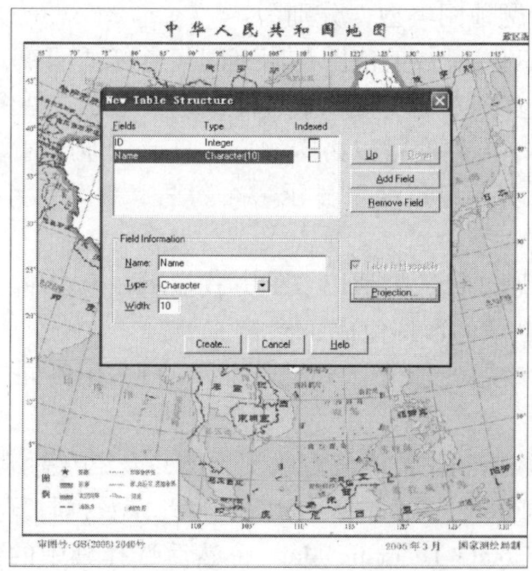

图 5－25　屏幕数字化：新建图层

（3）在新建图层上，运用实验5中的方法，进行数字化，并输入属性信息。图5－26就是数字化完的福建省。

图5－26　屏幕数字化：福建省的数字化

【实验讨论】

根据所学知识，完成中国政区图和福建省地图的配准和数字化。

八、实验7：专题地图制作

【实验内容】

掌握专题地图的制作。

【实验数据】

北京市地图。

【实验过程】

MapInfo 提供了7种专题地图类型，分别为：

- 范围地图：依据专题变量数值范围，用不同颜色（或图案）显示地图对象。
- 直方图：将一个或多个专题变量以直方图的形式显示在地图对象上。
- 饼图：将一个或多个专题变量以饼图的形式显示在地图对象上。
- 等级符号地图：为表中每条记录显示一个符号，符号大小与专题变量数值成正比，该符号显示在地图对象上。
- 点密度地图：将专题变量数据值以点的方式显示在地图中，每个点代表一定的数量，各个区域内的点数目与该区域的数据值成正比。
- 独立值地图：依据专题变量值（分类、逻辑的），用不同颜色（或图案）显示地图对象。

下面，以利用北京市数据制作范围值专题图为例，介绍专题地图的制作。

1. 打开地图。选择“File”→“open table”，将北京数据打开（见图5－27）。

2. 选择“Map”→“Create Thematic Map”，然后选择其中的范围专题地图，即“Ranges”（见图5－28）。

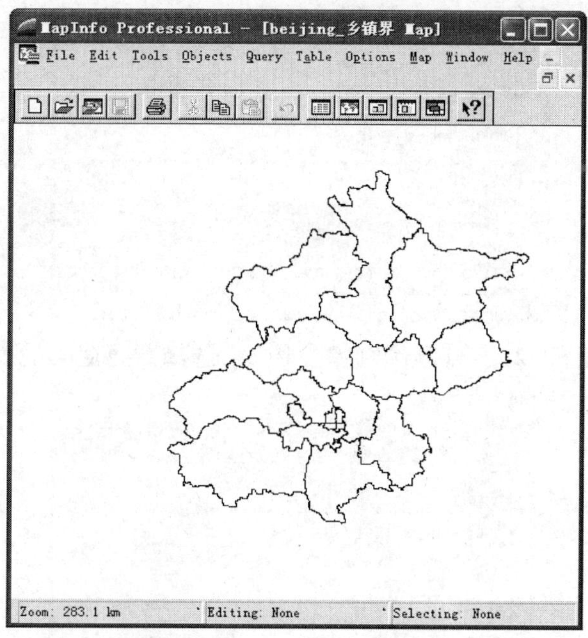

图 5－27　打开北京地图

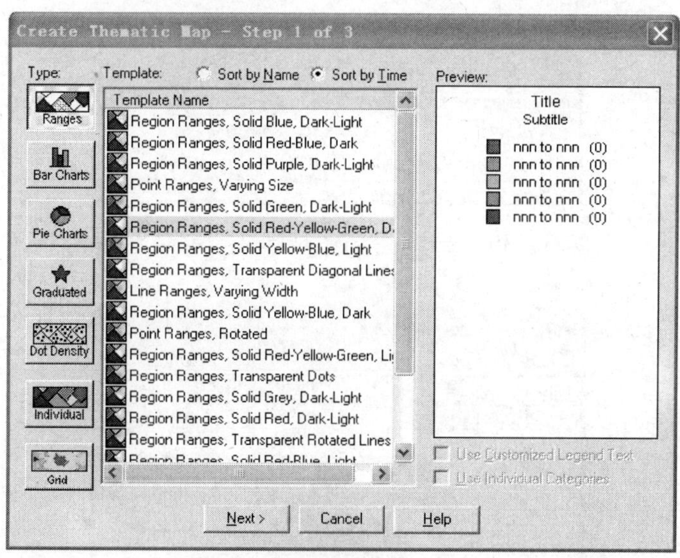

图 5－28　专题图制作步骤 1：选择专题图类型

3. 单击“Next”，出现图 5－29。

4. 单击“Next”，出现图 5－30。

5. 可以单击“styles”和“legend”进行图例显示风格的设置。

6. 单击“OK”按钮之后，则出现图 5－31。

7. 接下来可以加入图例、指北针、比例尺、标题等，专题图制作完毕（见图 5－32）。

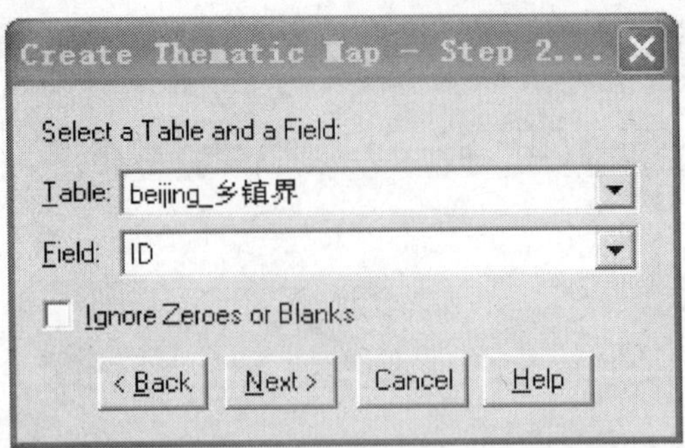

图 5－29　专题图制作步骤 2：选择需要渲染的表

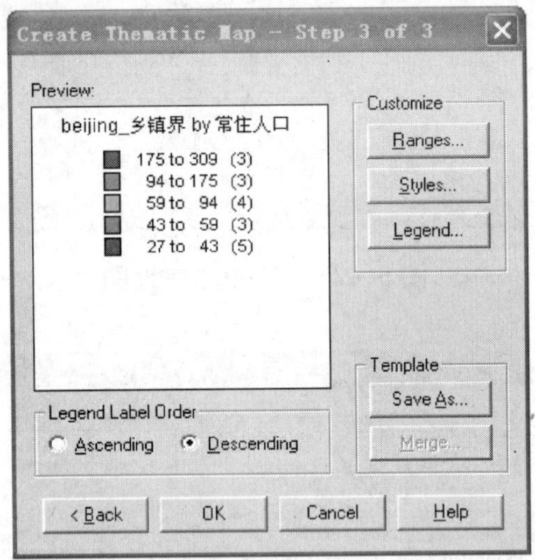

图 5－30　专题图制作步骤 3：定义地图

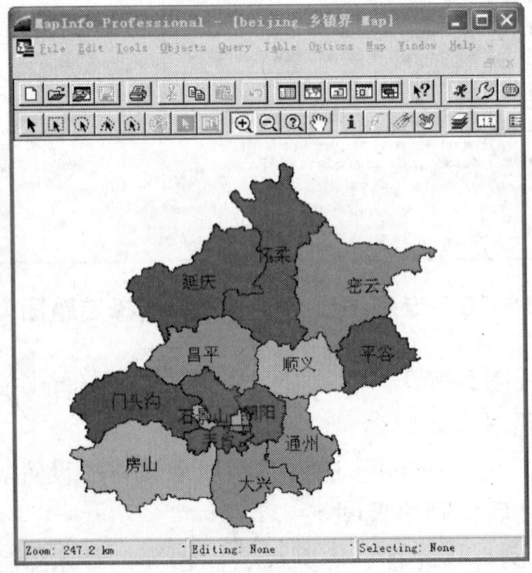

图 5－31　初步完成的专题图

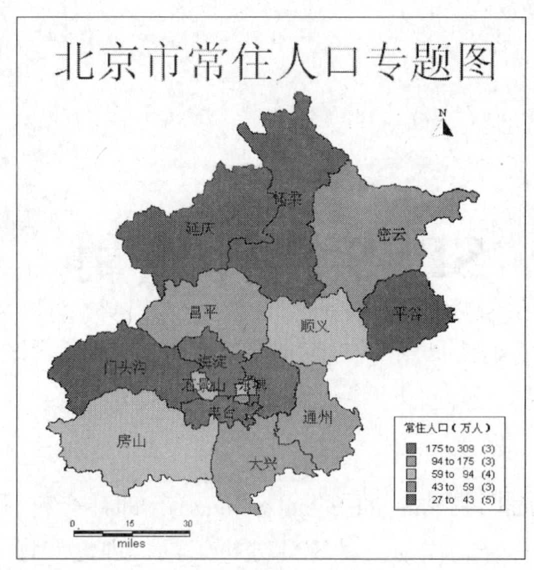

图 5－32　添加图例等信息后的专题图

8. 将专题图保存成工作空间。

【实验讨论】

以北京市为例，利用统计年鉴数据，制作一幅专题图。

九、实验拓展

1. 根据数字化后的中国政区图，制作一幅中国人口分布图。
2. 根据数字化后的福建省地图，制作一幅福建省旅游景点推荐图。

十、参考文献

［1］杜巧玲，吴秀芹，张淼．MapInfo7 中文版入门与提高［M］．北京：清华大学出版社，2009.

［2］刘慧萍．MapInfo 上机讲义．北京师范大学地理学与遥感科学学院自编教材，2004.

［3］吴信才．地理信息系统原理与方法（第二版）［M］．北京：电子工业出版社，2009.

［4］廖克．现代地图学［M］．北京：科学出版社，2003.

［5］［美］Michael N. DeMers. 武法东，付宗堂，王晓东等译．地理信息系统基本原理（第二版）［M］．北京：电子工业出版社，2001.

［6］MapInfo China. http：//mapinfo-cn. mapinfoblog. com/location/integration. html.

［7］福建省测绘地理信息局．http：//www. fjbsm. gov. cn/MapStandard/MapManage. aspx.

第六章

SPSS 软件应用

一、实验说明

SPSS 的全称是 Statistical Program for Social Sciences，即社会科学统计程序，是公认的最优秀的统计分析软件包之一。它作为一种统计分析工具，理论严谨、内容丰富，数据管理、统计分析、趋势研究、制表绘图、文字处理等功能，几乎无所不包。本实验是以 SPSS for Windows 16.0 为蓝本，以经济学的相关资料为例子介绍它的具体使用方法。

本章实验 1 以中国经济增长的分析为例说明 SPSS 的线性回归分析方法；实验 2 以我国各省份产业结构的聚类分析为例说明 SPSS 的聚类分析方法；实验 3 以福建省经济综合竞争力的影响因素分析为例说明 SPSS 的主成分分析方法。

二、实验 1：线性回归分析

回归分析是一种非常实用的统计方法，应用范围很广。回归分析在数据分析上的定量功能使之成为统计分析中的常用方法之一。由于在分析时，回归分析能生成数学表达式，因此它有着独到的优越性。特别是有许多回归分析方法能对数据进行有效预测，包括线性回归、曲线估计、非线性回归、逻辑回归等。

在生产和科学研究中，我们常常会遇到多个变量同处于一个过程之中，它们是相互联系、相互制约的，具有一定关系。但往往变量之间的这种关系并不是完全确定的，比如经济增长理论中，劳动、资本与经济增长有关系，但是劳动和资本到底对经济增长的影响有多大、关系有多强，还需要进一步的进行具体分析，需要找出这些变量之间的具体数学关系式，才能进行科学决策。回归分析就是处理这类不完全确定的变量之间的相关关系的有力工具。

回归分析不仅可以提供变量之间相关关系的数学表达式（通常称为经验公式），利用概率统计的基础知识对此关系进行分析来判明所建立的经验公式的有效性，而且还可以利用所得的经验公式，根据一个或几个变量的值，预测或控制另一个变量的值，并且可以知道这种预测和控制可达到什么样的精确程度。另外，它还可以进行因素分析，对于共同影响一个变量的许多因素找出哪些因素影响是显著的，哪些是不显著的。

回归分析涉及的内容非常广，其中的方法也很多，常用的方法有：线性回归分析、曲线估计、非线性回归、Logistic 回归等，这里只介绍最常用的线性回归。

一般来说，我们利用回归分析是想了解：

1. 能否找出一个线性方程式，用来说明一组自变量（X_i）与因变量（Y）的关系。
2. 了解这个方程式的预测能力如何，即其关系强度有多大。
3. 整体关系是否达到显著水平。
4. 在解释因变量时，是否只采用某些自变量即具有足够的预测力。

一般而言，多元回归分析的模型为：

$$Y = \alpha + \beta_1 X_1 + \beta_2 X_2 + \cdots + \beta_m X_m + \varepsilon$$

其中，α 为常数项，β_i 为 Y 对应于 X_i 的偏回归系数（i = 1，2，…，m），ε 为误差项。偏回归系数表示假设在其他所有自变量不变的情况下某一个自变量变化引起因变量变化的比率。

在回归分析中，如果自变量（X_i）只有一个，则称为简单回归分析。如果自变量有两个以上，则称为多元回归分析。

$$Y = \alpha + \beta_1 X_1 + \varepsilon \quad \text{（简单回归）}$$
$$Y = \alpha + \beta_1 X_1 + \beta_2 X_2 + \cdots + \beta_m X_m + \varepsilon \quad \text{（多元回归）}$$

对于多元情形，线性回归模型还要求自变量之间不相关，即不存在多重共线性。如果存在多重共线性的话，则不能采用最小二乘法进行估计，需要采用主成分分析法、岭回归法或者偏最小二乘法等方法来进行估计。

【实验内容】

基于柯布—道格拉斯生产函数对中国经济增长的回归分析

柯布—道格拉斯生产函数具有形式简单、可线性化、计算方便等特点，被广泛应用于经济分析中。它的一般形式是：$Y = AL^{\alpha}K^{\beta}$，其中 Y 是总产出，A 是综合技术水平，L 是投入的劳动力数，K 是投入的资本，α 是劳动力产出的弹性系数，β 是资本产出的弹性系数。从这个模型可以看出，决定经济产出的主要因素是投入的劳动力数、固定资产投资额和综合技术水平（包括经营管理水平、劳动力素质、引进先进技术等）。根据 α 和 β 的组合情况，它有以下三种类型：

① $\alpha + \beta > 1$，称为递增报酬型，表明按技术用扩大生产规模来增加产出是有利的。

② $\alpha + \beta < 1$，称为递减报酬型，表明按技术用扩大生产规模来增加产出是得不偿失的。

③ $\alpha + \beta = 1$，称为不变报酬型，表明生产效率并不会随着生产规模的扩大而提高，只有提高技术水平，才会提高经济效益。

将柯布—道格拉斯生产函数两边取对数得：$\ln Y = \ln A + \alpha \ln L + \beta \ln K$，这样就将随机形式的模型转化为线性回归形式的模型，可用线性回归方法进行分析。

这里运用柯布—道格拉斯生产函数分析资本和劳动投入对中国经济增长的影响，用最小二乘法对它进行估计。Y 用 GDP 表示，单位是亿元；L 用全社会就业人数表示，单位是万人；K 用固定资产投资额表示，单位是亿元。

【实验数据】

回归分析的估计函数式为：$\ln Y = \ln A + \alpha \ln L + \beta \ln K + \varepsilon$，各自变量和因变量数据的跨度为 1981～2008 年，来源于《中国统计年鉴 2009》，具体见表 6－1。

表 6 -1　　各变量数据

年份	Y（亿元）	K（亿元）	L（万人）	lnY	lnK	lnL
1981	4 891. 6	961. 0	43 725	8. 495267	6. 867985	10. 68568
1982	5 323. 4	1 230. 4	45 295	8. 579858	7. 115095	10. 72095
1983	5 962. 7	1 430. 1	46 436	8. 693271	7. 265472	10. 74583
1984	7 208. 1	1 832. 9	48 197	8. 882954	7. 513638	10. 78305
1985	9 016. 0	2 543. 2	49 873	9. 10676	7. 841174	10. 81724
1986	10 275. 2	3 120. 6	51 282	9. 237486	8. 045781	10. 8451
1987	12 058. 6	3 791. 7	52 783	9. 397535	8. 240567	10. 87394
1988	15 042. 8	4 753. 8	54 334	9. 618656	8. 4667	10. 90291
1989	16 992. 3	4410. 4	55 329	9. 740517	8. 391716	10. 92105
1990	18 667. 8	4517. 0	64 749	9. 834557	8. 415603	11. 07827
1991	21 781. 5	5 594. 5	65 491	9. 988816	8. 629539	11. 08967
1992	26 923. 5	8 080. 1	66 152	10. 20075	8. 997158	11. 09971
1993	35 333. 9	13 072. 3	66 808	10. 4726	9. 478252	11. 10958
1994	48 197. 9	17 042. 9	67 455	10. 78307	9. 743487	11. 11922
1995	60 793. 7	20 019. 3	68 065	11. 01524	9. 904451	11. 12822
1996	71 176. 6	22 913. 6	68 950	11. 17292	10. 03948	11. 14114
1997	78 973. 0	24 941. 1	69 820	11. 27686	10. 12427	11. 15368
1998	84 402. 3	28 406. 2	70 637	11. 34335	10. 25436	11. 16531
1999	89 677. 1	29 854. 7	71 394	11. 40397	10. 3041	11. 17597
2000	99 214. 6	32 917. 7	72 085	11. 50504	10. 40177	11. 1856
2001	109 655. 2	37 213. 5	73 025	11. 6051	10. 52443	11. 19856
2002	120 332. 7	43 499. 9	73 740	11. 69802	10. 68051	11. 2083
2003	135 822. 8	55 566. 6	74 432	11. 81911	10. 92534	11. 21764
2004	159 878. 3	70 477. 4	75 200	11. 98217	11. 16305	11. 22791
2005	183 217. 4	88 773. 6	75 825	12. 11843	11. 39384	11. 23618
2006	211 923. 5	109 998. 2	76 400	12. 26398	11. 60822	11. 24374
2007	257 305. 6	137 323. 9	76 990	12. 45802	11. 8301	11. 25143
2008	300 670. 0	172 828. 4	77 480	12. 61377	12. 06005	11. 25778

【实验过程】

1. 将变量数据由 Excel 表导入 SPSS，如图 6－1（由于篇幅所限，这里只显示 1981～1985 年的数据）所示。

year	lnGDP	lnK	lnL
1981	8.495266767095	6.867984814743	10.685675299887
1982	8.579858264622	7.115094598751	10.720951930103
1983	8.693270555149	7.265471680416	10.745830299458
1984	8.882953974396	7.513638323339	10.783052057438
1985	9.106760113011	7.841174477535	10.817235053138

图 6－1　各变量数据

2. 在 Analyze 下拉菜单中的 Regresion 菜单项里选择“Linear...”（线性回归分析）项（见图 6－2），弹出 Linear Regression 对话框（见图 6－3）。从对话框左侧的变量列表中选 lnGDP，单击“➢”按钮使之进入 Dependent 框，选 lnK 和 lnL，单击“➢”按钮使之进入 Indepentdent（s）框；在 Method 处下拉菜单，共有 5 个选项：

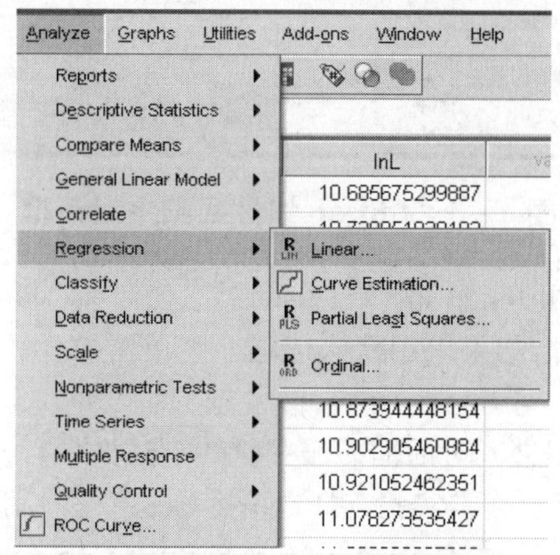

图 6－2　回归菜单

（1）Enter（强迫引入法默认选择项）：定义的全部自变量均引入方程。

（2）Remove（强迫剔除法）：定义的全部自变量均删除。

（3）Forward（向前引入法）：自变量由少到多一个一个引入回归方程，直到不能按检验水准引入新的变量为止。该法的缺点是：当两个变量一起时效果好，单独时效果不好，有可能只引入其中一个变量或两个变量都不能引入。

（4）Backward（向后剔除法）：自变量由多到少一个一个从回归方程中剔除，直到不能按检验水准剔除为止，能克服向前引入法的缺点。当两个变量一起时效果好，单独时效果不好，该法可将两个变量都引入方程。

（5）Stepwise（逐步引入一剔除法）：将向前引入法和向后剔除法结合起来，在向前引入的每一步之后都要考虑从已引入方程的变量中剔除作用不显著者，直到没有一个自变量能引入方程和没有一个自变量能从方程中剔除为止。缺点同向前引入法，但选中的变量比较精悍。

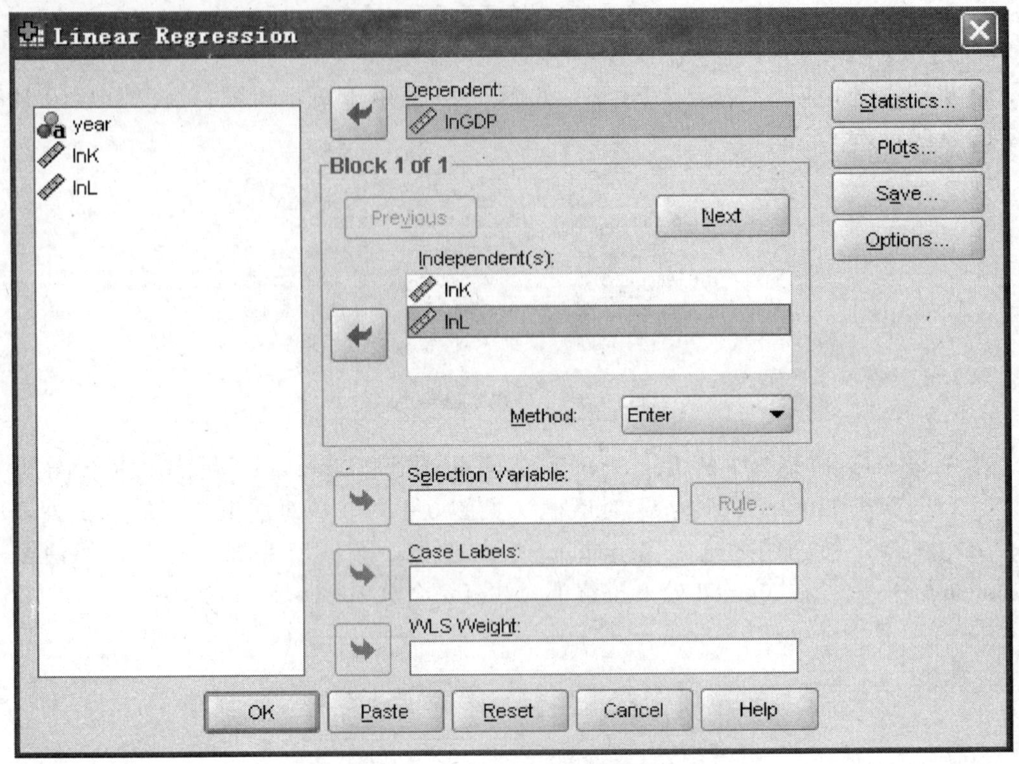

图 6－3　**Linear** 线性回归主对话框

3. 其余用默认选项，也可单击“Statistics...”、“Plots...”、“Save...”和“Options...”按钮进行修改。如果采用默认选项，则单击“OK”按钮完成分析。如果要进行修改，则进入下一步。

4. 单击 Statistics... 按钮进入对话框，作变量的描述性统计、回归方程应变量的可信区间估计等分析，如图 6－4 所示，本实验选择以下 5 项：

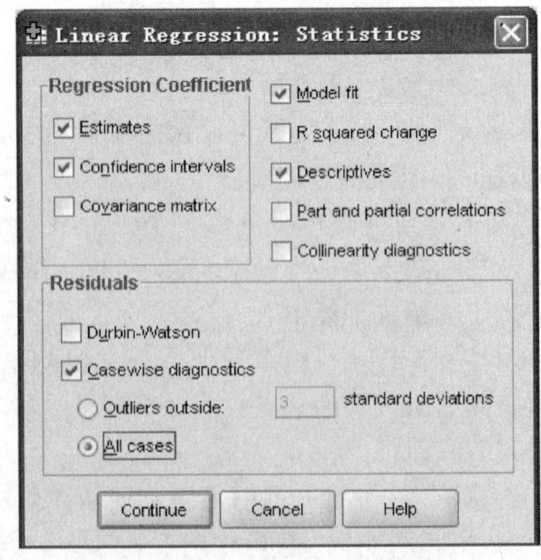

图 6－4　**Statistics**（统计）对话框

（1）Estimates（默认选择项）。

（2）Model fit（默认选择项）。

（3）Confidence intervals：回归系数 B 的 95% 可信区间（95% Confidence interval for B）。

（4）Descriptives：变量的均数标准差相关系数矩阵及单侧检验。

（5）Casewise diagnostic 中的 All Cases：显示每一例的标准化残差、实测值和预测值、残差。

单击 Plots... 按钮对话框，作变量分布图，如图 6－5 所示，本实验选择以下 3 项：

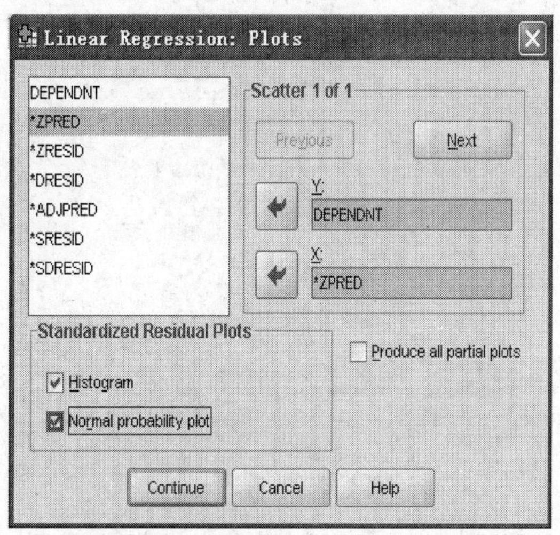

图 6－5　Plots（图形）对话框

（1）散点图：选用 DEPENDENT（Y 纵轴变量）与 * ZPRED（X 横轴变量）作图。

（2）Histogram：标准化残差的直方图，并给出正态曲线。

（3）Normal probability plot：标准化残差的正态概率图（P－P 图）。

单击“Save...”按钮对话框，如图 6－6 所示，选择保存以下新变量：

（1）预测值（Predicted Values）中的未标准化的预测值（Unstandardized）（新变量为 pre_1）和预测值的标准误（S. E. of mean Predictions）（新变量为 sep_1）。

（2）残差（Residuals）中的未标准化残差（Unstandardized）（新变量为 res_1）。

（3）预测区间估计（Prediction Intervals）中：Mean，当自变量为某定值时，预测值的均数的可信区间（新变量 lmci_1 为下限，umic_1 为上限）；Individual，个体值的容许区间，即总体中，当自变量为某定值时个体值的波动范围（新变量 lici_1 为下限，uici_1 为上限）；Confidence，可信区间，默认为 95% 的可信区间，用户可以自己设定。

单击 Options... 按钮选择变量入选的方法，以及剔除 α、β 值和缺失值的处理方法，这里用默认选项，如图 6－7 所示。Missing Values 栏表示选择处理缺失值方法：

（1）Exclude cases listwise 选项：在分析过程中，对那些指定的分析变量中有缺失值的观测量一律剔除，所有分析变量带有缺失值的观测量都不参与分析。

（2）Exclude cases pairwise 选项：成对剔除带有缺失值的观测量。换句话说，在计算两个变量的相关系数时，只把这两个变量中带有缺失值的观测量剔除，如果一个观测量在正进行相关系数计算的变量中没有缺失值，其他变量中带有缺失值，那么不影响当前相关系数的计算。

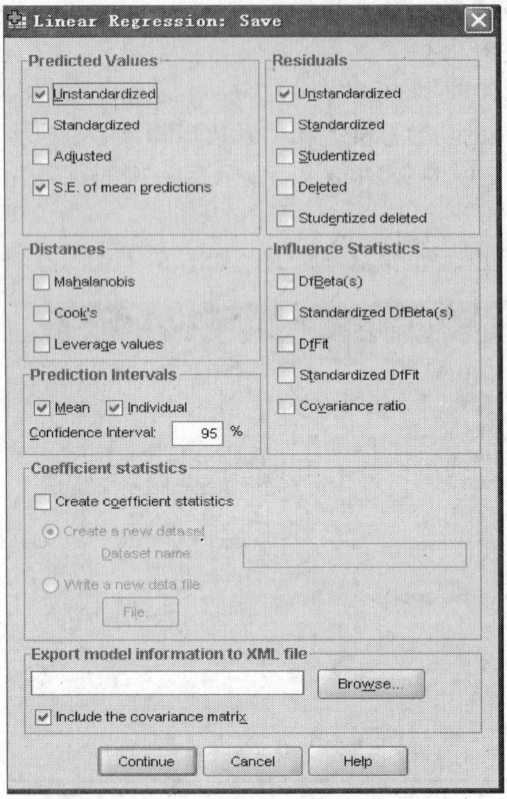

图 6－6 **Save（保存）新变量对话框**

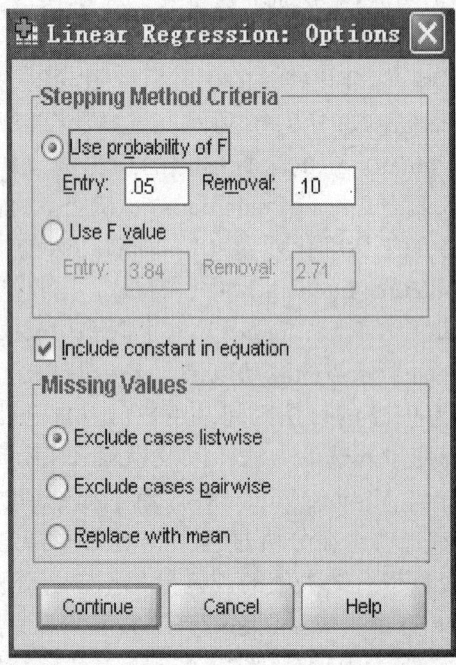

图 6－7 **Options（选择）对话框**

（3）Replace with mean 选项：用该变量的均值代替工作变量的所有缺失值。

5. 单击“OK”按钮，运行程序，得到输出结果，如表 6－2 至表 6－9，图 6－8 至图 6－11 所示。

表 6－2　Descriptive Statistics（描述统计）

	Mean	Std. Deviation	N
lnGDP	1.06181452032153E1	1.286097353399445E0	28
lnK	9.50807649544206E0	1.523580867022372E0	28
lnL	1.10565582768280E1	0.184364985812500	28

表 6－3　Correlations（相关分析）

		lnGDP	lnK	lnL
Pearson Correlation	lnGDP	1.000	0.997	0.958
	lnK	0.997	1.000	0.945
	lnL	0.958	0.945	1.000
Sig. (1－tailed)	lnGDP	0.000	0.000	0.000
	lnK	0.000	0.000	0.000
	lnL	0.000	0.000	0.000
N	lnGDP	28	28	28
	lnK	28	28	28
	lnL	28	28	28

表 6－4　Variables Entered/Removed[b]（引入或剔除的变量）

Model	Variables Entered	Variables Removed	Method
1	lnL, lnK[a]	0.000	Enter

a. All requested variables entered.

b. Dependent Variable: lnGDP.

表 6－5　Model Summary[b]（模型摘要）

Model	R	R Square	Adjusted R Square	Std. Error of the Estimate
1	0.998[a]	0.996	0.995	0.087500379807679

a. Predictors: (Constant), lnL, lnK.

b. Dependent Variable: lnGDP.

表 6 – 6 ANOVA[b]（方差分析）

Model		Sum of Squares	df	Mean Square	F	Sig.
1	Regression	44.468	2	22.234	2903.997	0.000[a]
	Residual	0.191	25	0.008		
	Total	44.659	27			

a. Predictors：(Constant), lnL, lnK.

b. Dependent Variable：lnGDP.

表 6 – 7 Coefficients[a]（回归系数）

Model		Unstandardized Coefficients		Standardized Coefficients	t	Sig.	95% Confidence Interval for B	
		B	Std. Error	Beta			Lower Bound	Upper Bound
1	(Constant)	–7.906	2.797		–2.826	0.009	–13.666	–2.145
	lnK	0.721	0.034	0.854	21.236	0.000	0.651	0.790
	lnL	1.056	0.280	0.151	3.765	0.001	0.478	1.633

a. Dependent Variable：lnGDP.

表 6 – 8 Casewise Diagnostics[a]（回归诊断）

Case Number	Std. Residual	lnGDP	Predicted Value	Residual
1	1.953	8.495266767095E0	8.32439049101413E0	0.170876276080422
2	0.459	8.579858264622E0	8.53967723655823E0	0.040181028063840
3	0.217	8.693270555149E0	8.67428981096572E0	0.018980744183519
4	–0.108	8.882953974396E0	8.89239161407902E0	–9.437639683387396E –3
5	–0.660	9.106760113011E0	9.16447109984888E0	–5.771098683798014E –2
6	–1.186	9.237486481200E0	9.34130371070663E0	–1.038172295064978E –1
7	–1.309	9.397534631609E0	9.51210579525605E0	–1.145711636470147E –1
8	–0.994	9.618656280030E0	9.70561056589111E0	–8.695428586140035E –2
9	0.797	9.740516703716E0	9.67074373174060E0	6.977297197563737E –2
10	–0.222	9.834556592138E0	9.85394227489200E0	–1.938568275367948E –2
11	–0.358	9.988816237588E0	1.00201133494561E1	–3.129711186824309E –2
12	–1.084	1.020075391551E1	1.02955859446213E1	–9.483202911422667E –2
13	–2.058	1.047259882149E1	1.06526324966072E1	–1.800336751170499E –1

续表

Case Number	Std. Residual	lnGDP	Predicted Value	Residual
14	-0. 810	1. 078306982695E1	1. 08539101842169E1	-7. 084035726854823E-2
15	0. 410	1. 101524192466E1	1. 09793894316692E1	3. 585249299448708E-2
16	0. 944	1. 117291927444E1	1. 10903198748615E1	8. 259939957751537E-2
17	1. 282	1. 127686174402E1	1. 11646488785871E1	1. 122128654376601E-1
18	0. 831	1. 134334969170E1	1. 12706599394170E1	7. 268975228231629E-2
19	0. 985	1. 140397021545E1	1. 13177493878500E1	8. 622082759610623E-2
20	1. 220	1. 150503999933E1	1. 13982891870594E1	1. 067508122710731E-1
21	1. 197	1. 160509590785E1	1. 15003443786673E1	1. 047515291801497E-1
22	0. 856	1. 169801559634E1	1. 16230924080503E1	7. 492318829071155E-2
23	0. 112	1. 181910605113E1	1. 18093496934525E1	9. 756357672883678E-3
24	-0. 106	1. 198216841696E1	1. 19914575983574E1	-9. 289181399317305E-3
25	-0. 549	1. 211842870488E1	1. 21664858877760E1	-4. 805718289808218E-2
26	-0. 742	1. 226398063948E1	1. 23289188120925E1	-6. 493817261661104E-2
27	-0. 444	1. 245801976251E1	1. 24969048557405E1	-3. 888509323022585E-2
28	-0. 634	1. 261376859679E1	1. 26692870505939E1	-5. 551845380420236E-2

a. Dependent Variable：lnGDP.

表 6-9　　Residuals Statistics[a]（残差统计）

	Minimum	Maximum	Mean	Std. Deviation	N
Predicted Value	8. 32439	1. 26693	1. 06181	1. 28334	28
Std. Predicted Value	-1. 787	1. 598	0. 000	1. 000	28
Standard Error of Predicted Value	0. 019	0. 046	0. 028	0. 008	28
Adjusted Predicted Value	8. 28284	1. 26853	1. 06192	1. 28666	28
Residual	-1. 80034	0. 17088	-5. 18558	0. 08420	28
Std. Residual	-2. 058	1. 953	0. 000	0. 962	28
Stud. Residual	-2. 132	2. 177	-0. 006	1. 014	28
Deleted Residual	-1. 93258	0. 21242	-1. 03083	0. 09367	28
Stud. Deleted Residual	-2. 309	2. 370	-0. 004	1. 046	28
Mahal. Distance	0. 260	6. 481	1. 929	1. 753	28
Cook's Distance	0. 000	0. 384	0. 038	0. 072	28
Centered Leverage Value	0. 010	0. 240	0. 071	0. 065	28

a. Dependent Variable：lnGDP.

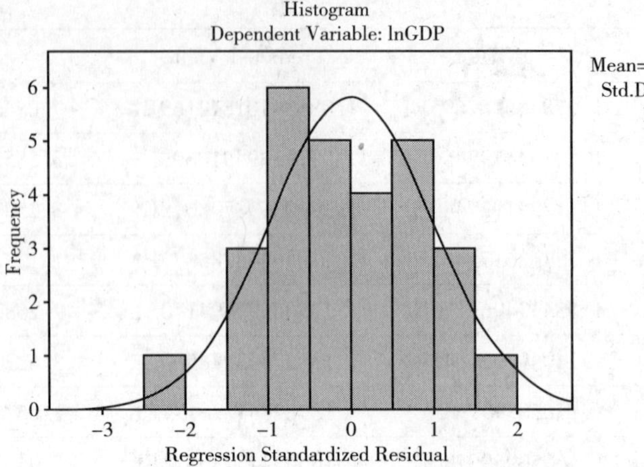

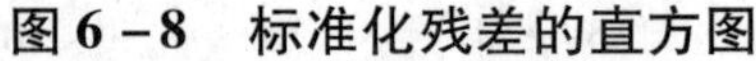
图 6-8　标准化残差的直方图

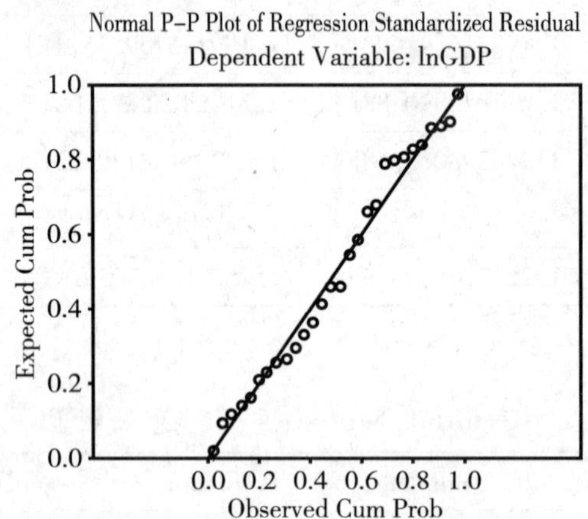

图 6-9　标准化残差的正态概率

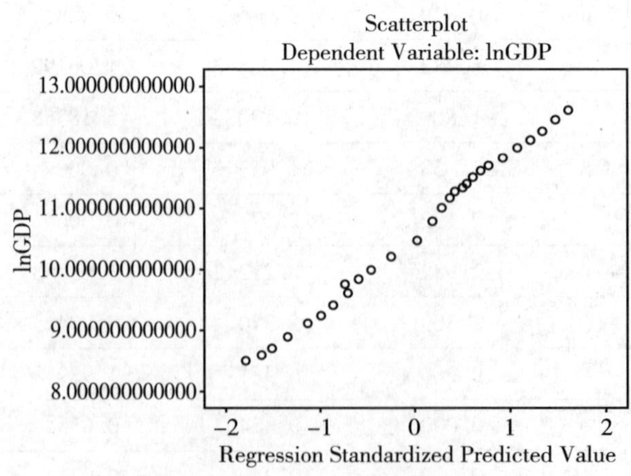

图 6-10　散点图

year	lnGDP	lnK	lnL	PRE_1	RES_1	SEP_1	LMCI_1	UMCI_1	LICI_1	UICI_1
1981	8.495266767095	6.867984814743	10.685675299887	8.32439	0.17088	0.03870	8.24469	8.40409	8.12734	8.52144
1982	8.579858264622	7.115094598751	10.720951930103	8.53968	0.04018	0.03569	8.46618	8.61318	8.34506	8.73430
1983	8.693270555149	7.265471680416	10.745830299458	8.67429	0.01898	0.03344	8.60541	8.74317	8.48137	8.86721
1984	8.882953974396	7.513638323339	10.783052057438	8.89239	-0.00944	0.03035	8.82989	8.95489	8.70165	9.08313
1985	9.106760113011	7.841174477535	10.817235053138	9.16447	-0.05771	0.02826	9.10627	9.22268	8.97509	9.35385

图 6－11 Save 增加新变量到正在使用的数据文件

结果分析：

表 6－2 是描述性统计（Descriptive）的结果。显示各变量的均值（Mean）标准差（Std. Deviation）和例数（N）

表 6－3 是相关分析的结果。lnGDP 和 lnK、lnL 的 Pearson 相关系数分别为 0.997 和 0.958，相关性很高；单尾显著性检验 P 均为 0，效果很好。但 lnK 与 lnL 的相关系数为 0.945，相关性很高，说明它们存在多重共线性。如果用最小二乘法进行估计的话，回归结果有偏，需要用主成分分析、岭回归、偏最小二乘法等其他方法进行回归。

表 6－4 是引入或剔除的变量（Variable Entered/Removed）：用强迫引入法（Enter），变量 lnK 与 lnL 被全部引入。

表 6－5 是模型摘要（Model Summary）：相关系数（R）＝0.998，判定系数（R Square，R^2）＝0.996，调整判定系数（Adjusted R Square）＝0.995，估计值的标准误（Std Error of the Estimate）＝0.087500379807679。

表 6－6 是方差分析（ANOVA）：回归的均方（Regression-Mean Square）＝22.234，剩余的均方（Residual Mean Square）＝0.008，P＝0.000，可认为变量 lnGDP 和 lnK、lnL 之间具有很好的拟合关系。

表 6－7 是回归分析中的系数（Coefficients）：常数项（Constant）＝－7.906，lnK 的回归系数＝0.721，lnL 的回归系数＝1.056，它们的标准误（Std Error）分别为 0.034 和 0.280，标准化回归系数 Beta 分别为 0.854 和 0.151。回归系数 t 检验的 t 值分别为 21.236 和 3.765，P 值分别为 0.000 和 0.001，满足 95% 的置信区间，与方差分析一致，可认为回归系数有显著意义，得线性回归方程为 lnGDP＝－7.906＋0.721lnK＋1.056lnL。回归系数 95% 的可信区间（Confidence intervals 的结果）添加在表 6－7 的右侧端。

表 6－8 是对全部观察单位进行回归诊断（Casewise Diagnostics-all cases）的结果。结果显示每一例的标准化残差（Std. Residual），因变量 lnGDP 的实测值和预测值（Predicted value）以及残差（Residual）。可见第 13 例的标准化残差最大为－2.058（但绝对值未超过 3）。

表 6－9 是残差统计（Residual Statistics 或 Save 或 Plots）的结果。主要显示预测值（Predicted Value）、标准化预测值（Std. Predicted value）、残差（Residual）和标准化残差（Std. Residual）等统计量的最小值（Minimum）、最大值（Maximum）、均数（Mean）和标准差（Std. Deviation）。

图 6－8 是残差的直方图。正态曲线被加载在直方图上，判断标准化残差是否呈正态分布，因样本数较少此例难以作出判断。

图 6－9 是观察值的累加概率图（P－P 图）。对比观察值的残差分布图与假设的正态分布图是否相同。如标准化残差呈正态分布，则散点在直线上或靠近直线。

图6－10是散点图。选用DEPENDENT（Y纵轴变量）与＊ZPRED（X横轴变量）作图，可见两变量呈直线趋势。

图6－11是Save的结果，增加新变量到正在使用的数据文件中。可进行直线回归的区间估计，例如当lnK＝7.841174477534757，lnL＝10.817235053137502时，预测值（PRE_1）为9.164471099848884，未标准化残差（RES_1）为－0.05771098683798，预测值均数的标准误（Sep_1）为0.028261089180305，可信区间为9.106266297139252（lmci_1）到9.222675902558516（umci_1），个体lnGDP值的95%容许区间为8.975094255057906（lici_1）到9.353847944639861（uici_1）。

【实验结论】

结果显示，变量之间具有如下关系式：lnGDP＝－7.906＋0.721lnK＋1.056lnL，调整后R^2［一般来说，样本的R^2是估计模型适合度的一个最佳估计值，但却不是不偏估计值，要加以调整，因此调整后的R^2（Adjusted R^2）会比较正确。］为0.995，各变量的t检验的$P<0.01$，回归效果很好。

从回归方程可以看出，K每增长1%，GDP将增长0.721%；L每增长1%，GDP将增长1.056%；K和L都对GDP正向拉动作用，而L的作用更大。

【实验讨论】

1. 进行多元线性回归分析时，需要对各自变量进行多重共线性检验，检验的方法有很多种。而最简单的检验方法就是：如果自变量之间高度相关，则自变量之间肯定存在多重共线性。如果自变量之间不存在多重共线性，则可用最小二乘法进行估计；但如果自变量之间存在多重共线性，此时若用最小二乘法进行估计，是不准确的，将得到错误的结论。因此，不能用最小二乘法进行估计，需要用其他方法进行分析。

2. 得到回归分析结果后，将回归结果与现实经济现象相结合进行经济分析是更为重要的事情。

三、实验2：聚类分析

人们认识事物时往往先把被认识的对象进行分类，以便寻找其中同与不同的特征，因而分类学是人们认识世界的基础科学。掌握聚类和判别的方法对进一步运用统计这一工具来认识世界有着极其重要的意义。在医学实践中也经常需要做分类的工作，如根据病人的一系列症状、体征和生化检查的结果，判断病人所患疾病的类型；或对一系列检查方法及其结果，将之划分成某几种方法适合用于甲类病的检查，另几种方法适合用于乙类病的检查。在经济学中也经常遇到分类问题，如对我国31个省、直辖市、自治区进行分类，就可以将具有某些相似特征的省份归为一类，等等。统计学中常用的分类统计方法主要是聚类分析与判别分析。

聚类分析是直接比较各事物之间的性质，将性质相近的归为一类，将性质差别较大的归入不同的类。判别分析则先根据已知类别的事物的性质，利用某种技术建立函数式，然后对未知类别的新事物进行判断以将之归入已知的类别中。聚类分析与判别分析有很大的不同，聚类分析事先并不知道对象类别的面貌，甚至连共有几个类别也不确定；判别分析事先已知对象的类别和类别数，它正是从这样的情形下总结出分类方法，用于对新对象的分类。

这里先讲聚类分析。聚类分析是根据事物本身的特性研究个体分类的方法。聚类分析的原则是同一类中的个体有较大的相似性，不同类的个体差异很大。聚类可分为快速样本聚类（K-Means Cluster）和分层聚类（Hierarchical Cluster），这里只讲快速样本聚类。

快速样本聚类可完成由用户指定类别数的大样本资料的逐步聚类分析。所谓逐步聚类分析就是先把被聚对象进行初始分类，然后逐步调整，得到最终分类。其特点是处理速度快，占用内存少。具体来说，进行快速样本聚类首先要选择用于聚类分析的变量和类数，参与聚类分析的变量必须是数值型变量，且至少要有一个。为了清楚地表明各观测量最后聚到哪一类，还应该指定一个表明观测量特征的变量作为标识变量，例如编号、姓名之类的变量。聚类必须大于等于 2，但聚类数不能大于数据文件中的观测量数。如果选择了 n 个数值型变量参与聚类分析，最后要求聚类数为 k，那么可以由系统首先选择 k 个观测量（也可以由用户指定）作为聚类的种子，n 个变量组成 n 维空间，每个观测量在 n 维空间中是个点，k 个事先指定的观测量就是 k 个聚类中心点，也称为初始类中心。按照距这几个类中心的距离最小原则把观测量分派到各类中心所在的类中，形成第一次迭代形成的 k 类；根据组成每一类的观测量计算各变量均值，每一类中的 n 个均值在 n 维空间中又形成 k 个点，这就是第二次迭代的类中心。按照这种方法依次迭代下去，直到达到指定的迭代次数或中止迭代的判据要求时，迭代停止，聚类结束。

【实验内容】我国各省份产业结构的聚类分析

为了分析我国各省份产业结构的差异和区域特征，有必要对各省份的产业结构进行聚类分析。通过聚类分析，可将产业结构相近的省份归为一类，有助于分析产业结构的区域特征。本实验以第二产业比重和第三产业比重为变量，对全国各省份进行快速样本聚类分析。

【实验数据】

实验的样本为我国 30 个省、直辖市、自治区（西藏、香港、澳门、台湾地区除外），变量为 2005 年各地区第二、第三产业比重，数据来源于《中国统计年鉴 2006》。样本及其变量数据如表 6－10 所示。

表 6－10　各变量数据

地　区	第二产业比重（%）	第三产业比重（%）
北　京	29.5	69.1
上　海	48.6	50.5
海　南	24.6	41.8
江　西	47.3	34.8
河　南	52.1	30
河　北	51.8	33.3
黑龙江	53.9	33.7

续表

地　区	第二产业比重（%）	第三产业比重（%）
山　东	57.4	32
江　苏	56.6	35.4
福　建	48.7	38.5
青　海	48.7	39.3
陕　西	50.3	37.8
辽　宁	49.4	39.6
浙　江	53.4	40
广　东	50.7	42.9
山　西	56.3	37.4
天　津	55.5	41.5
广　西	37.1	40.5
四　川	41.5	38.4
湖　南	39.9	40.5
新　疆	44.7	35.7
云　南	41.2	39.5
贵　州	41.8	39.6
安　徽	41.3	40.7
吉　林	43.6	39.1
湖　北	43.1	40.3
甘　肃	43.4	40.7
重　庆	41	43.9
内蒙古	45.5	39.4
宁　夏	46.4	41.7

【实验过程】

1. 将变量数据由 Excel 表导入 SPSS，如图 6－12（由于篇幅所限，这里只显示前面 10 个省份的数据）所示。

2. 在 Analyze 下拉菜单中的 Classify 菜单项里选择“K-Means Cluster...”项（见图 6－

13)，弹出 K-Means Cluster Analysis 对话框（见图 6－14）。从对话框左侧的变量列表中选择第二产业比重和第三产业比重，单击“➢”按钮使之进入 Variables 框；选择省、直辖市、自治区，单击“➢”按钮使之进入 Label Cases by 框。在 Number of Clusters（即聚类分析的类别数）处输入需要聚合的类数，本实验为 6（也可以由用户根据自己分析的需要指定）。在 Method（聚类方法）上有两种：Iterate and classify 指先定初始类别中心点，而后按 K-means 算法作迭代分类；Classify only 指仅按初始类别中心点分类，本实验选用前一种方法。

地 区	第二产业比重（%）	第三产业比重（%）
北 京	29.5	69.1
上 海	48.6	50.5
海 南	24.6	41.8
江 西	47.3	34.8
河 南	52.1	30.0
河 北	51.8	33.3
黑龙江	53.9	33.7
山 东	57.4	32.0
江 苏	56.6	35.4
福 建	48.7	38.5

图 6－12　各变量数据

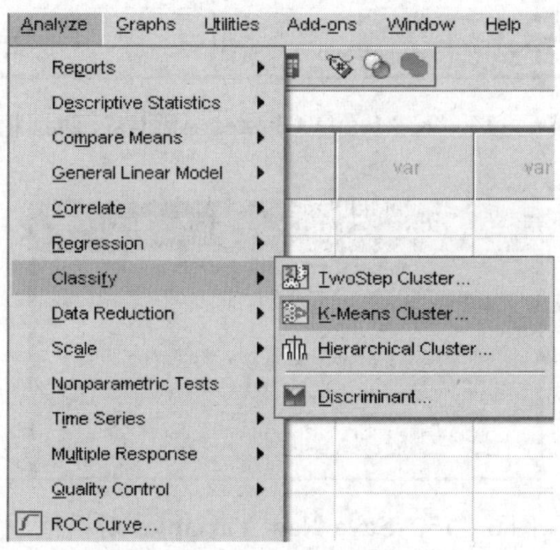

图 6－13　聚类菜单

为在原始数据库中逐一显示分类结果，单击“Save...”按钮弹出 Save New Variables 对话框（见图 6－15），选择 Cluster membership（类别关系）项，单击“Continue”按钮返回 K-Means Cluster Analysis 对话框。

K-Means Cluster Analysis
Variables:
第二产业比重(%) [第二产业比重]
第三产业比重(%) [第三产业比重]
Iterate...
Save...
Options...
Label Cases by:
省、直辖市、自治区
Number of Clusters: 6
Method
Iterate and classify　Classify only
Cluster Centers
Read initial:
Open dataset
External data file　File...
Write final:
New dataset
Data file　File...
OK　Paste　Reset　Cancel　Help

图 6-14　K-Means Cluster Analysis 对话框

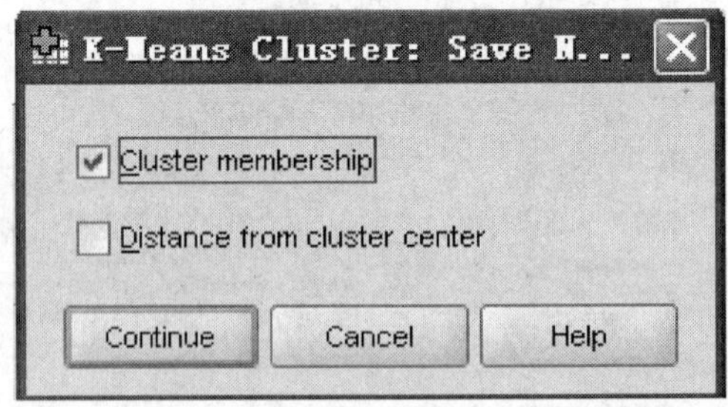

图 6-15　Save New Variables 对话框

为了对聚类结果进行方差分析，故单击“Options...”按钮弹出 Options 对话框（见图 6-16），在 Statistics 栏中选择 initial cluster center（默认选择项）和 ANOVA table 项，单击“Continue”按钮，返回 K-Means Cluster Analysis 对话框。其余选项为默认选项，单击“OK”按钮运行程序，得到输出结果，如表 6-11 至表 6-15 所示。

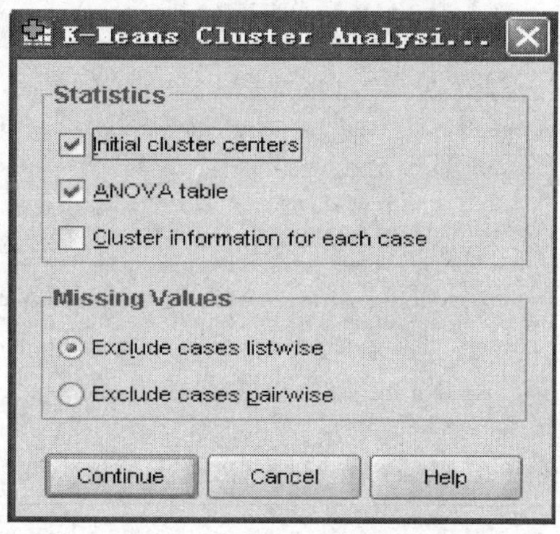

图 6－16　Options 对话框

表 6－11　**Initial Cluster Centers（初始类中心）**

	Cluster					
	1	2	3	4	5	6
第二产业比重（%）	29. 5	48. 6	24. 6	41. 5	52. 1	56. 3
第三产业比重（%）	69. 1	50. 5	41. 8	38. 4	30. 0	37. 4

表 6－12　**Iteration Historya（迭代过程中类中心的变化）**

Iteration	Change in Cluster Centers					
	1	2	3	4	5	6
1	0. 000	0. 000	0. 000	2. 231	3. 063	2. 760
2	0. 000	0. 000	0. 000	0. 860	1. 240	1. 734
3	0. 000	0. 000	0. 000	0. 000	0. 813	0. 725
4	0. 000	0. 000	0. 000	0. 000	0. 000	0. 000

Convergence achieved due to no or small change in cluster centers. The maximum absolute coordinate change for any center is 0. 000. The current iteration is 4. The minimum distance between initial centers is 8. 509.

表 6－13　**Final Cluster Centers（中止类中心）**

	Cluster					
	1	2	3	4	5	6
第二产业比重（%）	29. 5	48. 6	24. 6	42. 3	53. 2	51. 6
第三产业比重（%）	69. 1	50. 5	41. 8	40. 0	33. 2	39. 6

表 6－14　**ANOVA（方差分析）**

	Cluster		Error		F	Sig.
	Mean Square	df	Mean Square	df		
第二产业比重（%）	294.464	5	8.595	24	34.261	0.000
第三产业比重（%）	247.735	5	3.570	24	69.397	0.000

The F tests should be used only for descriptive purposes because the clusters have been chosen to maximize the differences among cases in different clusters. The observed significance levels are not corrected for this and thus cannot be interpreted as tests of the hypothesis that the cluster means are equal.

表 6－15　**Number of Cases in each Cluster（每类例数）**

Cluster	1	1.000
	2	1.000
	3	1.000
	4	13.000
	5	6.000
	6	8.000
Valid		30.000
Missing		0.000

结果分析：

表 6－11～表 6－13 显示：首先系统根据用户的指定，按 6 类聚合确定初始聚类的各变量中心点，未经 K-means 算法迭代，其类别间距离并非最优；经迭代运算后类别间各变量中心值得到修正。

表 6－14 显示：对聚类结果的类别间距离进行方差分析，方差分析表明：类别间距离差异的概率值均小于 0.001，即聚类效果好。

表 6－15 显示：原有 30 类（即原有的 30 个月份分组）聚合成 6 类。第一类、第二类和第三类均含原有 1 类，第四类含原有 13 类，第五类含原有 6 类，第六类含原有 8 类。具体结果系统以变量名 QCL_1 存于原始数据文件中，如图 6－17 所示。

【实验结论】

根据聚类分析结果，可以看出区域产业结构的差异（见表 6－16）：北京的第三产业比重最高，达到 69.1%，而第二产业比重很低，只略高于海南；上海的第二产业比重和第三产业比重都比较高，而且比较接近；海南的第二产业比重是全国最低的，仅为 24.6%，第三产业比重比较高，达到 41.8%；广西等 13 个省份的产业结构比较接近，第二产业比重的变化范围在 37.1%～46.4%，第三产业比重的变化范围在 35.7%～43.9%，第二产业和第三产业比重都不太高，且比较接近；江苏等 6 个省份的第二产业比重均高于第三产业比重，至少高出 11.9%；广东等 8 个省份的第二产业比重也比第三产业比重高，但第三产业比重也比较大，变化范围为 37.4%～42.9%。

地 区	第二产业比重（%）	第三产业比重（%）	QCL_1
北 京	29.5	69.1	1
上 海	48.6	50.5	2
海 南	24.6	41.8	3
江 西	47.3	34.8	5
河 南	52.1	30.0	5
河 北	51.8	33.3	5
黑龙江	53.9	33.7	5
山 东	57.4	32.0	5
江 苏	56.6	35.4	5
福 建	48.7	38.5	6
青 海	48.7	39.3	6
陕 西	50.3	37.8	6
辽 宁	49.4	39.6	6
浙 江	53.4	40.0	6
广 东	50.7	42.9	6
山 西	56.3	37.4	6
天 津	55.5	41.5	6
广 西	37.1	40.5	4
四 川	41.5	38.4	4
湖 南	39.9	40.5	4
新 疆	44.7	35.7	4
云 南	41.2	39.5	4
贵 州	41.8	39.6	4
安 徽	41.3	40.7	4
吉 林	43.6	39.1	4
湖 北	43.1	40.3	4
甘 肃	43.4	40.7	4
重 庆	41.0	43.9	4
内蒙古	45.5	39.4	4
宁 夏	46.4	41.7	4

图 6－17　聚类分析最终结果文件

表 6－16　产业结构区域特征分析

序 号	地 区	第二产业比重（%）	第三产业比重（%）
1	北京	29.5	69.1
2	上海	48.6	50.5
3	海南	24.6	41.8

续表

序　号	地　区	第二产业比重（%）	第三产业比重（%）
4	广西、四川、湖南、新疆、云南、贵州、安徽、吉林、湖北、甘肃、重庆、内蒙古、宁夏	37.1～46.4	35.7～43.9
5	江苏、山东、江西、河南、河北、黑龙江	47.3～57.4	30～35.4
6	广东、浙江、福建、天津、陕西、辽宁、山西、青海	48.7～56.3	37.4～42.9

【实验讨论】

1. 合理确定分类数是快速样本聚类的关键，可根据具体的研究目的来确定。
2. 如何根据聚类结果进行更深入的分析是该方法的最终目的。

四、实验3：主成分分析

多元分析处理的是多指标的问题。由于指标太多，使得分析的复杂性增加。观察指标的增加本来是为了使研究过程趋于完整，但反过来说，为使研究结果清晰明了而一味增加观察指标又让人陷入混乱不清。而且在实际工作中，指标间经常具有一定的相关性，所以人们希望用较少的指标代替原来较多的指标，但依然能反映原有的全部信息，于是就产生了主成分分析、因子分析等方法。

主成分分析是研究如何通过少数几个主成分来解释多变量的方差——协方差结构的分析方法，也就是求出少数几个主成分，使它们尽可能多地保留原始变量的信息，且彼此不相关，可以很好地消除自变量之间的多重共线性。利用主成分分析能简化分析，更能反映事物的本质。

主成分分析法是寻求少数的几个变量（或因子）来综合反映全部变量（因子）的大部分信息，变量虽然较原始变量少，但所包含的信息量却占原始信息的85%以上，用这些新变量来分析经济问题，其可信度仍然很高，而且这些新的变量彼此间互不相关，消除了多重共线性。对新变量的认识，不能错误简单地认为所寻求来的这几个少数变量（因子）是原始变量经过筛选后剩余的变量，而要清楚地认识到，对通过主成分分析所得来的新变量是原始变量的线性组合，如原始变量为 X_1、X_2、X_3、X_4、…、X_m，经过坐标变换，将原有的 m 个相关变量 X_i 作线性变换，转换成另一组 n 个不相关的变量 F_i（主成分），我们可以得到一组表达式：

$$F_1 = u_{11}X_1 + u_{12}X_2 + u_{13}X_3 + \cdots + u_{1m}X_m + e_1$$
$$F_2 = u_{21}X_1 + u_{22}X_2 + u_{23}X_3 + \cdots + u_{2m}X_m + e_2$$
$$F_3 = u_{31}X_1 + u_{32}X_2 + u_{33}X_3 + \cdots + u_{3m}X_m + e_3$$
$$\cdots\cdots$$
$$F_n = u_{n1}X_1 + u_{n2}X_2 + u_{n3}X_3 + \cdots + u_{nm}X_m + e_n$$

每个主成分都是由原有 m 个变量线性组合得到的。矩阵 U 满足 $U'U = 1$ 的条件，在诸多主成

分 F_i 中，F_1 在总方差中占的比重最大，说明它综合原有变量 X_1，X_2，X_3，X_4，…，X_m 的能力最强，除 F_1 外的其余主成分 F_2，F_3，F_4，…，F_n 在总方差中占的比重依次递减，说明越往后的主成分综合原信息的能力越弱。以后的分析可以用前面几个方差最大的主成分来进行。一般情况下，要求前几个主成分所包含的信息不少于原始信息的 85%（根据分析需要可以更高），这样既减少了变量的数目，又能够用较少的主成分反映原有变量的绝大部分信息，比如利用主成分来消除多元回归方程的多重共线性，利用主成分来筛选多元线性回归方程中的变量等。

主成分分析过程中为了消除数据的量纲和数量级，通常需要将原始数据进行标准化，将其转化为均值为 0，方差为 1 的无量纲数据。同时，指标最好要同趋势化，一般为了评价分析的方便，需要将逆指标转化为正指标，转化的方式一般是用逆指标的倒数值代替原指标。

【实验内容】福建经济综合竞争力的影响因素分析

经济综合竞争力的评价一般采取多指标综合评估技术，即建立一个包含多层次相关指标元素构成的指标体系，根据各指标重要性的高低给各指标赋予不同的权数，通过加权计算，得出整个指标体系的数量化结果。这种评价方法有一点的科学性，但面临一些问题：一是选择的指标可能相关程度很高、包含的信息交叉重复；二是指标权重的确定往往具有较大的主观性；三是不能准确反映影响竞争力的内在因素及其影响。主成分分析方法是一种实用的多元统计分析方法，能在保持样本主要信息的前提下，提取少量具有代表性的主成分，反映复杂现象内在关系，既可以排除在指标选择和权数确定时的主观因素影响，又可以消除指标间相互重叠的信息影响，使得定量分析涉及的变量较少，而得到的信息量又较多，从而更容易抓住主要矛盾，并且综合评价结果唯一、客观、合理。

为了分析福建经济综合竞争力的影响因素，本实验构建了福建经济综合竞争力的评价指标体系，然后采用主成分分析方法进行分析。首先，以福建经济综合竞争力的内涵为依据，根据数据可得性和可比性原则，设计福建经济综合竞争力评价指标体系，包括基础竞争力、宏观竞争力、产业竞争力和财政金融竞争力 4 个要素，共 27 个客观数据指标，以总量指标为主，也包括增量指标、平均指标和结构指标，既反映福建经济发展的现状和规模，也能反映其经济综合竞争力提升的基础和动因，具体如表 6－17 所示。

表 6－17　　福建经济综合竞争力评价指标体系

要　素	数据指标	单　位	标　识
基础竞争力	人口总量	万人	X_1
	劳动适龄人口比重	%	X_2
	铁路长度	公里	X_3
	公路长度	公里	X_4
	百人拥有电话数	部	X_5
	大专以上受教育程度比重	%	X_6
	高等学校数	所	X_7
	科技人员数	人	X_8
	科研开发经费	万美元	X_9
	发明专利授权数	项	X_{10}

续表

要　素	数据指标	单　位	标　识
宏观竞争力	GDP	亿美元	X_{11}
	GDP 增速	%	X_{12}
	人均 GDP	美元	X_{13}
	全社会消费品零售总额	亿美元	X_{14}
	最终消费率	%	X_{15}
	进出口总额	亿美元	X_{16}
	出口总额	亿美元	X_{17}
	实际 FDI	亿美元	X_{18}
	固定资产投资额	亿美元	X_{19}
	失业率（反向指标）	%	X_{20}
产业竞争力	第一产业增加值	亿美元	X_{21}
	第二产业增加值	亿美元	X_{22}
	第三产业增加值	亿美元	X_{23}
财政金融竞争力	财政收入	亿美元	X_{24}
	财政支出	亿美元	X_{25}
	存款余额	亿美元	X_{26}
	贷款余额	亿美元	X_{27}

【实验数据】

福建经济综合竞争力各评价指标的数据范围为 2000 ~ 2008 年，具体见表 6 – 18（由于篇幅所限，这里只显示几个指标的数据），数据来源于《福建统计年鉴（2009）》。

表 6 – 18　各指标原始数据

年　份	X_1	X_2	X_3	X_4	…	X_{26}	X_{27}
2000	3 410	64. 2	1 454	51 073	…	376. 198	294. 600
2001	3 440	64. 3	1 453	53 547	…	436. 663	346. 111
2002	3 466	64. 5	1 454	54 155	…	513. 842	375. 746
2003	3 488	64. 7	1 467	54 876	…	625. 624	463. 635
2004	3 511	64. 9	1 471	56 208	…	723. 023	526. 851
2005	3 535	65. 0	1 613	58 286	…	884. 847	618. 758
2006	3 558	65. 6	1 630	86 560	…	1 108. 440	808. 816
2007	3 581	66. 3	1 616	86 926	…	1 320. 377	1 060. 714
2008	3 604	66. 3	1 618	88 607	…	1 699. 673	1 380. 242

【实验过程】

1. 将变量数据由 Excel 表导入 SPSS，如图 6 – 18 所示。

年份	X_1	X_2	X_3	X_4	X_5	X_6	X_7	X_8	X_9
2000	3410.000	64.200	1454.000	51073.000	29.434	2.970	28.000	68188.000	52999.372
2001	3440.000	64.300	1453.000	53547.000	39.833	3.500	32.000	70860.000	58654.585
2002	3466.000	64.500	1454.000	54155.000	49.889	4.000	33.000	67508.000	57948.049
2003	3488.000	64.700	1467.000	54876.000	59.916	4.400	49.000	71504.000	83638.275
2004	3511.000	64.900	1471.000	56208.000	68.357	4.500	53.000	79953.000	107035.086
2005	3535.000	65.000	1613.000	58286.000	76.394	4.600	66.000	86184.000	132302.086
2006	3558.000	65.600	1630.000	86560.000	85.004	4.700	67.000	101099.000	177272.134
2007	3581.000	66.300	1616.000	86926.000	91.902	4.800	74.000	112758.000	227198.185
2008	3604.000	66.300	1618.000	88607.000	1.E+002	5.000	83.000	131454.000	302821.126

图 6 – 18　各指标原始数据

2. 对指标的原始数据进行标准化处理，消除数据的量纲和数量级。在 Analyze 下拉菜单中的 Descriptive Statistics 菜单项里选择“Descriptives...”项（见图 6 – 19），弹出 Descriptives 对话框（见图 6 – 20），从对话框左侧的变量列表中选择所有原始指标 X_1 至 X_{27}，单击“➢”按钮使之进入 Variable（s）框，同时选择 Save standardized value as variables 项，将原始数据转换成标准正态评分，并以变量的形式保存于 SPSS 数据管理窗口。“Options...”选择默认值，不作修改，单击“OK”按钮运行程序。新变量为 ZX_1，ZX_2，…，ZX_{27}，结果如图 6 – 21 所示，同时输出变量的描述统计结果，如表 6 – 19 所示。

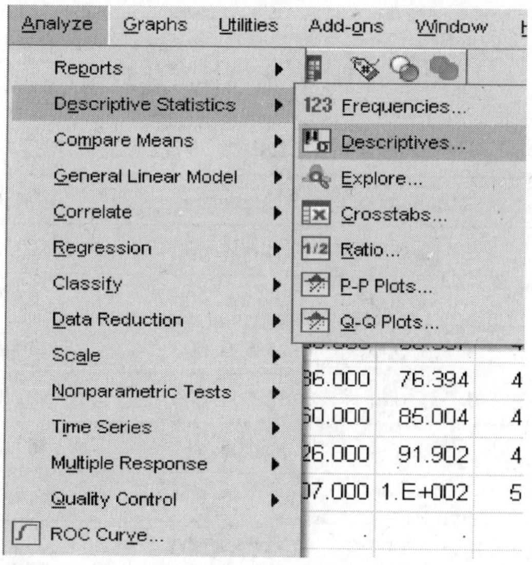

图 6 – 19　Descriptive（描述统计）菜单

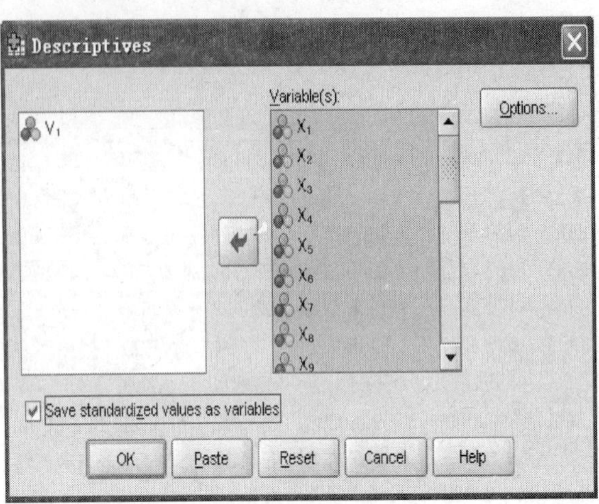

图 6－20　Descriptives 对话框

ZX1	ZX2	ZX3	ZX4	ZX5	ZX6	ZX7	ZX8	ZX9	ZX10
-1.53620	-1.10799	-0.90862	-0.88147	-1.51646	-1.96290	-1.29833	-0.86098	-0.92481	-1.28483
-1.07687	-0.98334	-0.92047	-0.73117	-1.10054	-1.16537	-1.09773	-0.74321	-0.85969	-1.12088
-0.67879	-0.73404	-0.90862	-0.69423	-0.69834	-0.41298	-1.04758	-0.89095	-0.86783	-0.72638
-0.34194	-0.48475	-0.75455	-0.65043	-0.29728	0.18893	-0.24518	-0.71483	-0.57203	0.04358
0.01021	-0.23545	-0.70714	-0.56950	0.04031	0.33941	-0.04458	-0.34245	-0.30263	-0.30279
0.37767	-0.11080	0.97578	-0.44326	0.36178	0.48989	0.60737	-0.06783	-0.01171	-0.08512
0.72982	0.63709	1.17725	1.27449	0.70615	0.64037	0.65752	0.58952	0.50609	0.62274
1.08197	1.50964	1.01133	1.29672	0.98204	0.79084	1.00857	1.10337	1.08094	1.37760
1.43413	1.50964	1.03504	1.39885	1.52235	1.09180	1.45992	1.92737	1.95167	1.47608

图 6－21　各指标标准化数据

表 6－19　Descriptive Statistics（描述统计）

	N	Minimum	Maximum	Mean	Std. Deviation
X_1	9	3 410. 000	3 604. 000	3 510. 33333	65. 312709
X_2	9	64. 200	66. 300	65. 08889	0. 802254
X_3	9	1 453. 000	1 630. 000	1 530. 66667	84. 377130
X_4	9	51 073. 000	88 607. 000	65 582. 00000	1. 645997E4
X_5	9	29. 434	105. 411	67. 34872	25. 002121
X_6	9	2. 970	5. 000	4. 27444	0. 664551
X_7	9	28. 000	83. 000	53. 88889	19. 940188
X_8	9	67 508. 000	131 454. 000	87 723. 11111	2. 268945E4
X_9	9	52 999. 372	302 821. 126	1. 33319E5	8. 684973E4
X_{10}	9	3 003. 000	7 937. 000	5 299. 11111	1 787. 091033
X_{11}	9	454. 742	1 558. 381	812. 55921	371. 088851

续表

	N	Minimum	Maximum	Mean	Std. Deviation
X_{12}	9	8. 700	15. 200	11. 78889	2. 251358
X_{13}	9	1 352. 194	4 337. 303	2 308. 52908	1 007. 994783
X_{14}	9	159. 548	551. 186	287. 63324	129. 511280
X_{15}	9	46. 160	54. 446	51. 14831	3. 196540
X_{16}	9	212. 233	848. 209	479. 38107	229. 599987
X_{17}	9	129. 083	569. 918	308. 62652	160. 424387
X_{18}	9	38. 039	100. 256	59. 83820	21. 183501
X_{19}	9	0. 238	0. 385	0. 26663	0. 044898
X_{20}	9	130. 758	763. 371	315. 20671	220. 798252
X_{21}	9	77. 378	166. 700	102. 77241	29. 823804
X_{22}	9	196. 711	779. 797	390. 73600	194. 902515
X_{23}	9	180. 653	611. 883	319. 05080	146. 657346
X_{24}	9	44. 655	218. 357	100. 67122	59. 578617
X_{25}	9	39. 160	163. 816	77. 41473	41. 222203
X_{26}	9	376. 198	1 699. 673	854. 29866	445. 230818
X_{27}	9	294. 600	1 380. 242	652. 83045	366. 032165
Valid N (listwise)	9				

3. 数据标准化后，对新变量进行主成分分析。在 Analyze 下拉菜单中选 Data Reduction 的“Factor...”命令项（见图 6 – 22），弹出 Factor Analysis 对话框，在对话框左侧的变量列表中选变量 X_1 至 X_{27}，单击“➢”按钮使之进入 Variables 框（见图 6 – 23）。其余所有选项均为默认值，不作修改，单击“OK”按钮运行程序。结果如表 6 – 20 ~ 表 6 – 22 所示。

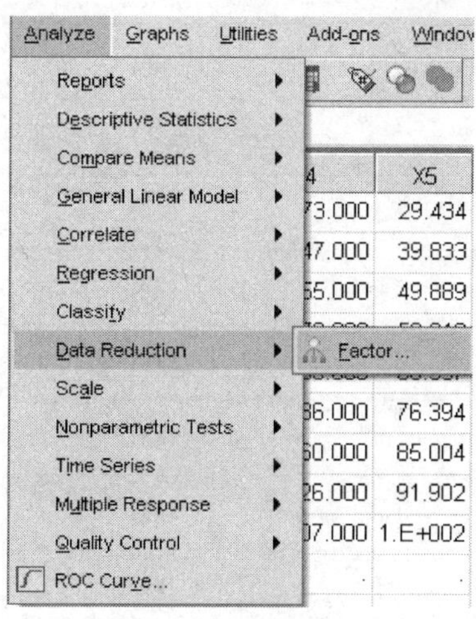

图 6 – 22　Factor Analysis（因子分析）菜单

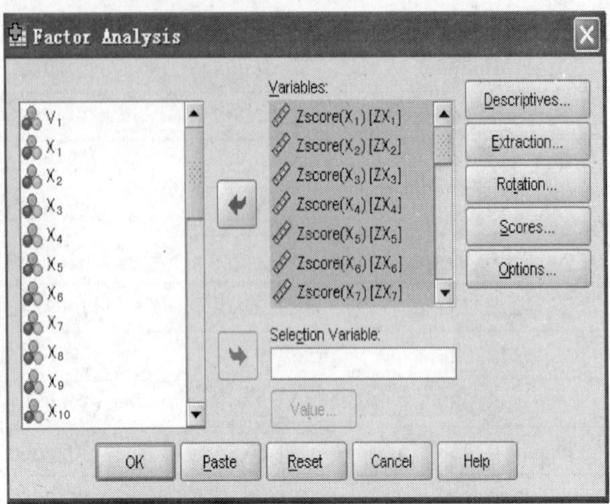

图 6 – 23 Factor Analysis（因子分析）对话框

表 6 – 20 **Communalities（变量的共同度）**

	Initial	Extraction
Zscore（X_1）	1.000	0.994
Zscore（X_2）	1.000	0.972
Zscore（X_3）	1.000	0.769
Zscore（X_4）	1.000	0.867
Zscore（X_5）	1.000	0.991
Zscore（X_6）	1.000	0.976
Zscore（X_7）	1.000	0.952
Zscore（X_8）	1.000	0.993
Zscore（X_9）	1.000	0.997
Zscore（X_{10}）	1.000	0.955
Zscore（X_{11}）	1.000	0.990
Zscore（X_{12}）	1.000	0.776
Zscore（X_{13}）	1.000	0.991
Zscore（X_{14}）	1.000	0.988
Zscore（X_{15}）	1.000	0.950
Zscore（X_{16}）	1.000	0.986

续表

	Initial	Extraction
Zscore (X_{17})	1. 000	0. 989
Zscore (X_{18})	1. 000	0. 995
Zscore (X_{19})	1. 000	0. 851
Zscore (X_{20})	1. 000	0. 990
Zscore (X_{21})	1. 000	0. 972
Zscore (X_{22})	1. 000	0. 991
Zscore (X_{23})	1. 000	0. 990
Zscore (X_{24})	1. 000	0. 992
Zscore (X_{25})	1. 000	0. 980
Zscore (X_{26})	1. 000	0. 997
Zscore (X_{27})	1. 000	0. 991

Extraction Method：Principal Component Analysis.

表 6 - 21 Total Variance Explained（完全变量解释）

Component	Initial Eigenvalues			Extraction Sums of Squared Loadings		
	Total	% of Variance	Cumulative（%）	Total	% of Variance	Cumulative（%）
1	24. 449	90. 553	90. 553	24. 449	90. 553	90. 553
2	1. 434	5. 310	95. 863	1. 434	5. 310	95. 863
3	0. 600	2. 222	98. 085			
4	0. 252	0. 932	99. 017			
5	0. 160	0. 592	99. 609			
6	0. 059	0. 218	99. 827			
7	0. 036	0. 133	99. 960			
8	0. 011	0. 040	100. 000			
9	7. 916E - 16	2. 932E - 15	100. 000			
10	6. 934E - 16	2. 568E - 15	100. 000			
11	4. 937E - 16	1. 828E - 15	100. 000			

续表

Component	Initial Eigenvalues			Extraction Sums of Squared Loadings		
	Total	% of Variance	Cumulative (%)	Total	% of Variance	Cumulative (%)
12	3.707E-16	1.373E-15	100.000			
13	3.195E-16	1.183E-15	100.000			
14	2.971E-16	1.100E-15	100.000			
15	2.226E-16	8.245E-16	100.000			
16	1.422E-16	5.265E-16	100.000			
17	1.005E-16	3.724E-16	100.000			
18	9.505E-17	3.520E-16	100.000			
19	-9.801E-17	-3.630E-16	100.000			
20	-1.163E-16	-4.307E-16	100.000			
21	-1.643E-16	-6.085E-16	100.000			
22	-2.308E-16	-8.547E-16	100.000			
23	-2.839E-16	-1.052E-15	100.000			
24	-3.914E-16	-1.450E-15	100.000			
25	-4.599E-16	-1.703E-15	100.000			
26	-5.966E-16	-2.209E-15	100.000			
27	-1.126E-15	-4.171E-15	100.000			

Extraction Method: Principal Component Analysis.

表 6-22　　Component Matrixa（主成分负荷矩阵）

	Component	
	1	2
Zscore (X_1)	0.971	-0.227
Zscore (X_2)	0.986	-0.011
Zscore (X_3)	0.875	-0.065
Zscore (X_4)	0.928	0.073
Zscore (X_5)	0.972	-0.215
Zscore (X_6)	0.851	-0.501
Zscore (X_7)	0.963	-0.156
Zscore (X_8)	0.983	0.161

续表

	Component	
	1	2
Zscore（X_9）	0.991	0.124
Zscore（X_{10}）	0.970	-0.121
Zscore（X_{11}）	0.988	0.122
Zscore（X_{12}）	0.841	-0.261
Zscore（X_{13}）	0.987	0.128
Zscore（X_{14}）	0.988	0.111
Zscore（X_{15}）	-0.974	0.010
Zscore（X_{16}）	0.991	-0.055
Zscore（X_{17}）	0.994	-0.024
Zscore（X_{18}）	0.996	0.058
Zscore（X_{19}）	-0.359	0.850
Zscore（X_{20}）	0.978	0.183
Zscore（X_{21}）	0.969	0.184
Zscore（X_{22}）	0.990	0.103
Zscore（X_{23}）	0.986	0.133
Zscore（X_{24}）	0.987	0.134
Zscore（X_{25}）	0.978	0.156
Zscore（X_{26}）	0.997	0.049
Zscore（X_{27}）	0.989	0.117

Extraction Method：Principal Component Analysis.

从输出窗口，我们可以取得每个主成分的方差，即特征根，如第一个主成分的特征根为24.449，它的大小表示了对应主成分能够描述原来所有信息的多少（更多情况下是由方差贡献率来反映，第一个主成分的方差贡献率为90.553%）。一般来讲，为了达到降维的目的，我们只提取前几个主成分，由于前两个主成分的累计方差贡献率已达到95%以上，所以决定用两个新变量来代替原来的27个变量。但这两个新变量的表达还不能从输出窗口中直接得到，因为“Component Matrix”是指因子（主成分）载荷矩阵，每一载荷量表示主成分与对应变量的相关系数，从结果中可以看到第一个主成分与除 ZX_{19} 外的所有其他相关性较强，第二个主成分只与 ZX_{19} 的相关性较强，也就是说第一个主成分主要反映了除失业率外其他变量的信息，而第二个主成分主要反映了失业率的信息，涵盖内容较少。为了得到两个主成分的表达式，以便求得分，还需进一步操作。

4. 将前二个因子载荷矩阵输入到数据编辑窗口，为变量 VAR00001 和 VAR00002（见图 6－24）。然后单击“Transform”下拉菜单中的“Compute Variables”菜单项（见图 6－25），弹出 Compute Variables 对话框（见图 6－26），在 Target Variable 里输入 A1 作为新变量的名称，在 Numeric Expression 输入第一个主成分 F1 的特征向量 A1 的计算公式：A1 = VAR00001/SQR（24.449），因为因子载荷量是主成分相应特征根的平方根与特征向量的乘积，所以可知 A1 的计算公式。同理，可以计算第二个主成分 F2 的特征向量 A2：A2 = VAR00002/SQR（1.434），结果如图 6－27 所示。这两个主成分的特征向量值即为主成分与变量的线性表达式的系数，即两个主成分的函数表达式为：

$$F1 = 0.20ZX_1 + 0.20\ ZX_2 + 0.18ZX_3 + \cdots + 0.020\ ZX_{27}$$

$$F2 = -0.19ZX_1 - 0.01ZX_2 - 0.05ZX_3 + \cdots + 0.010\ ZX_{27}$$

VAR00001	VAR00002
0.97	-0.23
0.99	-0.01
0.87	-0.06
0.93	0.07
0.97	-0.21
0.85	-0.50
0.96	-0.16
0.98	0.16
0.99	0.12
0.97	-0.12
0.99	0.12
0.84	-0.26
0.99	0.13
0.99	0.11
-0.97	0.01
0.99	-0.05
0.99	-0.02
1.00	0.06
-0.36	0.85
0.98	0.18
0.97	0.18
0.99	0.10
0.99	0.13
0.99	0.13
0.98	0.16
1.00	0.05
0.99	0.12

图 6－24　主成分负荷矩阵数据

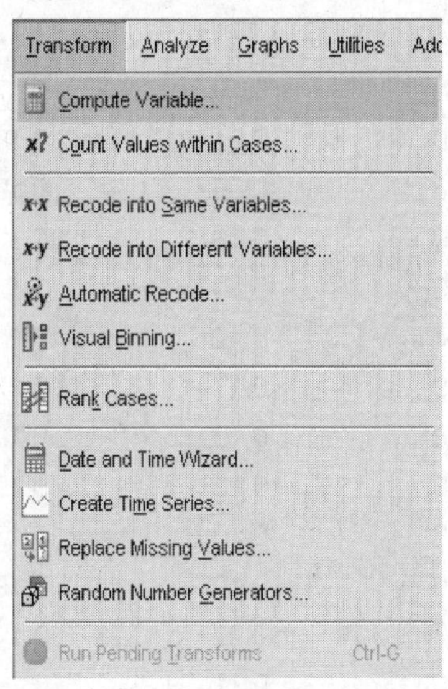

图 6－25 Compute Variable 菜单

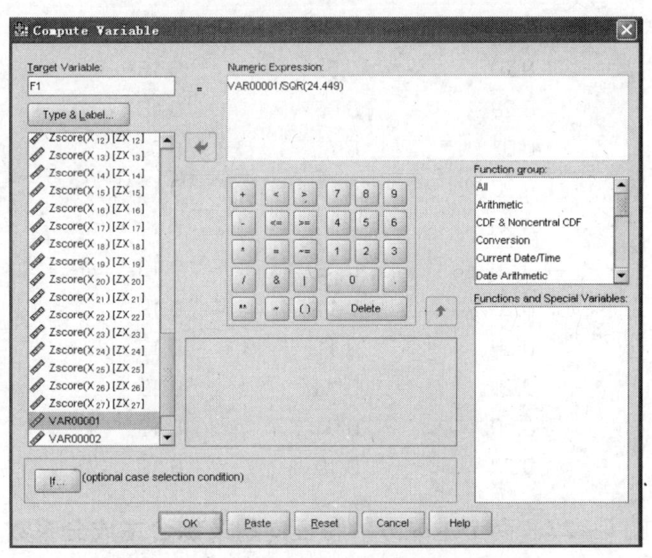

图 6－26 Compute Variable 对话框

由于综合评价变量 F＝0.90553F1＋0.05310F2，因此通过同样的 Compute Variables 方法可以计算综合主成分 F 与各变量的线性表达式的系数向量 A，结果如图 6－27 所示，即：

$$F = 0.17ZX_1 + 0.18\ ZX_2 + 0.16ZX_3 + \cdots + 0.019ZX_{27}$$

在这个式子中，指标的系数（绝对值）越大，说明这个指标对经济综合竞争力的影响越大。如果指标的系数为负，说明这个指标与经济综合竞争力呈负相关关系，指标值越大，经济综合竞争力越小；如果指标的系数为正，说明这个指标与经济综合竞争力呈正相关关系，指标值越大，经济综合竞争力越大。

A1	A2	A
0.20	-0.19	0.17
0.20	-0.01	0.18
0.18	-0.05	0.16
0.19	0.06	0.17
0.20	-0.18	0.17
0.17	-0.42	0.13
0.19	-0.13	0.17
0.20	0.13	0.19
0.20	0.10	0.19
0.20	-0.10	0.17
0.20	0.10	0.19
0.17	-0.22	0.14
0.20	0.11	0.19
0.20	0.09	0.19
-0.20	0.01	-0.18
0.20	-0.05	0.18
0.20	-0.02	0.18
0.20	0.05	0.18
-0.07	0.71	-0.03
0.20	0.15	0.19
0.20	0.15	0.19
0.20	0.09	0.19
0.20	0.11	0.19
0.20	0.11	0.19
0.20	0.13	0.19
0.20	0.04	0.18
0.20	0.10	0.19

图 6－27　两个主成分的特征向量及综合主成分系数

【实验结论】

从 F 的函数表达式可以大概看出哪些指标是影响福建省经济综合竞争力差异的主要因素，进一步结合福建省 2000～2008 年各具体指标的数值，可以发现各因素对福建经济综合竞争力的影响差异较小，而 X_{15}（最终消费率）和 X_{19}（失业率）与经济综合竞争力呈负相关关系，对它有负向作用，但 X_{19}的作用非常小，只有－0.03。

通过 F 的函数表达式代入各年份指标数据，还可以进一步计算各年份福建省的经济综合竞争力数值。如果有其他地区数据的话，还可以用主成分分析法进行地区之间的比较。

【实验讨论】

1. 主成分分析法与因子分析很相似，操作过程也有很多相似之处，容易混淆，要注意区分。

2. 主成分分析法还可以用于进行多目标的评价、比较、得分排序，比如福建省和台湾地区的经济综合竞争力的比较。

五、实验拓展

1. 如何进行岭回归。
2. 如何进行分层聚类。
3. 如何进行判别分析。

六、参考文献

［1］张红兵，贾来喜，李潞．SPSS 宝典［M］．北京：电子工业出版社，2007.

［2］刘大海，李宁，晁阳．SPSS 15.0 统计分析从入门到精通［M］．北京：清华大学出版社，2008.

［3］三味工作室．世界优秀统计软件 SPSS v10.0 for Windows 实用基础教程［M］．北京希望电子出版社，2001.

第七章

Eviews 软件应用

一、实验说明

Eviews 软件是计量经济分析的重要工具，应用非常广泛。本章实验 1 至实验 5 将以对外贸易与经济增长之间的相互作用关系分析为例，讲解 Eviews 如何构建包含虚拟变量的回归模型、如何进行 Engel – Granger 两步法协整关系检验及建立误差修正模型、如何构建向量自回归（VAR）模型并进行脉冲响应分析和方差分解分析、如何进行 Johansen 协整关系检验及建立向量误差修正（VEC）模型、如何进行 Granger 因果关系检验；实验 6 将以我国中部六省的环境压力影响因素分析为例，讲解 Eviews 的面板数据的操作。

二、实验 1：包含虚拟变量的回归模型

虚拟变量在回归分析中是非常有用的工具之一。在研究一些问题的时候，除了需要考虑一些具有连续数值的定量变量以外，往往会涉及一些定性变量，比如制度或政策的前后变化、地域的差异、性别的不同等，这种变量都比较难以用数值来度量，因此它们被称为定性变量。而在建立模型之前，需要对这些定性变量进行适当的数量化处理，常用的方法是引入只取 0 和 1 两个值的虚拟（Dummy）变量，通常用 D 表示。例如，考虑资本 x 对经济增长 y 的影响，同时考虑到改革开放政策的实施也可能对经济增长有影响，为了检验这种可能性，可以引入虚拟变量 $D_t = \begin{cases} 0，改革开放前 \\ 1，改革开放后 \end{cases}$，0 表示改革开放前变量的取值，1 表示改革开放后变量的取值，则回归模型可以写成：$y_t = \beta_0 + \beta_1 x_t + \beta_2 D_t + \varepsilon_t$，其中 y_t 表示经济增长，x_t 表示资本，D_t 则表示虚拟变量。这个模型的估计方法用最小二乘法，并且可以检验参数的显著性。如果 β_2 的 t 检验显著，则说明改革开放政策确实对经济增长有显著的影响，而影响作用的大小则看 β_2 的具体数值。

需要注意的是，如果定性变量有 m 类，则引入虚拟变量的个数应该为（m – 1）。如果引入 m 个虚拟变量，则最小二乘法失效，会陷入虚拟变量陷阱。

【实验内容】中国对外贸易对经济增长的影响

自古典经济学以来，对外贸易与经济增长之间的关系问题一直是经济学界研究和争论的一个焦点。在开放经济条件下，一国的经济增长不仅与资本、劳动、技术水平等要素有关，而且在很大程度上也受到对外经济的影响，主要是进出口的对外贸易。改革开放以来，我国

经济取得了举世瞩目的成就，GDP 由 1978 年的 3 645.2 亿元增加到 2010 年的 401 202.0 亿元，增长了 109 倍。与此同时，我国的对外贸易也飞速发展，出口总额由 1978 年的 167.6 亿元增加到 2010 年的 107 022.8 亿元，增长了近 638 倍；进口总额由 1978 年的 187.4 亿元增加到 2010 年的 94 699.3 亿元，增长了 504 倍，远远高于同期 GDP 的增长速度。

为了分析对外贸易对经济增长的影响，这里简单构造出口总额、进口总额与 GDP 之间的回归模型。此外，国内外学者的研究表明，对外贸易对经济增长的促进作用因不同的经济条件而有所不同。而我国于 2001 年加入 WTO 之后，对外贸易发展条件发生了很大的变化，中国更好地融入了经济全球化，这会给经济发展带来比较大的影响，因此考虑对这一变化设置虚拟变量 $DD_t=\begin{cases}0，加入\ WTO\ 前\\1，加入\ WTO\ 后\end{cases}$，其中 0 表示加入 WTO 前（1978 ~ 2000 年）变量的取值，1 表示加入 WTO 后（2001 ~ 2010 年）变量的取值。构建的模型如下：

$$\mathrm{LGDP}_t=\beta_0+\beta_1\mathrm{LEX}_t+\beta_2\mathrm{LIM}_t+\beta_3\mathrm{DD}_t+\varepsilon_t$$

其中，LGDP 表示取对数后的 GDP 值，LEX 表示取对数后的出口总额，LIM 表示取对数后的进口总额，DD 为虚拟变量。考虑到对时间序列数据进行对数化后并不改变数据的特征，而且可以消除数据中可能的异方差和避免因数据变化带来的剧烈波动，因此实际分析时均对各变量的取自然对数值。

【实验数据】

所有变量的数据为 1978 ~ 2010 年的数据，均来源于《中国统计年鉴》。各变量的原始数据和对数化后的数据如表 7 – 1 所示。

表 7 – 1　　各变量数据

年　份	GDP	EX	IM	DD	LGDP	LEX	LIM
1978	3 645.2	167.6	187.4	0	8.20	5.12	5.23
1979	4 062.6	211.7	242.9	0	8.31	5.36	5.49
…	…	…	…	…	…	…	…
2000	99 214.6	20 634.4	18 638.8	0	11.51	9.93	9.83
2001	109 655.2	22 024.4	20 159.2	1	11.61	10.00	9.91
2002	120 332.7	26 947.9	24 430.3	1	11.70	10.20	10.10
…	…	…	…	…	…	…	…
2010	401 202.0	107 022.8	94 699.3	1	12.90	11.58	11.46

【实验过程】

1. 将变量数据导入 Excel 表格，建立文件“实验数据.xls”。

2. 新建工作文件。打开 Eviews 6 软件，在 File 下拉菜单 New 菜单项下选择 Workfile 项，新建工作文件（Workfile），出现 Workfile Create 对话框（见图 7 – 1）。在 Start date 中输入起始年份 1978 年，End date 中输入截止年份 2010 年，单击“确定”按钮，出现 Workfile：UNTITLED 工作文件窗口，如图 7 – 2 所示。

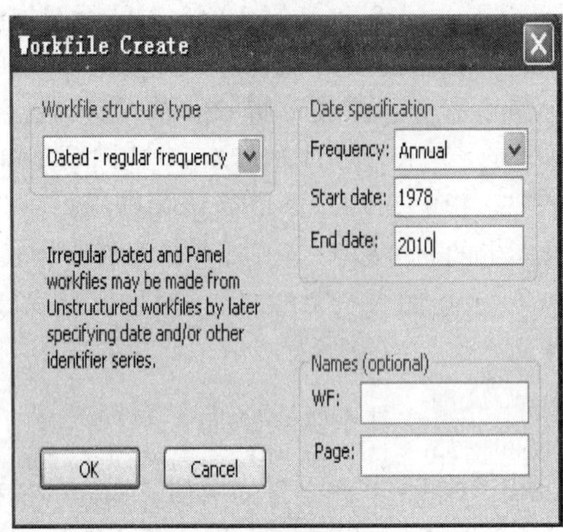

图 7－1　Workfile Create 对话框

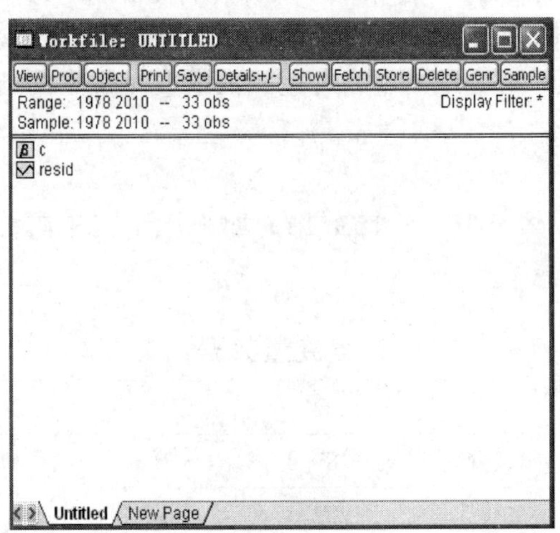

图 7－2　Workfile 工作文件窗口 1

3. 导入变量数据。在 File 下拉菜单 Import 菜单项下选择“Read Text-Lotus-Excel...”选项，导入“实验数据.xls”，得到 Excel Spreadsheet Import 对话框，将默认选项 B2 修改成 E2，在 Names for series or Number if named file 中输入变量名“LGDP LEX LIM DD”（见图 7－3），单击“OK”按钮，Workfile：UNTITLED 工作文件窗口中出现变量 LGDP、LEX、LIM、DD，如图 7－4 所示。

4. 在 Quick 下拉菜单“Estimate Equation...”菜单项，出现 Equation Estimation 对话框，在 Equation specification 中输入“LGDP c LEX LIM DD”（见图 7－5），Method 的默认选项为 LS－Least Squares（NLS and ARMA），为最小二乘法。单击“确定”按钮，得到输出结果如图 7－6 所示，回归方程为 LGDP＝4.38＋0.75＊LEX－0.04＊LIM＋0.09＊DD，调整后的 R^2 为 0.992，回归效果较好。

图 7－3　Excel Spreadsheet Import 对话框

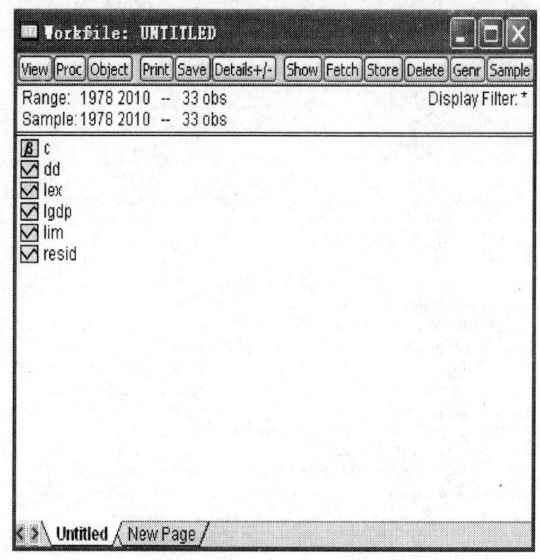

图 7－4　Workfile 工作文件窗口

从回归结果来看，LIM 和 DD 的 t 检验都没有通过，统计上都不显著，说明进口对 GDP 的影响不明显，而加入 WTO 对 GDP 的影响也是不明显的。当然，由于这里我们只考虑到出口总额、进口总额对经济增长的影响，没有考虑资本、劳动力、技术水平等因素，所以得出的结论有可能是存在问题的。有兴趣的读者可以进一步深入分析在考虑其他因素的情况下，对外贸易对经济增长有什么影响。

【实验结论】

通过以上分析可知，虚拟变量 DD 的 t 检验不显著，说明加入 WTO 对 GDP 的影响并不明显。

【实验讨论】

如何设置多个虚拟变量？

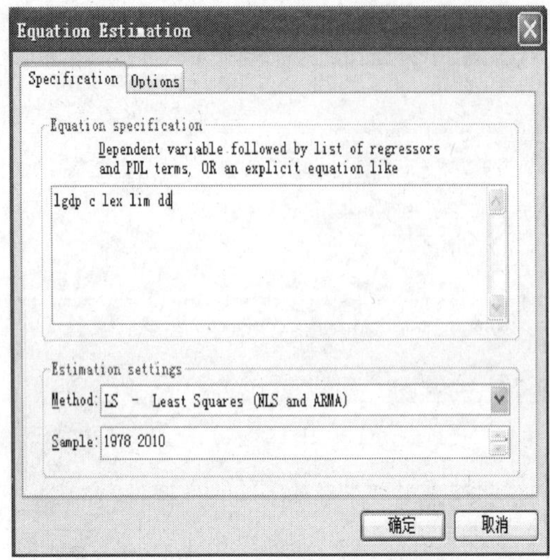

图 7－5　Equation Estimation 对话框

Equation: DDLS　Workfile: 实验过程::Untit...

View | Proc | Object | Print | Name | Freeze | Estimate | Forecast | Stats | Resids

Dependent Variable: LGDP
Method: Least Squares
Date: 09/03/12 Time: 23:11
Sample: 1978 2010
Included observations: 33

	Coefficient	Std. Error	t-Statistic	Prob.
C	4.377480	0.168757	25.93960	0.0000
LEX	0.749975	0.184292	4.069495	0.0003
LIM	-0.042797	0.195643	-0.218751	0.8284
DD	0.091686	0.078481	1.168247	0.2522

R-squared	0.992454	Mean dependent var	10.54510
Adjusted R-squared	0.991673	S.D. dependent var	1.485205
S.E. of regression	0.135529	Akaike info criterion	-1.046043
Sum squared resid	0.532679	Schwarz criterion	-0.864649
Log likelihood	21.25972	Hannan-Quinn criter.	-0.985010
F-statistic	1271.291	Durbin-Watson stat	0.578508
Prob(F-statistic)	0.000000		

图 7－6　回归结果

三、实验 2：Engel—Granger 两步法协整检验及误差修正模型

协整检验的必要性：在很多经济计量模型（比如 VAR 模型、ARMA 模型）的分析过程中，往往要求经济时间序列是平稳的，但是由于实际应用中大多数时间序列是非平稳的，时间序列的数字特征是随着时间的变化而变化，各个时间点上的随机规律是不同的，难以通过序列已知的信息去掌握时间序列整体上的随机性，比如我国的 GDP 序列就具有很强的上升趋势。因此，以非平稳时间序列建模往往是不被允许的，通常采用差分方法消除序列中含有的非平稳趋势，使得序列平稳化后再建立计量模型。但是差分变换后的序列限制了所讨论经济问题的范围，并且有时变换后的序列由于不具有直接的经济意义，使得化为平稳序列后建立的时间序列模型不便于解释。因此，1987 年，Engle 和 Granger（1987）提出的协整理论

及其方法，为非平稳序列的建模提供了另一种途径。虽然一些经济变量的本身是非平稳序列，但是它们的线性组合却有可能是平稳序列，这种平稳的线性组合被称为协整方程且可被解释为变量之间的长期稳定的均衡关系。例如，消费和收入都是非平稳时间序列，但两者的某种线性组合却表现出平稳性，这两个变量之间存在长期稳定的关系，即协整关系。如果它们不具有协整关系，则长期消费就有可能比收入更高或更低，消费者便会非理性地消费或积累储蓄。实验 2 主要介绍 Engle 和 Granger 提出的 Engel—Granger 两步法来检验变量之间的协整关系（适用于 2 个变量），其中还涉及 ADF 检验。

Engel—Granger 两步法：第一步，分别对每个变量序列进行单整检验，采用 ADF 检验方法。第二步，对同阶单整的序列进行普通最小二乘回归，并对模型估计残差序列 e 做单位根检验，也采用 ADF 检验方法。如果 e 满足单位根检验，则说明变量之间存在协整关系。

【实验内容】Engel—Granger 两步法协整检验及误差修正模型的构建

【实验数据】

变量 LGDP、LEX 的数据同实验 1 的数据，见表 7 - 1。

【实验过程】

（一）Engel—Granger 两步法协整检验

1. 对变量 LGDP、LEX 进行 ADF（单位根）检验。

Eviews 操作：在 Quick 下拉菜单 Series Statistics 菜单项下选择 “Unit Root Test...” 选项，出现 Series Name 对话框，输入变量 LGDP（见图 7 - 7），单击 “OK” 按钮，出现 Unit Root Test 对话框（见图 7 - 8）。Test type 中有 6 种方法可供选择，默认选择的方法 Augmented Dickey-Fuller（ADF）检验为单位根检验法；Test for unit root in 中的 level 表示对变量直接进行 ADF 检验，1st difference 表示对变量进行 1 阶差分处理后再进行 ADF 检验，2st difference 表示对变量进行 2 阶差分处理后再进行 ADF 检验，本实验选择 level 选项。Include in test equation 中，Intercept 表示在检验方程中包含截距项，Trend and intercept 表示同时包含趋势项和截距项，None 表示不包含趋势项和截距项。本实验中变量 LGDP、LEX 都是经济方面的数据，含有一定的发展趋势，因此选择 Trend and intercept 项。Lag length 是变量的滞后期选择，共有 6 种选择方法，默认选择方法为 Schwarz Info Criterion（SIC）准则，即 SIC 的值最小时所选择的滞后期，检验所选取的滞后期不会超过最大滞后期（Maximum lags）（默认为 8）。单击 “OK” 按钮，得到结果即为变量 LGDP 的 ADF 检验结果，如图 7 - 9 所示。由结果可知，LGDP 的 t 统计量值为 -1.43，大于 10% 显著性水平的临界值（-3.23），概率值为 0.8296，因此不能拒绝原假设，序列存在单位根，是非平稳的。

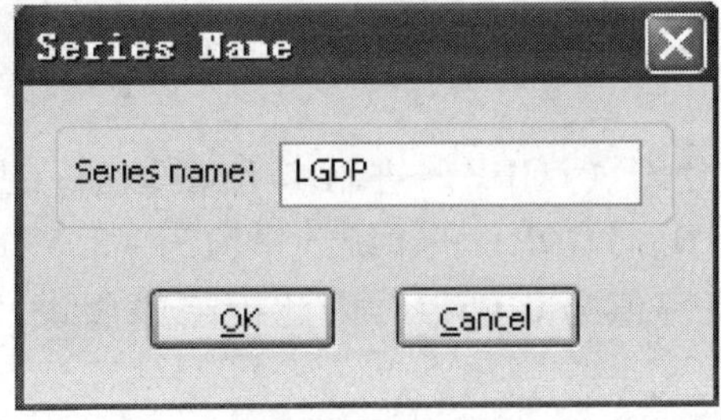

图 7 - 7　Series Name 对话框

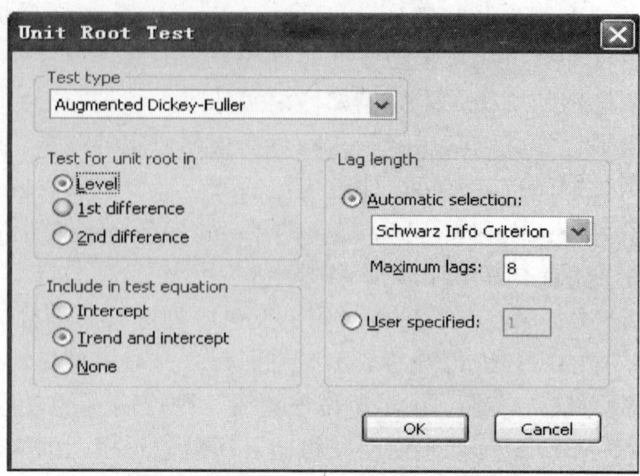

图 7-8　Unit Root Test 对话框

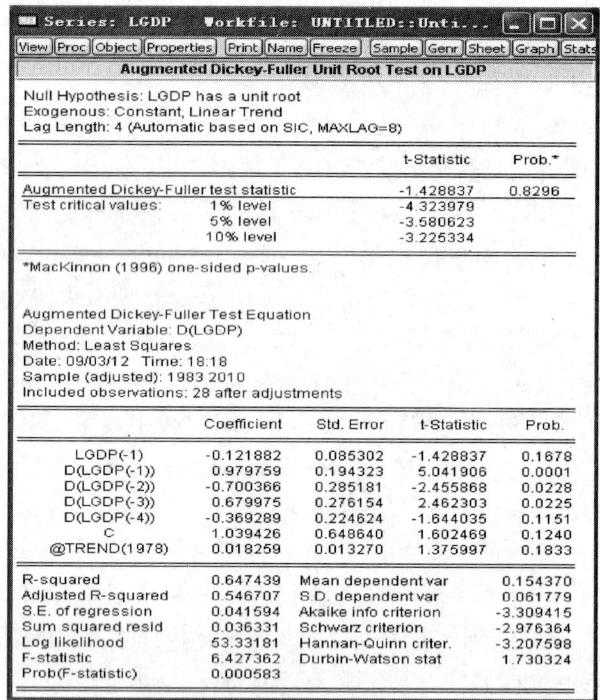

Series: LGDP　Workfile: UNTITLED::Unti...

View | Proc | Object | Properties | Print | Name | Freeze | Sample | Genr | Sheet | Graph | Stats

Augmented Dickey-Fuller Unit Root Test on LGDP

Null Hypothesis: LGDP has a unit root
Exogenous: Constant, Linear Trend
Lag Length: 4 (Automatic based on SIC, MAXLAG=8)

		t-Statistic	Prob.*
Augmented Dickey-Fuller test statistic		-1.428837	0.8296
Test critical values:	1% level	-4.323979	
	5% level	-3.580623	
	10% level	-3.225334	

*MacKinnon (1996) one-sided p-values.

Augmented Dickey-Fuller Test Equation
Dependent Variable: D(LGDP)
Method: Least Squares
Date: 09/03/12　Time: 18:18
Sample (adjusted): 1983 2010
Included observations: 28 after adjustments

	Coefficient	Std. Error	t-Statistic	Prob.
LGDP(-1)	-0.121882	0.085302	-1.428837	0.1678
D(LGDP(-1))	0.979759	0.194323	5.041906	0.0001
D(LGDP(-2))	-0.700366	0.285181	-2.455868	0.0228
D(LGDP(-3))	0.679975	0.276154	2.462303	0.0225
D(LGDP(-4))	-0.369289	0.224624	-1.644035	0.1151
C	1.039426	0.648640	1.602469	0.1240
@TREND(1978)	0.018259	0.013270	1.375997	0.1833

R-squared	0.647439	Mean dependent var	0.154370
Adjusted R-squared	0.546707	S.D. dependent var	0.061779
S.E. of regression	0.041594	Akaike info criterion	-3.309415
Sum squared resid	0.036331	Schwarz criterion	-2.976364
Log likelihood	53.33181	Hannan-Quinn criter.	-3.207598
F-statistic	6.427362	Durbin-Watson stat	1.730324
Prob(F-statistic)	0.000583		

图 7-9　LGDP 的 ADF 检验结果

接着对 LGDP 的一阶差分 D（LGDP）进行单位根检验（见图 7-10），检验结果如图 7-11所示。由结果可知，D（LGDP）的 t 统计量值为 -3.570095，小于 10% 显著性水平的临界值（-3.225334），概率值为 0.0511，因此拒绝原假设，序列不存在单位根，是平稳的。

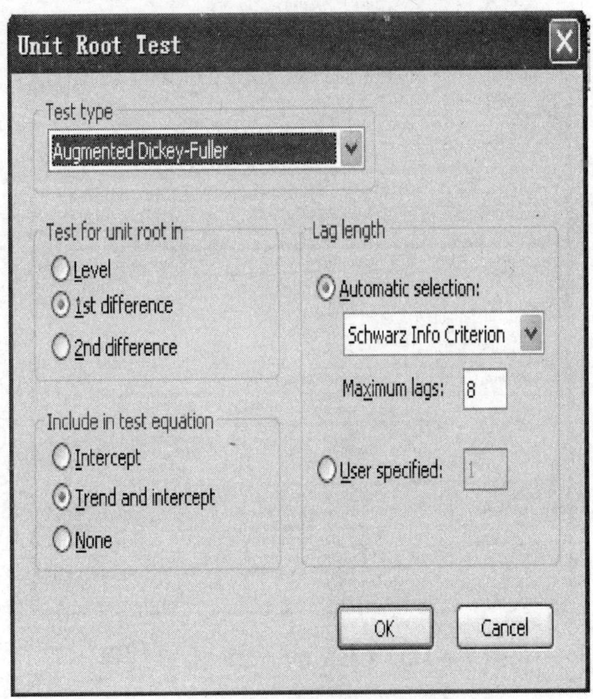

图 7-10　LGDP 一阶差分检验

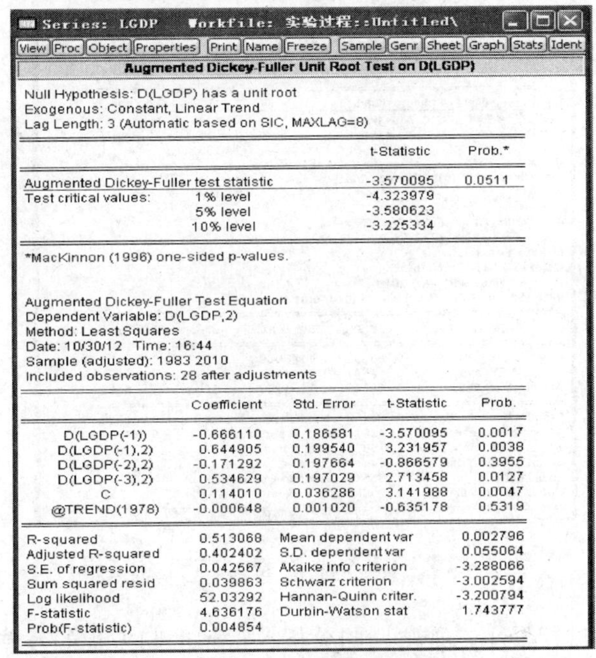

Series: LGDP　Workfile: 实验过程::Untitled\

View | Proc | Object | Properties | Print | Name | Freeze | Sample | Genr | Sheet | Graph | Stats | Ident

Augmented Dickey-Fuller Unit Root Test on D(LGDP)

Null Hypothesis: D(LGDP) has a unit root
Exogenous: Constant, Linear Trend
Lag Length: 3 (Automatic based on SIC, MAXLAG=8)

		t-Statistic	Prob.*
Augmented Dickey-Fuller test statistic		-3.570095	0.0511
Test critical values:	1% level	-4.323979	
	5% level	-3.580623	
	10% level	-3.225334	

*MacKinnon (1996) one-sided p-values.

Augmented Dickey-Fuller Test Equation
Dependent Variable: D(LGDP,2)
Method: Least Squares
Date: 10/30/12　Time: 16:44
Sample (adjusted): 1983 2010
Included observations: 28 after adjustments

	Coefficient	Std. Error	t-Statistic	Prob.
D(LGDP(-1))	-0.666110	0.186581	-3.570095	0.0017
D(LGDP(-1),2)	0.644905	0.199540	3.231957	0.0038
D(LGDP(-2),2)	-0.171292	0.197664	-0.866579	0.3955
D(LGDP(-3),2)	0.534629	0.197029	2.713458	0.0127
C	0.114010	0.036286	3.141988	0.0047
@TREND(1978)	-0.000648	0.001020	-0.635178	0.5319

R-squared	0.513068	Mean dependent var	0.002796
Adjusted R-squared	0.402402	S.D. dependent var	0.055064
S.E. of regression	0.042567	Akaike info criterion	-3.288066
Sum squared resid	0.039863	Schwarz criterion	-3.002594
Log likelihood	52.03292	Hannan-Quinn criter.	-3.200794
F-statistic	4.636176	Durbin-Watson stat	1.743777
Prob(F-statistic)	0.004854		

图 7-11　LGDP 一阶差分的检验结果

同样步骤进行变量 LEX 的 ADF 检验，发现它是非平稳的（见图 7-12），一阶差分后是平稳的（见图 7-13），也就是说 LGDP、LEX 都是一阶单整的，记为 I（1）。

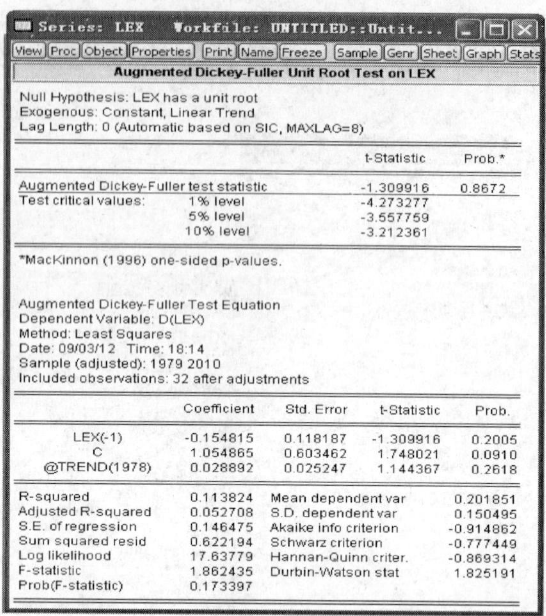

Augmented Dickey-Fuller Unit Root Test on LEX

Null Hypothesis: LEX has a unit root
Exogenous: Constant, Linear Trend
Lag Length: 0 (Automatic based on SIC, MAXLAG=8)

		t-Statistic	Prob.*
Augmented Dickey-Fuller test statistic		-1.309916	0.8672
Test critical values:	1% level	-4.273277	
	5% level	-3.557759	
	10% level	-3.212361	

*MacKinnon (1996) one-sided p-values.

Augmented Dickey-Fuller Test Equation
Dependent Variable: D(LEX)
Method: Least Squares
Date: 09/03/12 Time: 18:14
Sample (adjusted): 1979 2010
Included observations: 32 after adjustments

	Coefficient	Std. Error	t-Statistic	Prob.
LEX(-1)	-0.154815	0.118187	-1.309916	0.2005
C	1.054865	0.603462	1.748021	0.0910
@TREND(1978)	0.028892	0.025247	1.144367	0.2618

R-squared	0.113824	Mean dependent var	0.201851
Adjusted R-squared	0.052708	S.D. dependent var	0.150495
S.E. of regression	0.146475	Akaike info criterion	-0.914862
Sum squared resid	0.622194	Schwarz criterion	-0.777449
Log likelihood	17.63779	Hannan-Quinn criter.	-0.869314
F-statistic	1.862435	Durbin-Watson stat	1.825191
Prob(F-statistic)	0.173397		

图 7－12 LEX 的 ADF 检验结果

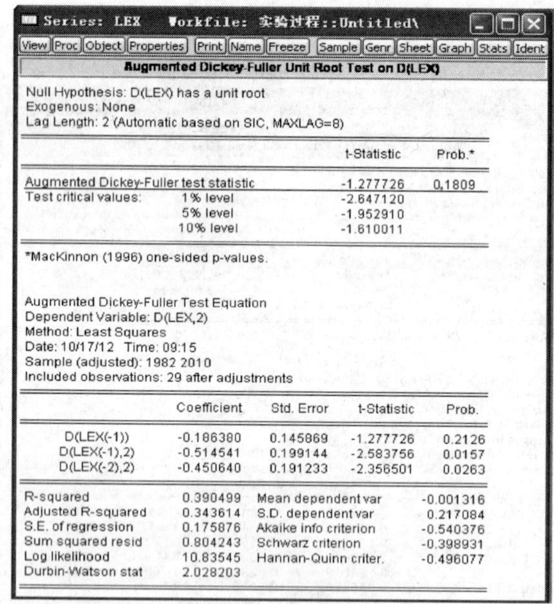

Augmented Dickey-Fuller Unit Root Test on D(LEX)

Null Hypothesis: D(LEX) has a unit root
Exogenous: None
Lag Length: 2 (Automatic based on SIC, MAXLAG=8)

		t-Statistic	Prob.*
Augmented Dickey-Fuller test statistic		-1.277726	0.1809
Test critical values:	1% level	-2.647120	
	5% level	-1.952910	
	10% level	-1.610011	

*MacKinnon (1996) one-sided p-values.

Augmented Dickey-Fuller Test Equation
Dependent Variable: D(LEX,2)
Method: Least Squares
Date: 10/17/12 Time: 09:15
Sample (adjusted): 1982 2010
Included observations: 29 after adjustments

	Coefficient	Std. Error	t-Statistic	Prob.
D(LEX(-1))	-0.186380	0.145869	-1.277726	0.2126
D(LEX(-1),2)	-0.514541	0.199144	-2.583756	0.0157
D(LEX(-2),2)	-0.450640	0.191233	-2.356501	0.0263

R-squared	0.390499	Mean dependent var	-0.001316
Adjusted R-squared	0.343614	S.D. dependent var	0.217084
S.E. of regression	0.175876	Akaike info criterion	-0.540376
Sum squared resid	0.804243	Schwarz criterion	-0.398931
Log likelihood	10.83545	Hannan-Quinn criter.	-0.496077
Durbin-Watson stat	2.028203		

图 7－13 LEX 一阶差分的检验结果

2. 对 LGDP、LEX 进行最小二乘法回归分析，得到回归方程的残差序列 e。

Eviews 操作：选择 Quick 的下拉菜单“Estimate Equation...”项，出现 Equation Estimation 对话框，在 Equation specification 中输入“LGDP c LEX”（见图 7－14），Method 的默认选项为 LS-Least Squares（NLS and ARMA），为最小二乘法。单击“确定”按钮，得到输出结果（见图 7－15），回归方程为 LGDP＝4.25＋0.73LEX，调整后的 R^2 为 0.992，

回归效果较好。单击“View”，选择下拉菜单 Actual，Fitted，Residual 中 Actual，Fitted，Residual Table 项，得到结果如图 7－16 所示，可看到残差的具体变动情况。Residual Plot 中的实线为 0 值线。单击 Proc，选择下拉菜单中的“Make Residuals Series...”项，得到 Make Residuals 对话框（见图 7－17），在 Name for resid series 中输入序列名称 e，单击“OK”按钮，即出现残差序列 e 的表格（见图 7－18），同时在 Workfile 工作窗口中出现序列 e。

图 7－14　OLS 回归

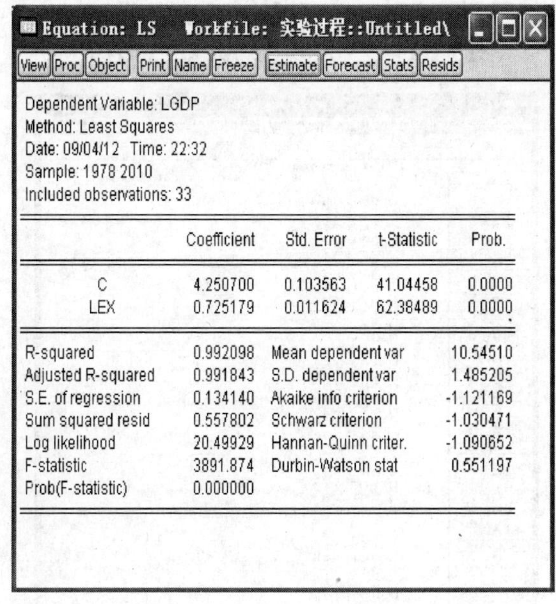

Equation: LS　Workfile: 实验过程::Untitled\

View Proc Object Print Name Freeze Estimate Forecast Stats Resids

Dependent Variable: LGDP
Method: Least Squares
Date: 09/04/12　Time: 22:32
Sample: 1978 2010
Included observations: 33

	Coefficient	Std. Error	t-Statistic	Prob.
C	4.250700	0.103563	41.04458	0.0000
LEX	0.725179	0.011624	62.38489	0.0000

R-squared	0.992098	Mean dependent var	10.54510
Adjusted R-squared	0.991843	S.D. dependent var	1.485205
S.E. of regression	0.134140	Akaike info criterion	-1.121169
Sum squared resid	0.557802	Schwarz criterion	-1.030471
Log likelihood	20.49929	Hannan-Quinn criter.	-1.090652
F-statistic	3891.874	Durbin-Watson stat	0.551197
Prob(F-statistic)	0.000000		

图 7－15　OLS 回归结果

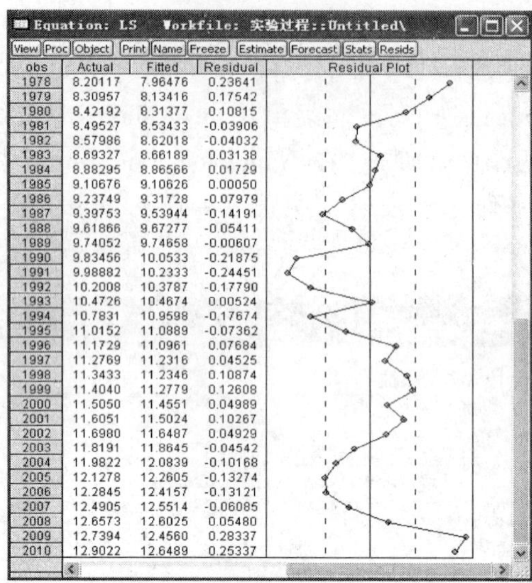

obs	Actual	Fitted	Residual
1978	8.20117	7.96476	0.23641
1979	8.30957	8.13416	0.17542
1980	8.42192	8.31377	0.10815
1981	8.49527	8.53433	-0.03906
1982	8.57986	8.62018	-0.04032
1983	8.69327	8.66189	0.03138
1984	8.88295	8.86566	0.01729
1985	9.10676	9.10626	0.00050
1986	9.23749	9.31728	-0.07979
1987	9.39753	9.53944	-0.14191
1988	9.61866	9.67277	-0.05411
1989	9.74052	9.74658	-0.00607
1990	9.83456	10.0533	-0.21875
1991	9.98882	10.2333	-0.24451
1992	10.2008	10.3787	-0.17790
1993	10.4726	10.4674	0.00524
1994	10.7831	10.9598	-0.17674
1995	11.0152	11.0889	-0.07362
1996	11.1729	11.0961	0.07684
1997	11.2769	11.2316	0.04525
1998	11.3433	11.2346	0.10874
1999	11.4040	11.2779	0.12608
2000	11.5050	11.4551	0.04989
2001	11.6051	11.5024	0.10267
2002	11.6980	11.6487	0.04929
2003	11.8191	11.8645	-0.04542
2004	11.9822	12.0839	-0.10168
2005	12.1278	12.2605	-0.13274
2006	12.2845	12.4157	-0.13121
2007	12.4905	12.5514	-0.06085
2008	12.6573	12.6025	0.05480
2009	12.7394	12.4560	0.28337
2010	12.9022	12.6489	0.25337

图 7－16　残差的变动情况

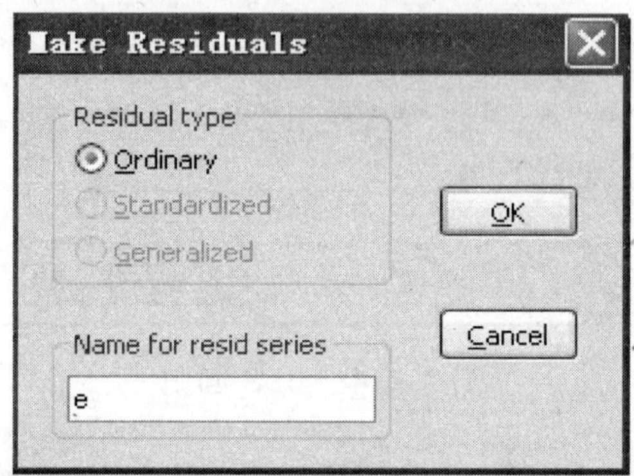

图 7－17　Make Residuals 对话框

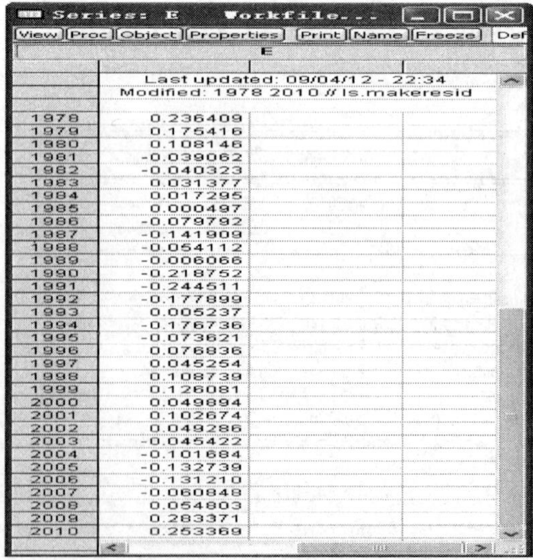

obs	E
1978	0.236409
1979	0.175416
1980	0.108146
1981	-0.039062
1982	-0.040323
1983	0.031377
1984	0.017295
1985	0.000497
1986	-0.079792
1987	-0.141909
1988	-0.054112
1989	-0.006066
1990	-0.218752
1991	-0.244511
1992	-0.177899
1993	0.005237
1994	-0.176736
1995	-0.073621
1996	0.076836
1997	0.045254
1998	0.108739
1999	0.126081
2000	0.049894
2001	0.102674
2002	0.049286
2003	-0.045422
2004	-0.101684
2005	-0.132739
2006	-0.131210
2007	-0.060848
2008	0.054803
2009	0.283371
2010	0.253369

图 7－18　残差序列 e 的值

3. 对残差序列 e 进行 ADF 检验。检验步骤如同前述，但 e 不包含截距项和趋势项，因此在 Include in test equation 中选择 None（见图 7－19），输出结果如图 7－20 所示，可以看出 e 在 5% 显著水平下是平稳的。因此，LGDP 与 LEX 具有协整关系，可以对它们构建误差修正模型。

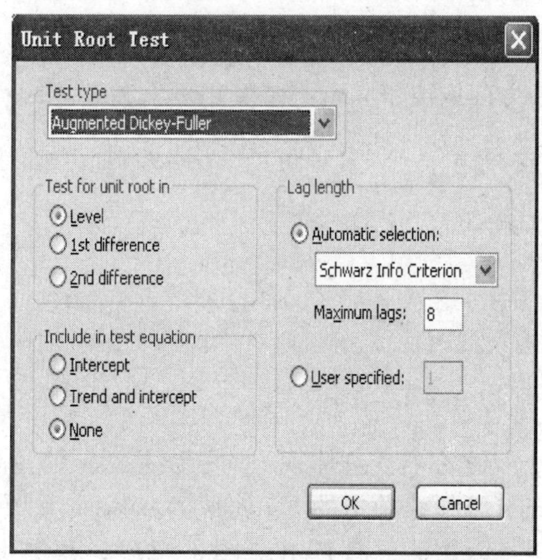

图 7－19　Unit Root Test 对话框

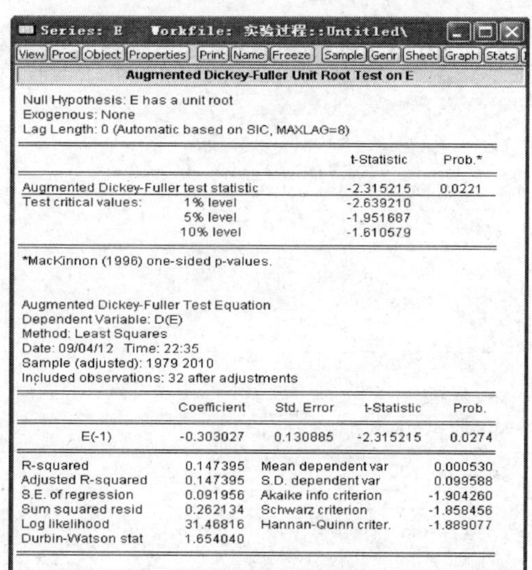

Series: E　Workfile: 实验过程::Untitled\

Augmented Dickey-Fuller Unit Root Test on E

Null Hypothesis: E has a unit root
Exogenous: None
Lag Length: 0 (Automatic based on SIC, MAXLAG=8)

		t-Statistic	Prob.*
Augmented Dickey-Fuller test statistic		-2.315215	0.0221
Test critical values:	1% level	-2.639210	
	5% level	-1.951687	
	10% level	-1.610579	

*MacKinnon (1996) one-sided p-values.

Augmented Dickey-Fuller Test Equation
Dependent Variable: D(E)
Method: Least Squares
Date: 09/04/12　Time: 22:35
Sample (adjusted): 1979 2010
Included observations: 32 after adjustments

	Coefficient	Std. Error	t-Statistic	Prob.
E(-1)	-0.303027	0.130885	-2.315215	0.0274

R-squared	0.147395	Mean dependent var	0.000530
Adjusted R-squared	0.147395	S.D. dependent var	0.099588
S.E. of regression	0.091956	Akaike info criterion	-1.904260
Sum squared resid	0.262134	Schwarz criterion	-1.858456
Log likelihood	31.46816	Hannan-Quinn criter.	-1.889077
Durbin-Watson stat	1.654040		

图 7－20　e 的 ADF 检验结果

（二）误差修正模型的构建

误差修正模型（Error Correction Model，ECM）的基本形式最早是由 Davidson、Hendry、Srba 和 Yeo 在 1978 年提出的，因此又称为 DHSY 模型。在建立经济模型的时候，经常会需要用数据的动态非均衡过程来逼近经济理论的长期均衡过程，最一般的模型就是自回归分布滞后模型（Autoregressive Distributed Lag，ADL）。

对于 ADL（1，1）模型：$y_t=\beta_0+\beta_1 y_{t-1}+\beta_2 x_t+\beta_3 x_{t-1}+u_t$，移项后整理可得：

$\nabla y_t=\beta_0+\beta_1\nabla x_t+(\beta_2-1)\left(y-\frac{\beta_1+\beta_3}{1-\beta_2}x\right)_{t-1}+u_t$，该式即为误差修正模型（ECM），其中 $y-\frac{\beta_1+\beta_3}{1-\beta_2}x$ 是误差修正项，即为 ecm。ecm 的值即为 y 与 x 的回归模型的残差序列。

误差修正模型解释了因变量 y_t 的短期波动 ∇y_t 是如何被决定的。一方面，它受到自变量短期波动 ∇x_t 的影响，另一方面取决于 ecm。如果变量 y_t 和 x_t 之间存在长期均衡关系，即有 $\bar{y}=a\bar{x}$，则 ecm 可以改写成 $\bar{y}=\frac{\beta_1+\beta_3}{1-\beta_2}\bar{x}$。可见，ecm 反映了变量在短期波动中偏离它们长期均衡关系的程度，称为均衡误差。误差修正模型可简记为：

$$\nabla y_t=\beta_0+\beta_1\nabla x_t+(\beta_2-1)\left(y-\frac{\beta_1+\beta_3}{1-\beta_2}x\right)_{t-1}+u_t$$

一般地，$|\beta_2|<1$，所以 $\lambda=\beta_2-1<0$。因此，当 $y_{t-1}>\frac{\beta_1+\beta_3}{1-\beta_2}x_{t-1}$，即 ecm_{t-1} 为正时，λecm_{t-1} 为负，使 ∇y_t 减小，反之亦然。这体现了均衡误差对 y_t 的控制。

Eviews 操作：单击 Quick 下拉菜单中的 Estimate Equation... 项，在 Estimate Equation 对话框中输入“d（lgdp）c d（lex）e（-1）”（见图 7－21），其中 d（lgdp）和 d（lex）分别表示变量 LGDP 和 LEX 的一阶差分，e（-1）表示残差序列（即 ecm）的滞后一期值。回归结果如图 7－22 所示。

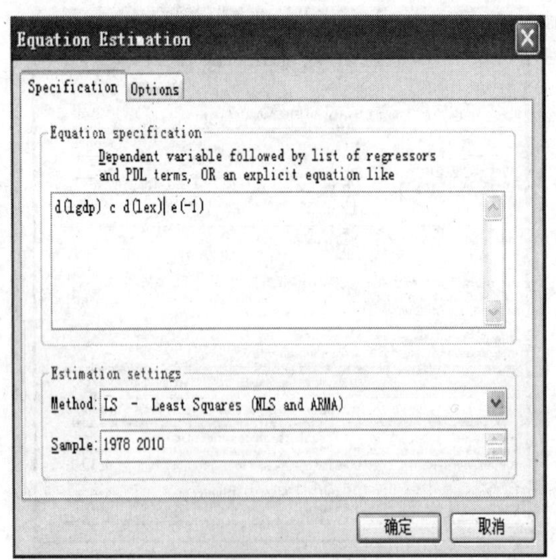

图 7－21 Estimate Equation 对话框

从结果来看，变量 LEX 和误差修正项 ecm 的估计均通过 t 检验，ecm 的估计系数为 -0.26，有正确的符号（即负号），表明短期内 LGDP 和 LEX 会偏离它们的长期均衡关系，但存在反向调整机制，在受到冲击以后，将以 26% 的速度向长期均衡状态调整，当年对长期均衡关系的偏离在下一年将得到 26% 的修正。

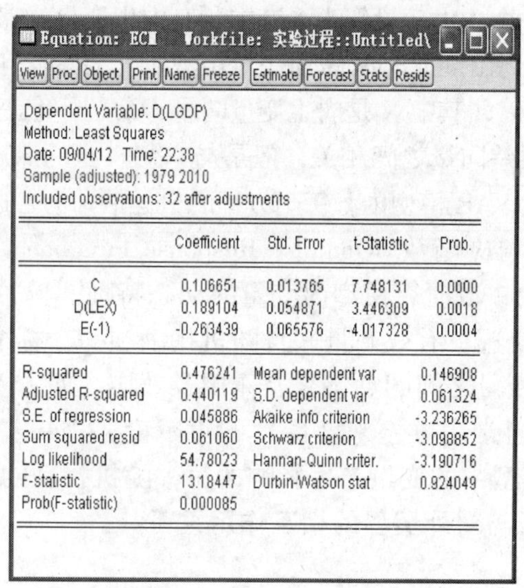

Equation: ECM　Workfile: 实验过程::Untitled\

View Proc Object Print Name Freeze Estimate Forecast Stats Resids

Dependent Variable: D(LGDP)
Method: Least Squares
Date: 09/04/12 Time: 22:38
Sample (adjusted): 1979 2010
Included observations: 32 after adjustments

	Coefficient	Std. Error	t-Statistic	Prob.
C	0.106651	0.013765	7.748131	0.0000
D(LEX)	0.189104	0.054871	3.446309	0.0018
E(-1)	-0.263439	0.065576	-4.017328	0.0004

R-squared	0.476241	Mean dependent var	0.146908
Adjusted R-squared	0.440119	S.D. dependent var	0.061324
S.E. of regression	0.045886	Akaike info criterion	-3.236265
Sum squared resid	0.061060	Schwarz criterion	-3.098852
Log likelihood	54.78023	Hannan-Quinn criter.	-3.190716
F-statistic	13.18447	Durbin-Watson stat	0.924049
Prob(F-statistic)	0.000085		

图 7－22　误差修正模型结果

【实验结论】

通过以上分析可知，LGDP 和 LEX 都是一阶单整的非平稳序列，但它们之间具有协整关系，即具有长期的均衡关系，可以建立误差修正模型。误差修正模型的结果表明短期内 LGDP 和 LEX 会偏离它们的长期均衡关系，但存在反向调整机制，在受到冲击以后，将以 26% 的速度向长期均衡状态调整，当年对长期均衡关系的偏离在下一年将得到 26% 的修正。

【实验讨论】

1. 是否所有的时间序列分析都需要进行协整检验。
2. E-G 两步法协整检验与 Johansen 检验的区别。
3. 如何将变量的平稳性检验与 Granger 检验、VAR 模型构建等分析结合起来？

四、实验 3：VAR 模型及脉冲响应分析、方差分解分析

传统的经济计量方法是以经济理论为基础来描述变量关系的模型。但是，经济理论通常并不足以对变量之间的动态联系提供一个严密的说明，而且内生变量既可以出现在方程的左端又可以出现在方程的右端使得估计和推断变得更加复杂。为了解决这些问题而出现了一种用非结构性方法来建立各个变量之间关系的模型。接下来要介绍的向量自回归模型（vector autoregression，VAR）和向量误差修正模型（vector error correction model，VEC）就是非结构化的多方程模型。

向量自回归（VAR）模型最早由美国学者 Sims 在 1980 年提出，这种方法是用模型中所有当期变量对所有变量的若干滞后变量进行回归，用来估计联合内生变量的动态关系，而不带有任何事先约束条件。它是基于数据统计性质而非经济理论的一种新的建模方法，具有良好的特殊的动态结构性质，其迅速取代了传统的联立方程模型在很多研究领域（尤其在经济预测方面）得到广泛应用。VAR 模型对于相互联系的时间序列变量系统是有效的预测模型，同时它也被频繁地用于分析不同类型的随机扰动项对系统变量的动态影响。

VAR 模型把系统中每一个内生变量作为系统中所有内生变量的滞后值的函数来构造模型，从而将单变量自回归模型推广到由多元时间序列变量组成的“向量”自回归模型。VAR 模型的标准形式是：$X_t = A_t + BX_{t-p} + e_t$，其中 X_t 是内生变量向量，A_t 是外生变量（如截距项、时间趋势项等），e_t 是误差向量。这些误差向量之间相关，但是与它们自身的滞后值不相关，与内生变量 X_t 和外生变量 A_t 也不相关。在 VAR 模型内，每个方程的最佳估计为普通最小二乘估计。

VAR 模型一般与脉冲响应函数（Impulse Response Function）、方差分解（Variance Decomposition）结合起来使用，以研究模型内变量的动态特性。脉冲响应函数可以较好地描述模型内各向量之间的影响轨迹，有效衡量来自随机扰动项一个标准差冲击对内生变量未来取值的影响，直观地刻画出变量之间的动态交互作用及效应。而方差分解是通过分析每一个结构冲击对内生变量变化（通常用方差来度量）的贡献度，进一步评价不同结构冲击的重要性。它给出的是对 VAR 模型中的变量产生影响的每个随机扰动的相对重要性的信息。

【实验内容】经济增长与对外贸易的相互作用关系

【实验数据】

变量 LGDP、LEX、LIM 的数据同实验 1 的数据，见表 7－1。

【实验过程】

（一）VAR 模型的构建

Eviews 操作：单击 Quick 下拉菜单 Estimate VAR... 项，出现 VAR Specification（VAR 设定）对话框（见图 7－23），VAR Type 中可以选择 Unrestricted VAR 模型（非约束 VAR 模型）和 Vector Error Correct 模型（VEC 模型，即向量误差修正模型），这里选择 Unrestricted VAR 模型；Endogenous Variables 框中输入内生变量“LGDP LEX LIM”，Lag Intervals for Endogenous（内生变量的滞后期）框中填入“12”，Exogenous Variables 框中默认的外生变量为截距项 c，单击“确定”按钮，得到结果（见图 7－24）。可见，变量 LGDP、LEX、LIM 的 VAR 模型回归效果很好，调整后的 R^2 分别达到 0.999、0.994 和 0.991。单击 View 下列菜单 Representations 项，出现模型的表达式（见图 7－25），可简化为：

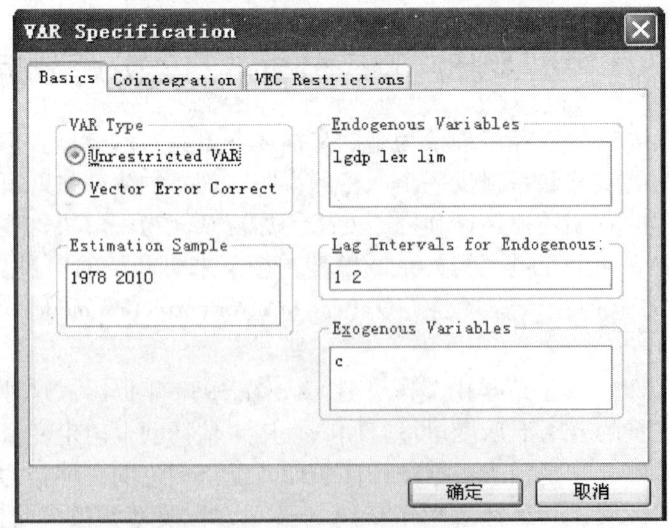

图 7－23　VAR Specification 对话框

Var: VAR Workfile: 实验过程::Untitled\

View | Proc | Object | Print | Name | Freeze | Estimate | Stats | Impulse | Resids

Vector Autoregression Estimates

Vector Autoregression Estimates
Date: 09/03/12 Time: 19:21
Sample (adjusted): 1980 2010
Included observations: 31 after adjustments
Standard errors in ( ) & t-statistics in [ ]

	LGDP	LEX	LIM
LGDP(-1)	1.271136	-0.340672	-0.234324
	(0.25440)	(0.75287)	(0.88013)
	[4.99656]	[-0.45250]	[-0.26624]
LGDP(-2)	-0.519121	0.256992	0.078607
	(0.19227)	(0.56901)	(0.66519)
	[-2.69991]	[0.45165]	[0.11817]
LEX(-1)	0.038309	0.302045	-0.278138
	(0.10108)	(0.29913)	(0.34969)
	[0.37901]	[1.00975]	[-0.79539]
LEX(-2)	0.157460	0.219463	0.582127
	(0.10840)	(0.32081)	(0.37503)
	[1.45253]	[0.68409]	[1.55220]
LIM(-1)	0.043473	0.703553	1.394858
	(0.09983)	(0.29543)	(0.34537)
	[0.43547]	[2.38143]	[4.03875]
LIM(-2)	-0.062794	-0.155721	-0.615669
	(0.09757)	(0.28874)	(0.33754)
	[-0.64360]	[-0.53932]	[-1.82399]
C	1.170503	0.554383	1.112126
	(0.49067)	(1.45207)	(1.69751)
	[2.38553]	[0.38179]	[0.65515]
R-squared	0.999063	0.995481	0.993134
Adj. R-squared	0.998828	0.994351	0.991418
Sum sq. resids	0.055691	0.487738	0.666551
S.E. equation	0.048171	0.142557	0.166652
F-statistic	4263.749	881.0825	578.5914
Log likelihood	54.00276	20.36836	15.52711
Akaike AIC	-3.032436	-0.862475	-0.550136
Schwarz SC	-2.708632	-0.538671	-0.226332
Mean dependent	10.69282	8.901810	8.852002
S.D. dependent	1.407346	1.896682	1.798904

Determinant resid covariance (dof adj.)	1.93E-07
Determinant resid covariance	8.96E-08
Log likelihood	119.5682
Akaike information criterion	-6.359242
Schwarz criterion	-5.387831

图 7-24 VAR 模型结果

$$\begin{aligned}LGDP = & 1.27 \times LGDP(-1) - 0.52 \times LGDP(-2) + 0.04 \times LEX(-1) + 0.16 \times LEX(-2) \\ & + 0.04 \times LIM(-1) - 0.06 \times LIM(-2) + 1.17\end{aligned}$$

$$\begin{aligned}LEX = & -0.34 \times LGDP(-1) + 0.26 \times LGDP(-2) + 0.30 \times LEX(-1) + 0.22 \times LEX(-2) \\ & + 0.70 \times LIM(-1) - 0.16 \times LIM(-2) + 0.55\end{aligned}$$

$$\begin{aligned}LIM = & -0.23 \times LGDP(-1) + 0.08 \times LGDP(-2) - 0.28 \times LEX(-1) + 0.58 \times LEX(-2) \\ & + 1.39 \times LIM(-1) - 0.62 \times LIM(-2) + 1.11\end{aligned}$$

需要注意的是：构建 VAR 模型的一个重要问题就是滞后阶数的确定。在选择滞后阶数 p 时，一方面要使滞后数足够大，以便能够完整反映所构造模型的动态特征。但另一方面，滞后阶数越大，需要估计的参数就越多，模型的自由度就下降。这也是 VAR 模型的一个缺陷，因为在实际运用中，通常不得不限制滞后项的个数，使它少于反映模型动态特征性所应有的理想数目。一般来说，确定最优滞后阶数的方法有：LR（似然比）检验、AIC 信息准则和 SC 准则，其中 AIC 信息准则和 SC 准则运用比较广泛，这里也采用这种方法。

通过不断试验滞后阶数，发现滞后期取 2 阶的时候，AIC 和 SC 值最小，因此本实验中滞后阶数 p 为 2。在 Lag Intervals for Endogenous（内生变量的滞后期）框中输入滞后阶数时，要注意滞后阶数要成对出现，如 1 1、1 2、1 1 2 2。

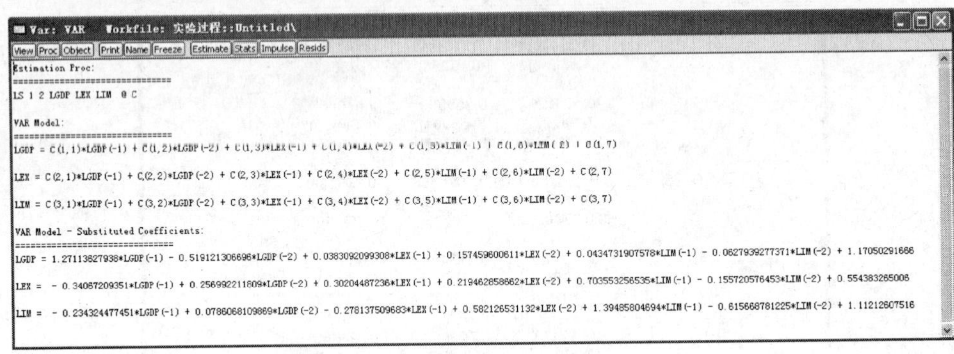

图 7－25 VAR 模型表达式

VAR 模型稳定性分析：即做 AR 根的图/表分析。VAR 模型共有 kp 个根，其中 k 是内生变量的个数，p 是最大滞后阶数。如果被估计的 VAR 模型所有根的模的倒数小于 1，即位于单位圆内，则其是稳定的，满足脉冲分析及方差分解所需条件之一。如果模型不稳定，某些结果将不是有效的。

Eviews 操作：单击 View 下拉菜单中的“Lag Structure”项再选择 AR Roots Table，则出现图 7－26，表示所有根的模的倒数值；如果选择 AR Roots Graph，则出现图 7－27。由该图可知，所有根的模的倒数值均小于 1，均位于单位圆内，说明 VAR 模型是稳定的。

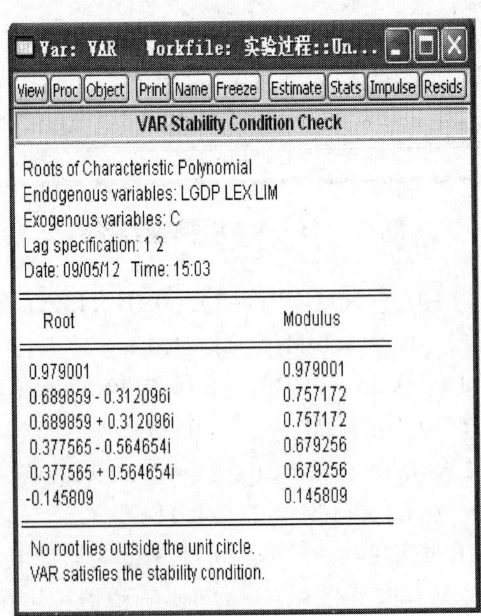

VAR Stability Condition Check

Roots of Characteristic Polynomial
Endogenous variables: LGDP LEX LIM
Exogenous variables: C
Lag specification: 1 2
Date: 09/05/12 Time: 15:03

Root	Modulus
0.979001	0.979001
0.689859 - 0.312096i	0.757172
0.689859 + 0.312096i	0.757172
0.377565 - 0.564654i	0.679256
0.377565 + 0.564654i	0.679256
-0.145809	0.145809

No root lies outside the unit circle.
VAR satisfies the stability condition.

图 7－26 AR Roots Table

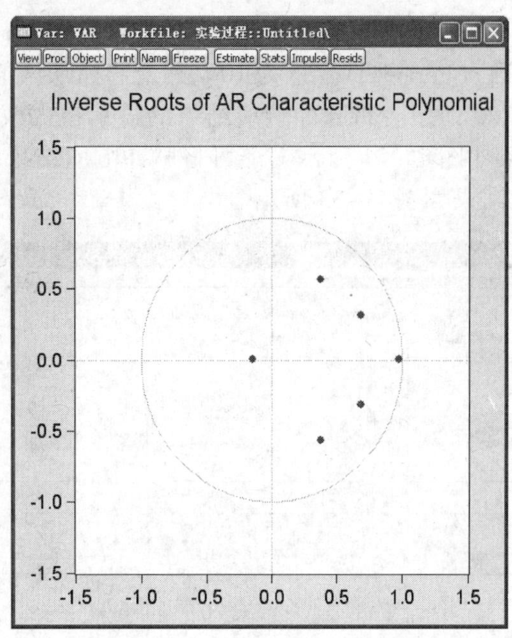

图 7－27　AR Roots Graph

（二）脉冲响应分析

脉冲响应函数用于衡量来自随即扰动项的一个标准差冲击对内生变量当前和未来取值的影响。

Eviews 操作：单击 View 下拉菜单中的 Impulse Response... 项，出现 Impulse Response 对话框（见图 7－28）。Display Format 中可选择 3 种脉冲响应结果的显示模式，Table 为表格显示，表示显示响应函数的系数值（输出结果中括号内是估计标准误）；Multiple Graphs 为组图显示（默认选择）；Combined Graphs 为合成图显示，表示将来自同一新息的脉冲响应函数图合并显示。Response Standard Errors 中是关于计算响应函数标准误的选项，包括 None（不计算），Analytic（渐近解析法）和 Monte Carlo（蒙特卡罗法），默认选择为 Analytic。Display Information

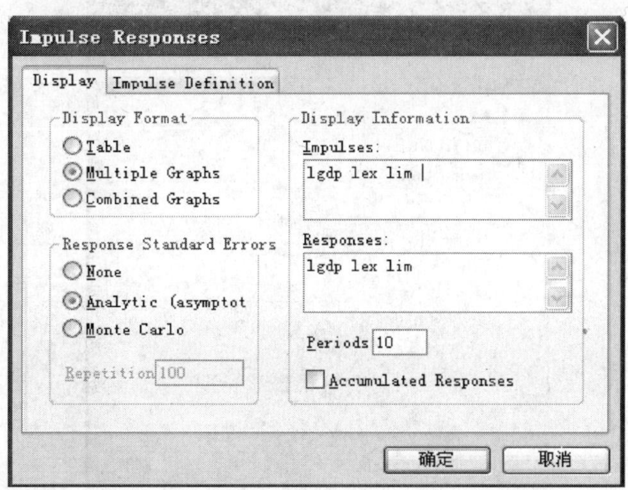

图 7－28　Impulse Response 对话框 1

中分别填入脉冲（Impulses）和响应（Responses）的变量信息，默认均为“LGDP LEX LIM”。响应函数的追踪期数（Periods）默认为10。其余选择默认值，单击“确定”按钮运行程序，得到结果如图7－29所示。将脉冲响应结果的显示模式改成Combined Graphs显示（见图7－30），则输出结果如图7－31所示。还可将脉冲响应结果的显示模式改成Table显示（见图7－32），则输出结果如图7－33所示。

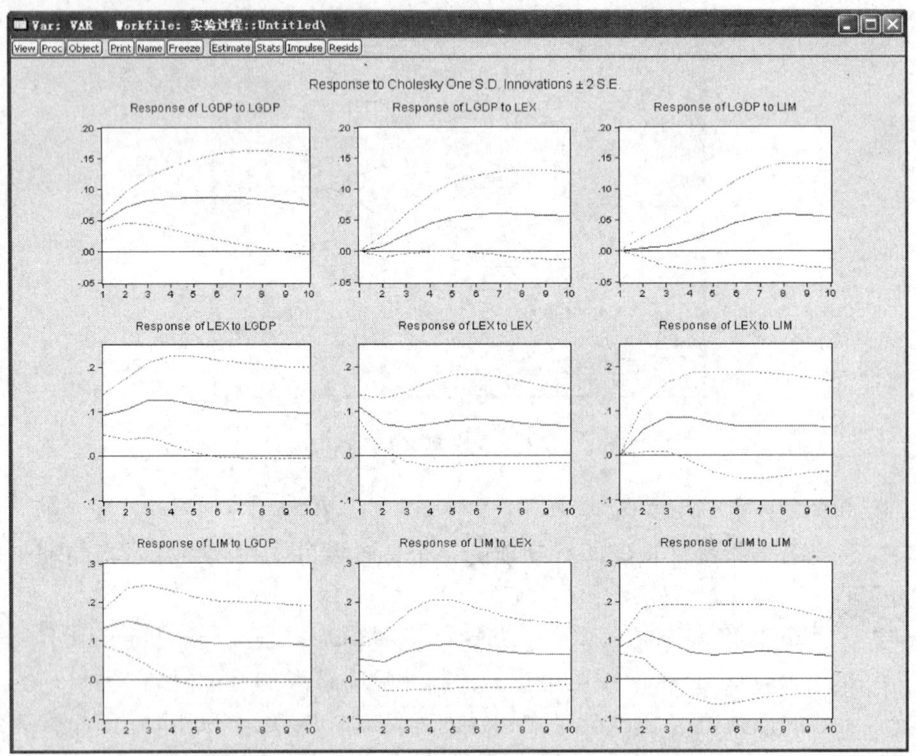

图7－29 Impulse Response 结果1

Impulse Responses
Display | Impulse Definition
Display Format: Table / Multiple Graphs / Combined Graphs
Response Standard Errors: None / Analytic (asymptot / Monte Carlo
Repetition 100
Display Information
Impulses: lgdp lex lim
Responses: lgdp lex lim
Periods 10
Accumulated Responses
确定 取消

图7－30 Impulse Response 对话框2

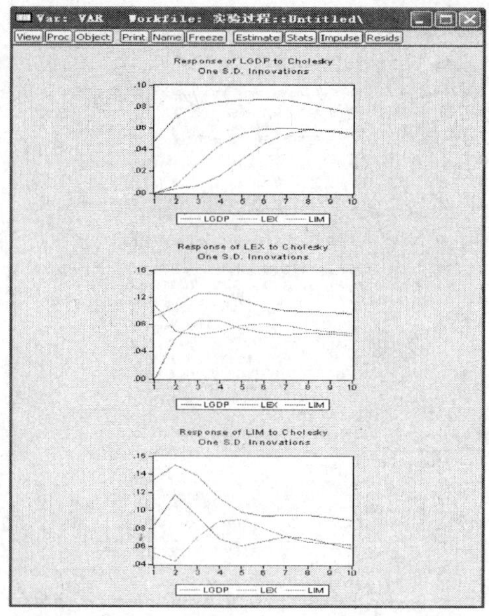

图 7 – 31　**Impulse Response 结果 2**

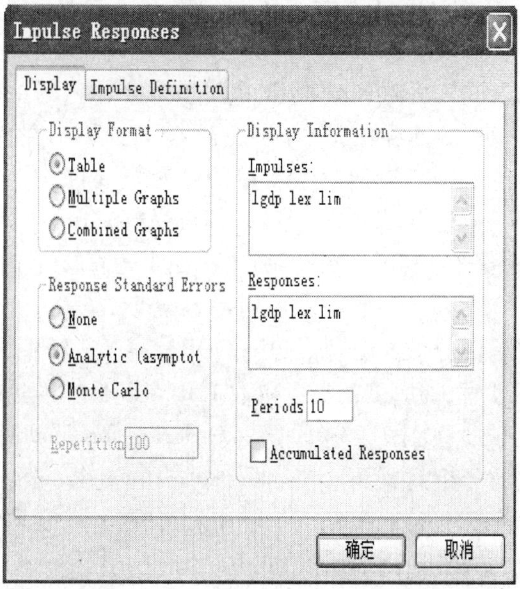

图 7 – 32　**Impulse Response 对话框 3**

由以上的脉冲响应函数可以看出：LGDP 在受到自身的一个标准差扰动冲击后，在第 1 期就作出了 0.048 个单位的正面反应（即 GDP 增长），在第 6 期达到峰值（0.087 个单位），总体来看，呈缓慢的变化状态，但均为正面冲击。而 LGDP 对 LEX 和 LIM 给的冲击在第 1 期均未产生反应，但第 2 期开始则产生正面的反应，分别在第 7 期和第 8 期达到峰值（分别为 0.060 和 0.059），说明我国的经济增长有一定的自我累积效应，而出口和进口都对经济增长有正的促进作用。

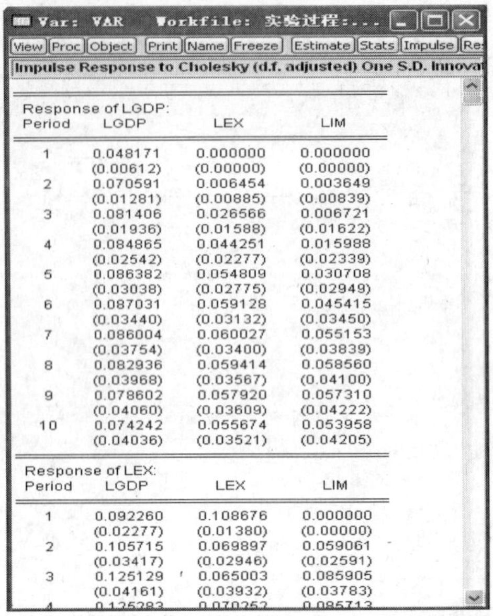

Var: VAR　Workfile: 实验过程:...

View | Proc | Object | Print | Name | Freeze | Estimate | Stats | Impulse | Re

Impulse Response to Cholesky (d.f. adjusted) One S.D. Innova

Response of LGDP:

Period	LGDP	LEX	LIM
1	0.048171	0.000000	0.000000
	(0.00612)	(0.00000)	(0.00000)
2	0.070591	0.006454	0.003649
	(0.01281)	(0.00885)	(0.00839)
3	0.081406	0.026566	0.006721
	(0.01936)	(0.01588)	(0.01622)
4	0.084865	0.044251	0.015988
	(0.02542)	(0.02277)	(0.02339)
5	0.086382	0.054809	0.030708
	(0.03038)	(0.02775)	(0.02949)
6	0.087031	0.059128	0.045415
	(0.03440)	(0.03132)	(0.03450)
7	0.086004	0.060027	0.055153
	(0.03754)	(0.03400)	(0.03839)
8	0.082936	0.059414	0.058560
	(0.03968)	(0.03567)	(0.04100)
9	0.078602	0.057920	0.057310
	(0.04060)	(0.03609)	(0.04222)
10	0.074242	0.055674	0.053958
	(0.04036)	(0.03521)	(0.04205)

Response of LEX:

Period	LGDP	LEX	LIM
1	0.092260	0.108676	0.000000
	(0.02277)	(0.01380)	(0.00000)
2	0.105715	0.069897	0.059061
	(0.03417)	(0.02946)	(0.02591)
3	0.125129	0.065003	0.085905
	(0.04161)	(0.03932)	(0.03783)
4	0.125283	0.070252	0.085713

图 7－33　**Impulse Response 结果 3**

LEX 和 LIM 对扰动冲击的反应这里就不详细介绍了，读者自行分析。

（三）方差分解分析

方差分解分析方法可以比较好地研究模型的动态特征，它的主要思想是：把系统中每个内生变量（共 m 个）的波动（k 步预测均方误差）按其成因分解为与各方程新息相关联的 m 个组成部分，从而了解各新息对模型内生变量的相对重要性。

Eviews 操作：单击 View 下拉菜单 Variance Decomposition... 项，出现 VAR Variance Decompositions对话框（见图 7－34），不需修改各参数，直接单击“确定”按钮即得到结果（见图 7－35）。图 7－35 包括 5 列，第一列是预测期，第二列 S. E. 为各个变量在各期的预测标准误。后三列均是百分数，分别代表 LGDP、LEX、LIM 为因变量的方程新息（冲击）对各期预测误差的贡献度，每行结果之和为 100。由于本实验中 LGDP 是模型中出现的第一个内生变量（出现的顺序在图 7－34 中的“Ordering for Cholesky”框中可以修改，但改变变量的出现顺序对问题的分析意义不大），根据算法的要求，第一步预测误差全部来自该方程的新息，即 LGDP 的贡献度为 100%，LEX 和 LIM 的贡献度均为 0，这也就是方程分解结果随 VAR 模型中方程顺序设定不同而改变的原因。

由输出结果可知，从第 8 期开始，方差分解的结果基本稳定，LGDP 对自身的贡献度达到 65. 88%，而 LEX 和 LIM 对 LGDP 的贡献度分别为 21. 34% 和 12. 79%。同样的还可以分析 3 个变量分别对 LEX 和 LIM 的贡献度。通过分析发现：LGDP 对 3 个变量的贡献度均比较大，占绝对优势，它在稳定后对自身的贡献率达到 60% 以上，具有较强的自我累积效应，LEX 和 LIM 对它的贡献率都不高，而它对 LEX 和 LIM 的贡献率也达到 50% 以上，对进出口贸易有较大的带动作用。

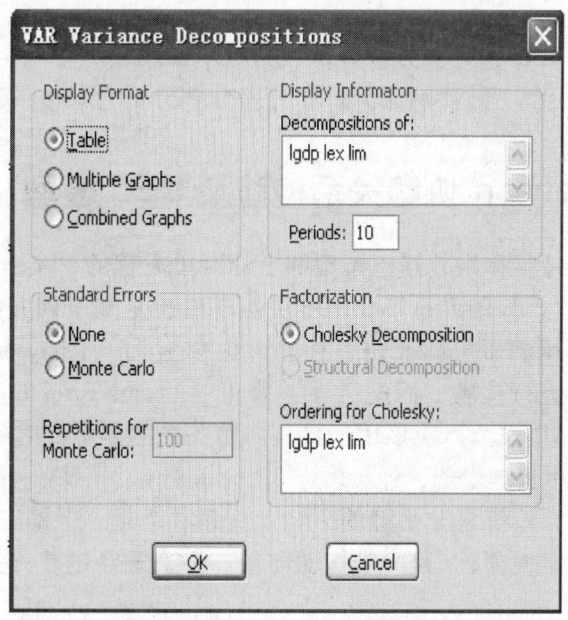

图 7－34　VAR Variance Decompositions 对话框

Var: VAR　Workfile: 实验过程::U...

View | Proc | Object | Print | Name | Freeze | Estimate | Stats | Impulse | Resids

Variance Decomposition

Variance Decomposition of LGDP:

Period	S.E.	LGDP	LEX	LIM
1	0.048171	100.0000	0.000000	0.000000
2	0.085782	99.25293	0.566073	0.180993
3	0.121393	94.53123	5.071896	0.396874
4	0.155410	87.49743	11.20200	1.300568
5	0.188576	80.40938	16.05567	3.534953
6	0.220667	74.27767	18.90512	6.817204
7	0.250471	69.44281	20.41718	10.14001
8	0.276720	65.87643	21.33757	12.78600
9	0.298984	63.34215	22.03091	14.62694
10	0.317670	61.57135	22.58676	15.84189

Variance Decomposition of LEX:

Period	S.E.	LGDP	LEX	LIM
1	0.142557	41.88469	58.11531	0.000000
2	0.199679	49.37718	41.87430	8.748512
3	0.259103	52.64807	31.16361	16.18832
4	0.308403	53.66367	27.18562	19.15071
5	0.346743	53.59788	26.61308	19.78904
6	0.377592	53.08889	27.07155	19.83956
7	0.403990	52.59801	27.42290	19.97909
8	0.427640	52.29029	27.42723	20.28248
9	0.449145	52.15046	27.24820	20.60134
10	0.468623	52.11081	27.07181	20.81738

Variance Decomposition of LIM:

Period	S.E.	LGDP	LEX	LIM
1	0.166652	64.62886	9.997368	25.37377
2	0.256583	61.40779	7.061752	31.53046
3	0.314274	60.26719	9.700436	30.03237
4	0.352409	58.33232	13.97949	27.68819
5	0.381504	56.36902	17.47144	26.15954
6	0.406406	55.00445	19.34041	25.65514
7	0.429146	54.21551	20.06372	25.72077
8	0.449730	53.82330	20.36137	25.81534
9	0.467852	53.64439	20.64025	25.71536
10	0.483818	53.54892	20.98069	25.47039

Cholesky Ordering: LGDP LEX LIM

图 7－35　方差分解结果

【实验结论】

通过上面的分析可知，变量 LGDP、LEX、LIM 的 VAR 模型回归效果很好，并且是稳定的，可以进一步进行脉冲响应分析和方差分解分析。通过分析发现：LGDP 具有较强的自我累积效应，LEX 和 LIM 对 LGDP 的影响都不大，但 LGDP 对 LEX 和 LIM 的影响则比较大，也就是说经济增长对进出口贸易有较大的带动作用。

【实验讨论】

1. 如何将脉冲响应分析和方差分解分析结合起来使用。

2. 如何根据 VAR 模型、脉冲响应分析和方差分解分析对具体的经济问题进行分析。

五、实验 4：Johansen 协整关系检验及 VEC 模型

实验 2 介绍的协整检验和误差修正模型都是针对单方程的，实验 4 将推广到包含多方程的 VAR 模型，而且实验 2 所介绍的 E-G 两步法协整检验是基于回归的残差序列对 2 个变量进行检验的，实验 4 介绍的 Johansen 协整检验，也称为 JJ（Johansen-Juselius）检验，将基于回归系数对多个变量进行检验。而向量误差修正（Vector Error Correction，VEC）模型是包含协整约束条件的 VAR 模型，应该用于具有协整关系的非平稳时间序列。

Johansen 协整检验的基本思想：$y_t = \Phi_1 y_{t-1} + \cdots + \Phi_y y_{t-y} + \mathrm{HX_t} + \varepsilon_t$ (7.1)

其中，y_{1t}，y_{2t}，…，y_{kt}都是非平稳的 I（1）变量；X_t是一个确定的 d 维的外生向量，代表趋势项、常数项等确定性项；ε_t是 k 维扰动向量。将上式经过差分变换以后，可得式子：

$$\Delta y_t = \Pi y_{t=1} + \sum_{i=1}^{p-1} \Gamma_i \Delta \mathrm{y}_{i-1} + \mathrm{HX_t} + \varepsilon_t \tag{7.2}$$

其中，$\Pi = \sum_{i=1}^{p} \Phi_i - \mathrm{I}, \Gamma_i = -\sum_{j=i+1}^{p} \Phi_j$。

由于I（1）过程经过差分变换将变成I（0）过程，即式（7.2）中的Δy_t，Δ_{yt-j}（$j=1$，2，…，p）都是 I（0）变量构成的向量，那么只要Πy_{t-1}是 I（0）的向量，即 $y_{1,t-1}$，$y_{2,t-1}$，…，$y_{k,t-1}$之间具有协整关系，就能保证 Δ_{yt} 是平稳过程。变量 $y_{1,t-1}$，$y_{2,t-1}$，…，$y_{k,t-1}$之间是否具有协整关系主要依赖于矩阵Π的秩。设Π的秩为 r，则存在 3 种情况：$r=k$，$r=0$，$0<r<k$：

① 如果 $r=k$，显然只有当$y_{1,t-1}$，$y_{2,t-1}$，…，$y_{k,t-1}$都是I（0）变量时，才能保证Πy_{t-1}是I（0）变量构成的向量。而这与已知的 y_t为 I（1）过程相矛盾，所以必然有 $r<k$。

② 如果 $r=0$，意味着$\Pi=0$，因此式（2）仅仅是个差分方程，各项都是 I（0）变量，不需要讨论 $y_{1,t-1}$，$y_{2,t-1}$，…，$y_{k,t-1}$之间是否具有协整关系。

③ 下面讨论 $0<r<k$ 的情形：

$0<r<k$ 表示存在 r 个协整组合，其余 $k-r$ 个关系仍为 I（1）关系。在这种情况下，Π 可以分解成两个（$k \times r$）阶矩阵α和β的乘积：

$$\Pi = \alpha\beta^t \tag{7.3}$$

其中，rk（α）$=r$，rk（β）$=r$。将式（7.3）代入式（7.1）得：

$$\Delta y_t = \alpha\beta' y_{t-1} + \sum_{i=1}^{p-1} \Gamma_i \Delta y_{t-i} + Hx_t + \varepsilon_t$$

上式要求$'\beta\, y_{t-1}$的每一行为一个 I（0）向量，其每一行都是 I（0）组合变量，即β的每一行所表示的$y_{1,t-1}$，$y_{2,t-1}$，…，$y_{k,t-1}$的线性组合都是一种协整形式，所以矩阵β决定了 $y_{1,t-1}$，$y_{2,t-1}$，…，$y_{k,t-1}$之间协整向量的个数与形式。因此称为协整向量矩阵，r 为协整向量的个数。

矩阵α的每一行α_i是出现在第 i 个方程中的 r 个协整组合的一组权重，故称为调整参数矩阵，与前面介绍的误差修正模型的调整系数的含义一样。而且容易发现α和β并不是唯一的，因为对于任何非奇异 $r\times r$ 矩阵 H，乘积$\beta\alpha'$和αH（$H^{-1}\beta'$）都等于Π。

将 y_t 的协整检验变成对矩阵Π的分析问题，这就是 Johansen 协整检验的基本原理。因为矩阵Π的秩等于它的非零特征根的个数，因此可以通过对非零特征根个数的检验来检验协整关系和协整向量的秩。略去关于Π的特征根的求解方法，设矩阵Π的特征根为$\lambda_1>\lambda_2>\cdots>\lambda_k$。

【实验内容】经济增长与对外贸易的协整关系检验及 VEC 模型建立

【实验数据】

变量 LGDP、LEX、LIM 的数据同实验 1 的数据，见表 7－1。通过上一个实验发现，这 3 个变量是 1 阶单整非平稳时间序列（只能对 1 阶单整的非平稳序列进行检验），能够进行 Johansen 协整关系检验。如果具有协整关系的话，可以进一步的建立 VEC 模型。

【实验过程】

（一）Johansen 协整关系检验

Eviews 操作：在工作窗口双击“VAR”计算结果，单击“view”选择“Cointegration Test...”出现 Johansen Cointegration Test 对话框（见图 7－36）。在 Deterministic trend assumption of test 中包含 5 种情况：

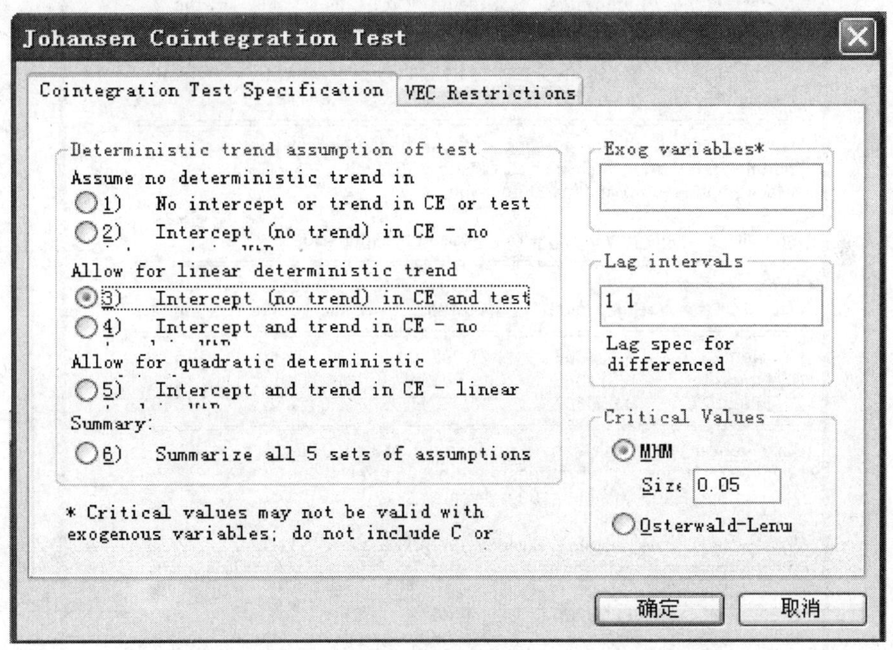

图 7－36　Johansen Cointegration Test 对话框

第 1 个选项表示序列 y 没有确定性趋势，且协整方程无截距。

第 2 个选项表示序列 y 没有确定性趋势，但协整方程有截距。

第 3 个选项表示序列 y 有线性趋势，但协整方程只有截距。

第 4 个选项表示序列 y 和协整方程都有线性趋势。

第 5 个选项表示序列 y 有二次趋势，且协整方程有线性趋势。

如果不能确定用哪一个趋势假设，则可以选择 Summary of all 5 trend assumption（第 6 个选项）帮助确定趋势假设的选择。这个选项在 5 种趋势假设的每个下面都标明协整关系的个数，可以看到趋势假设检验结果的敏感性。

本实验选择第 3 个选项。

Lag intervals 中需要输入协整检验的滞后阶数。在 VAR 模型取 p 阶的情况下，Johansen 协整关系检验的滞后阶数取 p-1，这里取 1 阶，因此在 Lag intervals 中填入 1 1，单击“确定”按钮，输出结果如图 7－37 所示。

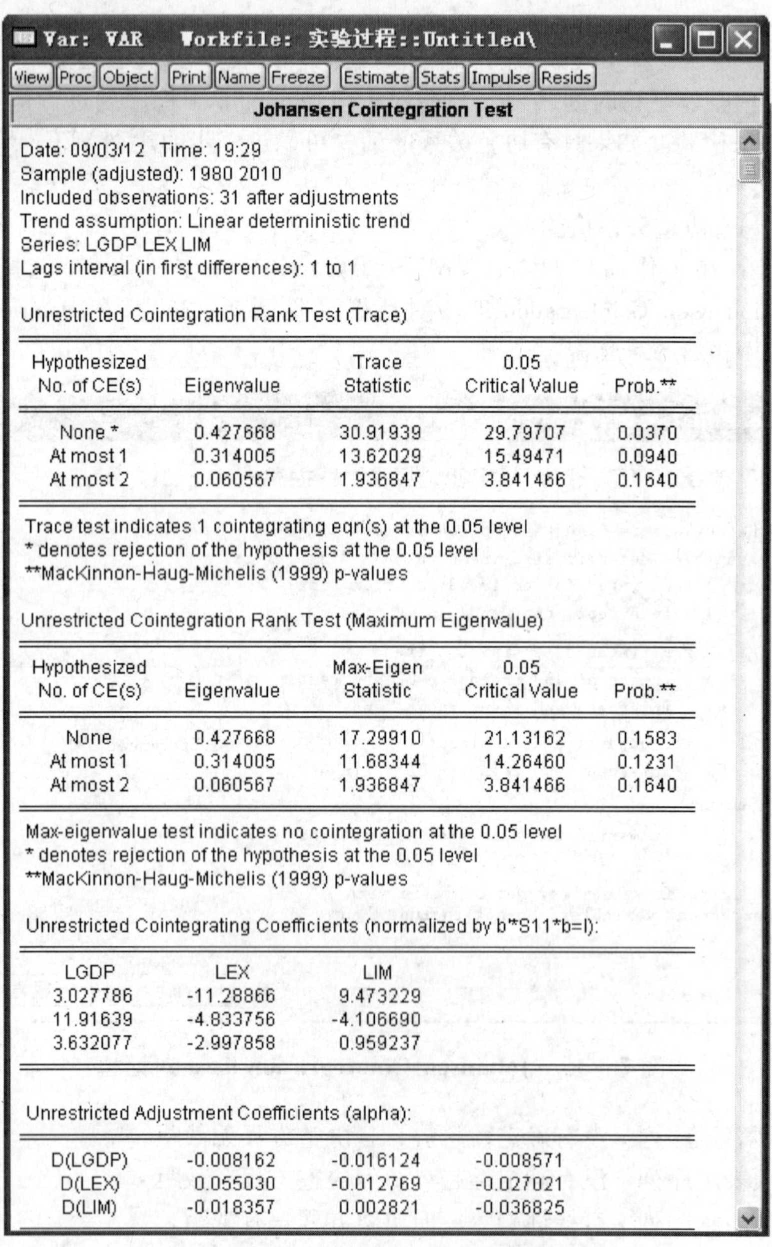

Date: 09/03/12 Time: 19:29
Sample (adjusted): 1980 2010
Included observations: 31 after adjustments
Trend assumption: Linear deterministic trend
Series: LGDP LEX LIM
Lags interval (in first differences): 1 to 1

Unrestricted Cointegration Rank Test (Trace)

Hypothesized No. of CE(s)	Eigenvalue	Trace Statistic	0.05 Critical Value	Prob.**
None *	0.427668	30.91939	29.79707	0.0370
At most 1	0.314005	13.62029	15.49471	0.0940
At most 2	0.060567	1.936847	3.841466	0.1640

Trace test indicates 1 cointegrating eqn(s) at the 0.05 level
* denotes rejection of the hypothesis at the 0.05 level
**MacKinnon-Haug-Michelis (1999) p-values

Unrestricted Cointegration Rank Test (Maximum Eigenvalue)

Hypothesized No. of CE(s)	Eigenvalue	Max-Eigen Statistic	0.05 Critical Value	Prob.**
None	0.427668	17.29910	21.13162	0.1583
At most 1	0.314005	11.68344	14.26460	0.1231
At most 2	0.060567	1.936847	3.841466	0.1640

Max-eigenvalue test indicates no cointegration at the 0.05 level
* denotes rejection of the hypothesis at the 0.05 level
**MacKinnon-Haug-Michelis (1999) p-values

Unrestricted Cointegrating Coefficients (normalized by b'*S11*b=I):

LGDP	LEX	LIM
3.027786	-11.28866	9.473229
11.91639	-4.833756	-4.106690
3.632077	-2.997858	0.959237

Unrestricted Adjustment Coefficients (alpha):

D(LGDP)	-0.008162	-0.016124	-0.008571
D(LEX)	0.055030	-0.012769	-0.027021
D(LIM)	-0.018357	0.002821	-0.036825

图 7－37 Johansen 协整检验结果

```
1 Cointegrating Equation(s):      Log likelihood      112.7581

Normalized cointegrating coefficients (standard error in parentheses)
     LGDP            LEX             LIM
   1.000000       -3.728354        3.128764
                  (0.73284)       (0.77079)

Adjustment coefficients (standard error in parentheses)
   D(LGDP)        -0.024712
                  (0.02740)
    D(LEX)         0.166620
                  (0.07657)
    D(LIM)        -0.055582
                  (0.08979)

2 Cointegrating Equation(s):      Log likelihood      118.5998

Normalized cointegrating coefficients (standard error in parentheses)
     LGDP            LEX             LIM
   1.000000        0.000000       -0.768659
                                  (0.01699)
   0.000000        1.000000       -1.045347
                                  (0.01399)

Adjustment coefficients (standard error in parentheses)
   D(LGDP)        -0.216856        0.170075
                  (0.10427)       (0.10414)
    D(LEX)         0.014461       -0.559497
                  (0.30939)       (0.30901)
    D(LIM)        -0.021968        0.193594
                  (0.36455)       (0.36411)
```

图 7－37　Johansen 协整检验结果（续）

输出结果包括三个部分：

第一部分给出了协整关系的数量，并以两种检验统计量的形式显示：第一种结果是迹检验统计量，列在第一个表格 Unrestricted Cointegration Rank Test（Trace）中；第二种结果是最大特征值统计量，列在第二个表格 Unrestricted Cointegration Rank Test（Maximum Eigenvalue）中。

对于每一个检验结果，第一列显示了在原假设成立条件下的协整关系数，是结论部分，依次列出了 3 个检验的原假设，并对能够拒绝原假设的检验用“＊”标记，“＊”表示置信水平为 95%，“＊＊”表示置信水平为 99%（所以拒绝原假设的显著性水平要在 5% 以内）；第二列是Π矩阵按由大到小排序的特征值；第三列是迹检验统计量（第一种结果）或最大特征值统计量（第二种结果）；第四列是在 5% 显著性水平下的临界值；最后一列是根据 Mackinnon-Haug-Michelis（1999）提出的临界值所得到的 p 值。

在本实验中，以迹统计量检验的结果显示在 5% 的显著性水平拒绝原假设，因此第一个原假设被拒绝，即拒绝“没有协整关系”的原假设，同时，第二个和第三个原假设都被接受，因此可以判断变量之间有且仅有 1 个协整关系。

第二部分给出了协整向量 β 和调整参数 α 的估计。如果不强加一些任意的标准化条件，协整向量 β 是不可识别的。在第一块中列出了基于标准化 $\beta' S_{11} \beta = I_k$（其中 S_{11} 在 Johansen（1995）中作出了定义）的 β 和 α 的估计结果。在 Unrestricted Cointegrating Coefficients 下 β

的输出结果：第一行是第一个协整向量，第二行是第二个协整向量，依次类推。

第三部分给出了标准化后的协整系数估计值，并且将可能存在的 m - 1 个协整关系都列了出来。由于一般只关心被似然比检验证实的前 r 个协整关系（本实验中 r = 1），因此只考虑仅有一个协整关系假定下的经过标准化后的协整系数。在本实验中，对数似然函数值 Log likelihood 为 112.7581，LGDP、LEX 和 LIM 的协整系数分别为 1、-3.73 和 3.13，这里没有给出截距项的估计值（在建立 VEC 模型的结果中可以看到为 -5.198）。变量 LGDP 的系数为 1，这是因为它是 VAR 模型第一个方程的因变量。因此，可以根据需要调整各方程的出现顺序而使所希望的变量的系数为 1，但这并没有实质的不同。系数下面括号内的值是渐进标准误。将协整关系写成数学表达式，并令其等于 vecm，则得到 vecm = LGDP - 3.73LEX + 3.13LIM - 5.198。变量 vecm 是向量误差修正模型的核心部分。

（二）VEC 模型的构建

Engle 和 Granger 将协整与误差修正模型结合起来，建立了向量误差修正（VEC）模型。VEC 模型可以看作是含有协整约束的 VAR 模型，多应用于具有协整关系的非平稳时间序列建模，约束内生变量的长期变动满足它们的协整关系，但是允许短期波动。

由于 VEC 模型只适用于协整序列，因此在做 VEC 之前，应该先进行 Johansen 协整检验以确定变量之间是否具有协整关系，并确定协整方程的个数。在做 VEC 时，需要提供与 VAR 相同的信息，唯一不同的是滞后阶数。如果 VAR 的滞后阶数为 p，则 VEC 的滞后阶数为 p - 1（与做 Johansen 协整检验的滞后阶数相同）。

Eviews 操作步骤：在工作窗口双击“VAR”计算结果，单击 estimate 出现 VAR Specification 对话框（见图 7 - 38）。将 VAR Type 默认的选择 Unrestricted VAR 改成 Vector Error Correct，将 Lag Intervals for D (Endogenous) 的“1 2”改成“1 1”，单击“确定”按钮输出结果，如图 7 - 39 所示。

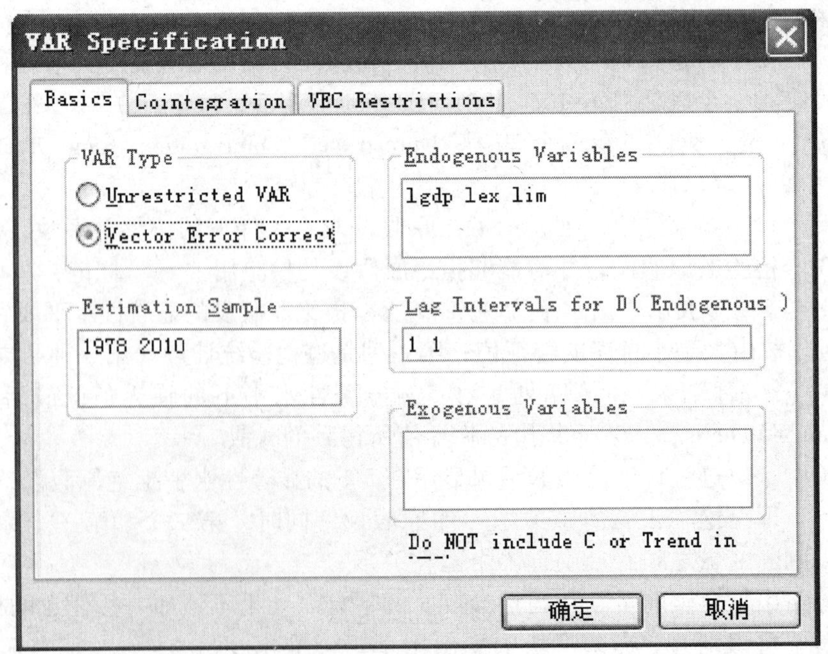

图 7 - 38　VAR Specification 对话框

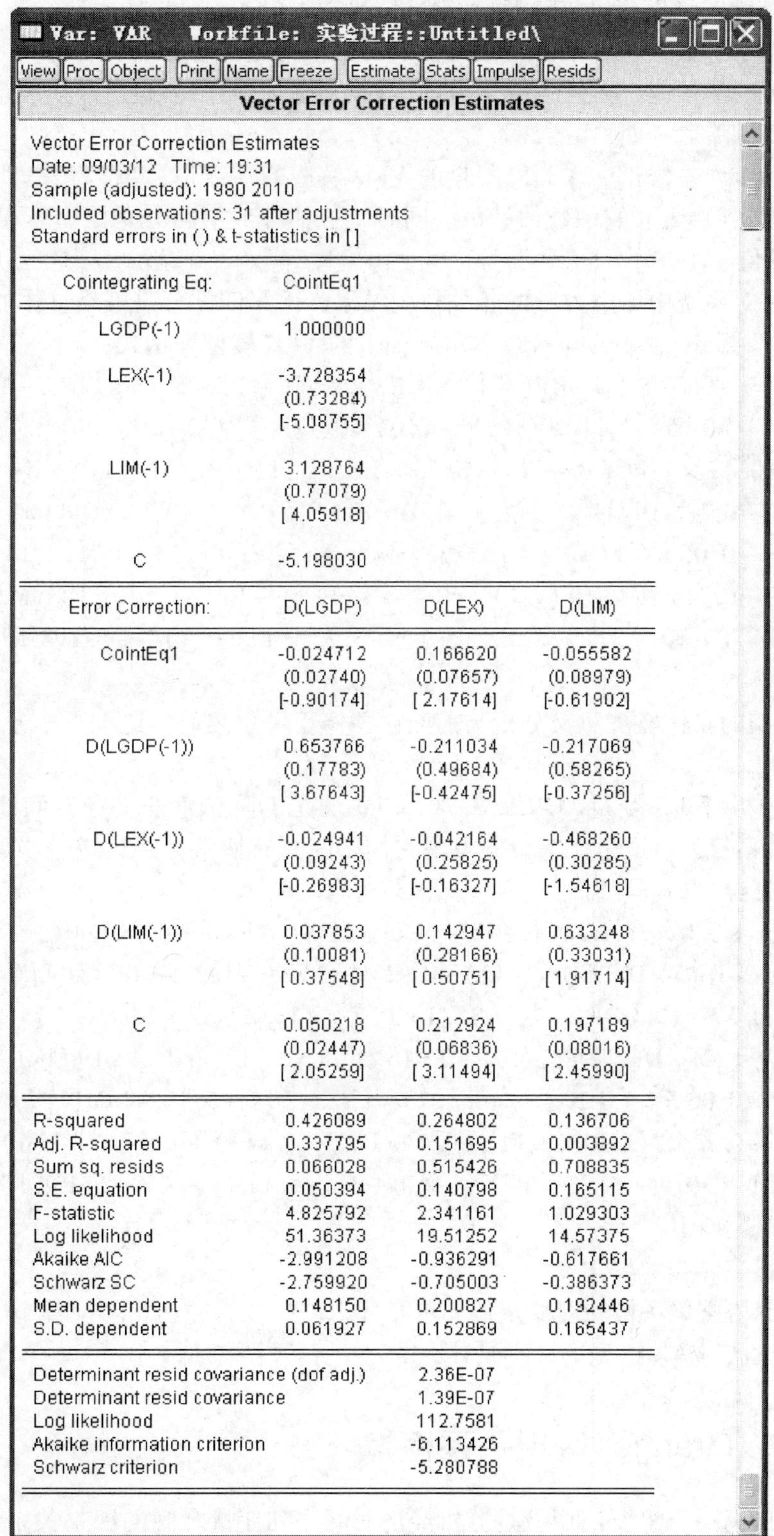

Var: VAR Workfile: 实验过程::Untitled\

View Proc Object Print Name Freeze Estimate Stats Impulse Resids

Vector Error Correction Estimates

Vector Error Correction Estimates
Date: 09/03/12 Time: 19:31
Sample (adjusted): 1980 2010
Included observations: 31 after adjustments
Standard errors in ( ) & t-statistics in [ ]

Cointegrating Eq:	CointEq1		
LGDP(-1)	1.000000		
LEX(-1)	-3.728354		
	(0.73284)		
	[-5.08755]		
LIM(-1)	3.128764		
	(0.77079)		
	[4.05918]		
C	-5.198030		
Error Correction:	**D(LGDP)**	**D(LEX)**	**D(LIM)**
CointEq1	-0.024712	0.166620	-0.055582
	(0.02740)	(0.07657)	(0.08979)
	[-0.90174]	[2.17614]	[-0.61902]
D(LGDP(-1))	0.653766	-0.211034	-0.217069
	(0.17783)	(0.49684)	(0.58265)
	[3.67643]	[-0.42475]	[-0.37256]
D(LEX(-1))	-0.024941	-0.042164	-0.468260
	(0.09243)	(0.25825)	(0.30285)
	[-0.26983]	[-0.16327]	[-1.54618]
D(LIM(-1))	0.037853	0.142947	0.633248
	(0.10081)	(0.28166)	(0.33031)
	[0.37548]	[0.50751]	[1.91714]
C	0.050218	0.212924	0.197189
	(0.02447)	(0.06836)	(0.08016)
	[2.05259]	[3.11494]	[2.45990]
R-squared	0.426089	0.264802	0.136706
Adj. R-squared	0.337795	0.151695	0.003892
Sum sq. resids	0.066028	0.515426	0.708835
S.E. equation	0.050394	0.140798	0.165115
F-statistic	4.825792	2.341161	1.029303
Log likelihood	51.36373	19.51252	14.57375
Akaike AIC	-2.991208	-0.936291	-0.617661
Schwarz SC	-2.759920	-0.705003	-0.386373
Mean dependent	0.148150	0.200827	0.192446
S.D. dependent	0.061927	0.152869	0.165437
Determinant resid covariance (dof adj.)		2.36E-07	
Determinant resid covariance		1.39E-07	
Log likelihood		112.7581	
Akaike information criterion		-6.113426	
Schwarz criterion		-5.280788	

图 7 – 39　VEC 模型结果

VEC 模型估计的输出结果主要包括三个部分：

第一部分显示了从 Johansen 协整检验得到的协整方程的参数估计值，与图 7－37 类似，只是多了截距项的估计值，另外各变量名都写成了滞后一期的形式，这和误差修正模型中误差修正项比因变量滞后一期一致。

第二部分是以误差修正项作为回归量的 VEC 模型的参数估计值，其中 CointEq1 对应的数值代表误差修正项 vecm 的系数估计值。同时，各估计值下面分别给出了相应的标准差以及 t 检验统计量值。

第三部分是对系统中单个方程的相关检验结果，而第四部分是模型整体的检验结果。

单击 View 选择 Representations 可以得到如下的 VEC 模型表达式：

$$D(LGDP) = -0.02 \times (LGDP(-1) - 3.73 \times LEX(-1) + 3.13 \times LIM(-1) - 5.198) + 0.65 \times D(LGDP(-1)) - 0.02 \times D(LEX(-1)) + 0.04 \times D(LIM(-1)) + 0.05$$

$$D(LEX) = 0.17 \times (LGDP(-1) - 3.73 \times LEX(-1) + 3.13 \times LIM(-1) - 5.198) - 0.21 \times D(LGDP(-1)) - 0.04 \times D(LEX(-1)) + 0.14 \times D(LIM(-1)) + 0.21$$

$$D(LIM) = -0.06 \times (LGDP(-1) - 3.73 \times LEX(-1) + 3.13 \times LIM(-1) - 5.198) - 0.22 \times D(LGDP(-1)) - 0.47 \times D(LEX(-1)) + 0.637 \times D(LIM(-1)) + 0.20$$

其中，$LGDP(-1) - 3.73 \times LEX(-1) + 3.13 \times LIM(-1) - 5.198$ 即为误差修正项 vecm。

对 VEC 模型的具体经济意义分析与前面误差修正模型类似，这里不作分析。

【实验结论】

通过上述分析可知，变量 LGDP、LEX、LIM 均是 1 阶单整非平稳时间序列，能够进行 Johansen 协整关系检验。通过协整检验发现它们之间具有协整关系，进一步建立 VEC 模型，VEC 模型表达式为：

$$D(LGDP) = -0.02 \times (LGDP(-1) - 3.73 \times LEX(-1) + 3.13 \times LIM(-1) - 5.198) + 0.65 \times D(LGDP(-1)) - 0.02 \times D(LEX(-1)) + 0.04 \times D(LIM(-1)) + 0.05$$

$$D(LEX) = 0.17 \times (LGDP(-1) - 3.73 \times LEX(-1) + 3.13 \times LIM(-1) - 5.198) - 0.21 \times D(LGDP(-1)) - 0.04 \times D(LEX(-1)) + 0.14 \times D(LIM(-1)) + 0.21$$

$$D(LIM) = -0.06 \times (LGDP(-1) - 3.73 \times LEX(-1) + 3.13 \times LIM(-1) - 5.198) - 0.22 \times D(LGDP(-1)) - 0.47 \times D(LEX(-1)) + 0.637 \times D(LIM(-1)) + 0.20$$

其中，$LGDP(-1) - 3.73 \times LEX(-1) + 3.13 \times LIM(-1) - 5.198$ 即为误差修正项 vecm。

【实验讨论】

1. Johansen 协整关系检验对变量的要求是什么。
2. VEC 模型与 VAR 模型的区别是什么。

六、实验 5：Granger 因果关系检验

VAR 模型的另一个重要应用就是分析经济时间序列变量之间的因果关系，即 Granger 因果关系检验。它是由 Granger（1969）提出，Sims（1972）推广的如何检验变量之间因果关系的方法。

在分析过程中，经济时间序列变量之间经常会出现伪相关问题，即经济意义上几乎没有联系的变量却可能计算出较大的相关系数，例如曾经有人做过分析发现路旁小树的年增长率与国民收入的年增长率有较强的正相关，这是毫无意义的相关关系。Granger 因果关系检验就是为了避免出现伪相关问题，判断一个变量的变化是否是引起另一个变量变化的原因。当然，通过 Granger 因果关系检验的变量之间具有 Granger 因果关系，和我们通常意义上理解的因与果的关系是有区别的。Granger 因果关系只是说某一个变量的前期变化能有效地解释另一个变量的变化，所以称其为“格兰杰原因”。如果需要判断变量之间是否真正存在因果关系，则需要根据理论、经验和模型来判定。

Granger 因果关系检验实质上是检验一个变量的滞后变量是否可以引入到其他变量过程中，一个变量如果受到其他变量的滞后影响，则称它们具有 Granger 因果关系。它采用的方法是先估计当前的 y 值被其自身滞后期取值所能解释的程度，然后验证通过引入序列 x 的滞后值是否可以提高 y 的被解释程度，如果是，就称序列 x 是 y 的 Granger 原因，此时 x 的滞后期系数具有统计显著性。

在一个二元 p 阶的 VAR 模型（记为 VAR（p））中：

$$\begin{bmatrix} y_t \\ x_t \end{bmatrix} = \begin{bmatrix} a_{10} \\ a_{20} \end{bmatrix} + \begin{bmatrix} a_{11}^{(1)} & a_{12}^{(1)} \\ a_{21}^{(1)} & a_{22}^{(1)} \end{bmatrix} \begin{bmatrix} y_{t-1} \\ x_{t-1} \end{bmatrix} + \begin{bmatrix} a_{11}^{(2)} & a_{12}^{(2)} \\ a_{21}^{(2)} & a_{22}^{(2)} \end{bmatrix} \begin{bmatrix} y_{t-2} \\ x_{t-2} \end{bmatrix} + \cdots + \begin{bmatrix} a_{11}^{(p)} & a_{12}^{(p)} \\ a_{21}^{(p)} & a_{22}^{(p)} \end{bmatrix} \begin{bmatrix} y_{t-p} \\ x_{t-p} \end{bmatrix} + \begin{bmatrix} \varepsilon_{1t} \\ \varepsilon_{2t} \end{bmatrix}$$

当且仅当系数矩阵中的系数 $a_{12}^{(q)}$ 全部为 0 时，变量 x 不能 Granger 引起 y。判断 Granger 原因的直接方法是利用 F 统计量和相伴概率来检验下述联合检验：

H_0：$a_{12}^{(q)}=0$，$q=1$，2，…，p

H_1：至少存在一个 q 使得 $a_{12}^{(q)}\neq 0$

需要注意的是，做 Granger 因果关系检验的变量应该是平稳的，如果单位根检验发现两个变量是不稳定的，那么，不能直接进行格兰杰因果检验，所以，很多人对不平稳的变量进行格兰杰因果检验，这是错误的。如果变量是不平稳的，则需要对变量进行协整检验，如果它们具有协整关系才能进行 Granger 因果关系检验。

【实验内容】经济增长与对外贸易的 Granger 因果关系

【实验数据】

变量 LGDP、LEX、LIM 的数据同实验 1 的数据，见表 7－1。通过实验 4 发现，这 3 个变量之间存在一个协整关系，能够进行 Granger 因果关系检验。

【实验过程】

在 Eviews 中直接利用 VAR 对象做 Granger 因果关系检验比较麻烦，采用群统计比较方便。

Eviews 操作：在 Quick 下拉菜单 Group Statistics 菜单项下选择 Granger Causality Test 项，出现 Series List 对话框，输入变量“LGDP LEX LIM”（见图 7－40）。单击“OK”按钮后出现 Lag Specification 对话框（见图 7－41），在设定滞后阶数的对话框中输入阶数 p，即 VAR 模型的滞后阶数，在本实验中取 2。单击“OK”按钮出现检验结果，如图 7－42 所示。

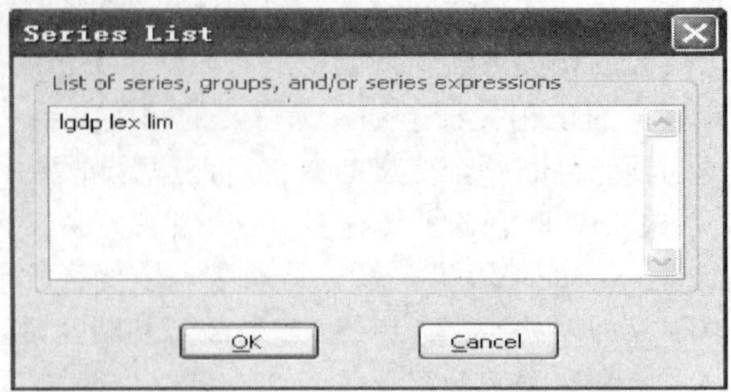

图 7－40　**Series List 对话框**

图 7－41　**Lag Specification 对话框**

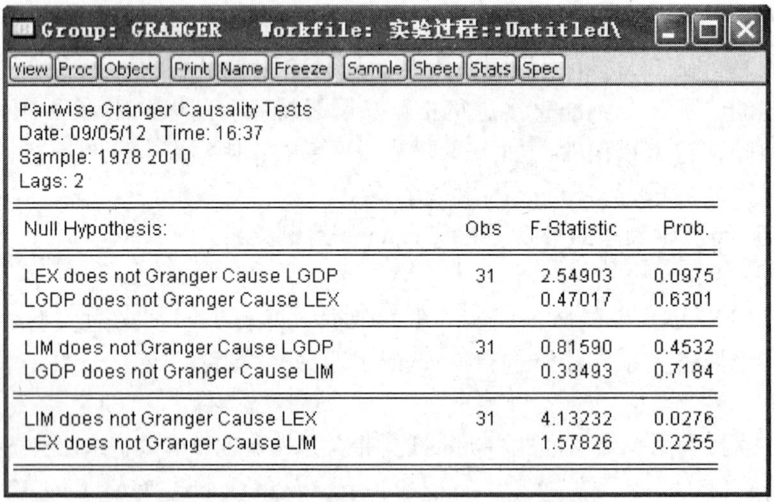

Group: GRANGER　Workfile: 实验过程::Untitled\

View Proc Object Print Name Freeze Sample Sheet Stats Spec

Pairwise Granger Causality Tests
Date: 09/05/12　Time: 16:37
Sample: 1978 2010
Lags: 2

Null Hypothesis:	Obs	F-Statistic	Prob.
LEX does not Granger Cause LGDP	31	2.54903	0.0975
LGDP does not Granger Cause LEX		0.47017	0.6301
LIM does not Granger Cause LGDP	31	0.81590	0.4532
LGDP does not Granger Cause LIM		0.33493	0.7184
LIM does not Granger Cause LEX	31	4.13232	0.0276
LEX does not Granger Cause LIM		1.57826	0.2255

图 7－42　**Granger 因果检验结果**

检验结果显示：对于 LEX 不是 LGDP 的 Granger 原因的原假设，拒绝它犯第一类错误的概率（即接受原假设的概率）是 0.0975，因此，拒绝原假设，即至少在 10% 的置信水平下，可以认为 LEX 是 LGDP 的 Granger 原因。同样的，可以发现 LIM 也是 LEX 的 Granger 原因，但 LEX 不是 LIM 的 Granger 原因，LGDP 也不是 LEX 和 LIM 的 Granger 原因，而 LIM 不是 LGDP 的 Granger 原因。

【实验结论】

通过上述分析可知：LEX 与 LGDP 存在单向的 Granger 因果关系，LEX 是 LGDP 的 Granger 原因，但 LGDP 不是 LEX 的 Granger 原因；LIM 与 LGDP 不存在 Granger 因果关系；LEX 与 LIM 也是存在单向的 Granger 因果关系，LIM 是 LEX 的 Granger 原因，但 LEX 不是 LIM 的 Granger 原因。

【实验讨论】

如何将 Granger 因果关系检验与基本的经济学模型结合起来使用。

七、实验 6：面板数据模型

面板数据（panel date），又叫平行数据、合并数据，在 Eviews 中被称为时序与横截面混合数据（pooled time series and cross-section data），是指对不同时刻的横截面个体作连续观测所得到的多维数据。面板数据综合了时间序列和截面数据两方面的信息，在时间序列上取多个截面，在这些截面上同时选取样本观测值构成样本数据。面板数据模型是一类利用面板数据分析变量间相互关系并预测其变化趋势的计量经济模型。模型能够同时反映研究对象在时间和横截面单元两个方向上的变化规律及不同时间、不同单元的特性，具有可以有效控制样本个体在时间和空间上的异质性、避免多重共线性问题、估计更有效、描述实体的动态变化、正确理解变量之间的关系等优点，因此，它被广泛应用于计量经济学、社会学等领域，具有很好的应用前景，也是近几十年来计量经济学理论方法的重要发展之一。

从理论上讲，一般的线性面板数据模型可表示为：

$$Y_{it}=\alpha_{it}+\beta_{it}X_{it}+u_{it}(i=1,2,\cdots,N;t=1,2,\cdots,T)$$

其中，Y_{it}为被解释变量，X_{it}为解释变量，$X_{it}=(X_{1it},\ X_{2it},\ \cdots,\ X_{kit})$，$K$ 为外生变量个数，α_{it}、β_{it}为估计参数，$\beta_{it}=(\beta_{1it},\ \beta_{2it},\ \cdots,\ \beta_{kit})$，$u_{it}$为随机扰动项，满足经典计量经济模型的基本假设 $u_{it}\sim IIDN\ (0,\ \sigma_{\mu}^{2})$，$T$ 为时期数，N 为横截面个数。

根据模型中参数的假设不同，面板数据模型分为不同的类型：

（1）固定系数模型：模型的截距和斜率在不同个体上都相同，即 $\alpha_i=\alpha_j$；$\beta_i=\beta_j$，i，$j=1$，2，…，N。

（2）变截距模型：模型的斜率是常数，截距项随个体的不同而改变，即 $\alpha_i\neq\alpha_j$；$\beta_i=\beta_j$；$i\neq j$；i，$j=1$，2，…，N。

（3）变斜率模型：模型的截距是常数，斜率随个体的不同而改变，即 $\alpha_i=\alpha_j$；$\beta_i\neq\beta_j$；$i\neq j$；i，$j=1$，2，…，N。

（4）变系数模型：模型中的截距项和斜率随个体的不同而改变，即 $\alpha_i\neq\alpha_j$；$\beta_i\neq\beta_j$；$i\neq j$；i，$j=1$，2，…，N。

Eviews 中面板数据的混合模型是固定系数模型，而固定效应模型和随机效应模型都是变截距模型。混合模型假定所有地区都是同质的，不考虑各地之间的差异性，其特点是无论对任何个体和截面，回归系数 α 和 β 都是相同的，且具有不能解决内生性问题的缺点，同时未有效发挥数据的面板优势。而固定效应模型和随机效应模型则考虑到了不同地区之间的差异，区别在于前者假定这种差异是固定不变的，通过一系列的常数来衡量，后者则假定差异服从某一随机分布，通过随机变量来衡量。因此，我们必须首先判断模型的具体形式。

Eviews 6.0 提供了 Redundant Fixed Efeets Tests（冗余固定效应检验），其原假设为：模型中不同个体的截距相同（真实模型为混合模型）；备择假设为：模型中不同个体的截距项不同（真实模型为个体固定效应模型）；Hausman 检验，其原假设为：个体效应与回归变量无关（个体随机效应模型）；备择假设为：个体效应与回归变量相关（个体固定效应模型）来确定模型的形式。在进行这两个检验时，如果对应的概率 P 值小于 0.1，则表示在 10% 显著性水平内拒绝原假设（即拒绝模型为混合模型或拒绝模型为随机效应模型，应该选择固定效应模型），否则接受原假设。

一般来说，在实证分析中，用得较多的是变截距模型，而且满足随机效应模型的条件比较严格，模型中很难做到这点，而且考虑到截面异方差问题，一般都会选择固定效应模型。

【实验内容】基于 STIRPAT 模型的中部地区环境压力分析

STIRPAT（Stochastic Impacts by Regression on Population，Affluence and Technology）模型最早由 Dietz and Rosa（1994）提出，用于分析人口、富裕程度、技术等因素对环境影响的作用程度。STIRPAT 模型的形式为 $I=aP^bA^cT^de$，其中，I 为环境压力，a 为常数项，P 为人口，A 为富裕程度，T 为技术，b、c、d 为 P、A 和 T 的指数项，e 为误差项。将模型两边取对数后，可得：$\ln I=a+b(\ln P)+c(\ln A)+d(\ln T)+\ln e$，这样就将随机形式的模型转化为线性回归形式的模型，可用线性回归方法进行分析。此时，系数 b、c、d 分别表示其他影响因素维持不变时，该影响因素（P 或 A 或 T）变化 1% 所引起的环境压力的变化百分比，这与经济学中的弹性分析方法类似。同时，York，Rosa and Dietz（2003）指出，这个模型容许增加其他控制因素来分析它们对环境压力的影响，但是增加的变量需要与 $I=aP^bA^cT^de$ 指定的乘法形式具有概念上的一致性。

为了深入分析我国中部六省环境压力的影响因素，除了常规的 P、A 和 T 变量外，这里加入城镇人口比重、工业增加值比重两个变量分别表示城镇化水平和工业化水平对环境压力的影响，则模型进一步可变化为：

$$\ln I=a+b_1(\ln P)+b_2(\ln UL)+c_1(\ln A)+c_2(\ln IL)+d(\ln T)+\ln e$$

其中，$\ln I$ 为因变量，表示中国的环境压力，是消耗不同类型的能源排放出的 C、SO_X、NO_X、颗粒物、挥发性有机物对环境造成的压力，具体转化方式参考王立猛，何康林（2006）；自变量有 $\ln P$、$\ln UL$、$\ln A$、$\ln IL$、$\ln T$；P 表示总人口，UL 表示城镇化水平，用城镇人口占总人口比重来衡量；A 表示富裕程度，用人均 GDP 衡量；IL 表示工业化水平，用工业增加值占 GDP 比重来衡量；T 表示技术，用能源强度来衡量，能源强度 = 能源消费总量/GDP。

【实验数据】

实验数据为我国中部六省（山西、安徽、江西、河南、湖北、湖南）的总人口、城镇人口占总人口比重、人均 GDP、工业增加值占 GDP 比重、能源强度 5 个指标的数据，时间跨度为 1990 ~ 2008 年。变量的原始数据及其对数形式如表 7 - 2 所示。

表 7－2　　各变量数据

地区	地区拼音	年份	环境压力	总人口	城镇人口占总人口比重	人均GDP	工业增加值占GDP比重	能源强度	lnI	lnP	lnUL	lnA	lnIL	lnT
山西	SHANXI	1990	3 921.54	2 898.96	0.29	814.55	0.43	19.95	8.27	7.97	－1.23	6.70	－0.83	2.99
山西	SHANXI	1991	4 060.20	2 941.86	0.29	819.73	0.45	19.91	8.31	7.99	－1.22	6.71	－0.80	2.99
山西	SHANXI	1992	4 148.09	2 979.31	0.30	910.34	0.46	18.56	8.33	8.00	－1.22	6.81	－0.79	2.92
山西	SHANXI	1993	4 540.21	3 012.62	0.30	933.01	0.48	19.55	8.42	8.01	－1.22	6.84	－0.73	2.97
山西	SHANXI	1994	4 874.13	3 045.21	0.30	929.66	0.47	21.06	8.49	8.02	－1.21	6.83	－0.75	3.05
山西	SHANXI	1995	5 420.59	3 077.28	0.30	1 053.10	0.45	20.29	8.60	8.03	－1.20	6.96	－0.79	3.01
…	…	…	…	…	…	…	…	…	…	…	…	…	…	…
湖南	HUNAN	2007	9 282.19	6 805.70	0.40	2 902.32	0.37	5.47	9.14	8.83	－0.91	7.97	－1.00	1.70
湖南	HUNAN	2008	10 144.09	6 845.20	0.42	3 262.72	0.38	5.28	9.22	8.83	－0.86	8.09	－0.96	1.66

【实验过程】

1. 将变量数据导入 Excel 表格，建立文件“面板数据 . xls”。

2. 新建工作文件。打开 Eviews 6 软件，在 File 下拉菜单 New 菜单项下选择 Workfile 项，新建工作文件（Workfile），出现 Workfile Create 对话框（见图 7－43）。在 Workfile structure type 中选择 Balanced Panel（也可以选择默认项 Dated-regular frequency），在 Start date 中输入起始年份 1990，End date 中输入截止年份“2008”，单击“确定”按钮，出现 Workfile：UNTITLED 工作文件窗口，如图 7－44 所示。

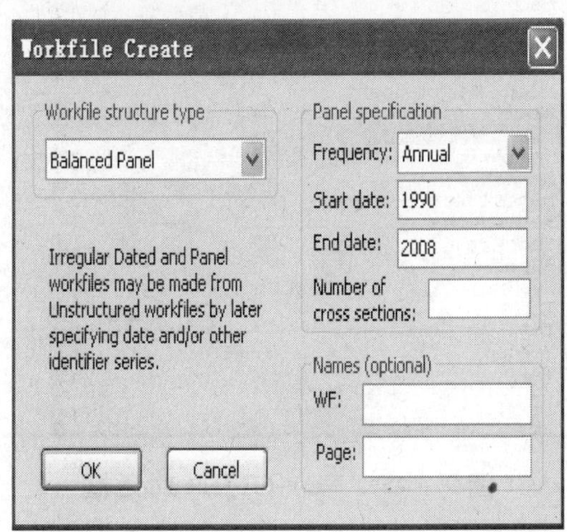

图 7－43　Workfile Create 对话框

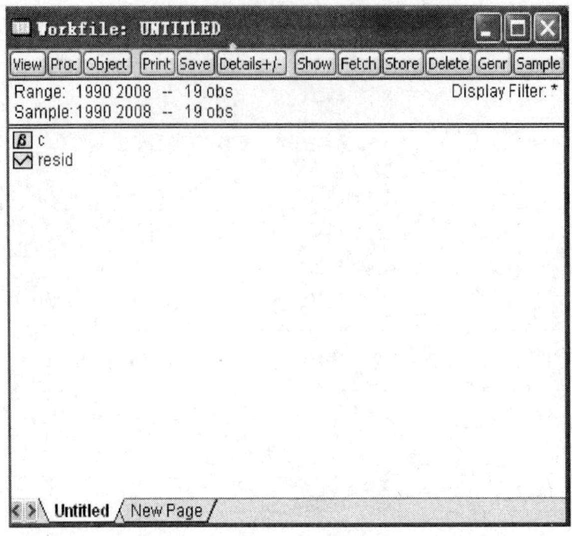

图 7－44　Workfile 工作文件窗口 1

3. 变量数据的输入。单击工作文件窗口上方的 Object 菜单中的 New Object... 选项，弹出 New Object 对话框，鼠标单击 Pool 选择 Type of object，Name of object 中输入 Object 的名字 Panel，如图 7－45 所示。单击“确定”按钮，得到 Pool：Panel 对话框，在空白处输入各样本的名字，如图 7－46 所示。单击“Pool”：Panel 对话框右上方的“Sheet”按钮，得到 Series List 对话框，按照“变量名称_?”的格式输入变量名，本例中输入“I_? P_? UL_? A_? IL_? T_?”（见图 7－47）。单击“确定”按钮，得到数据输入窗口，将“面板数据 . xls”中的数据粘贴过来，则得到图 7－48。工作文件窗口变为图 7－49。

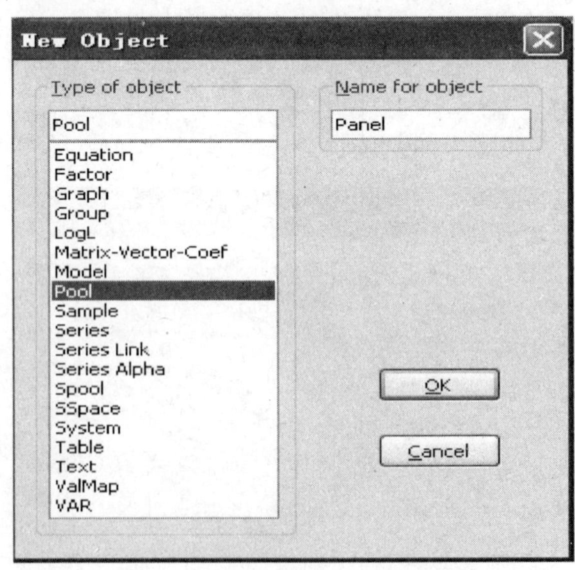

图 7－45　New Object 对话框

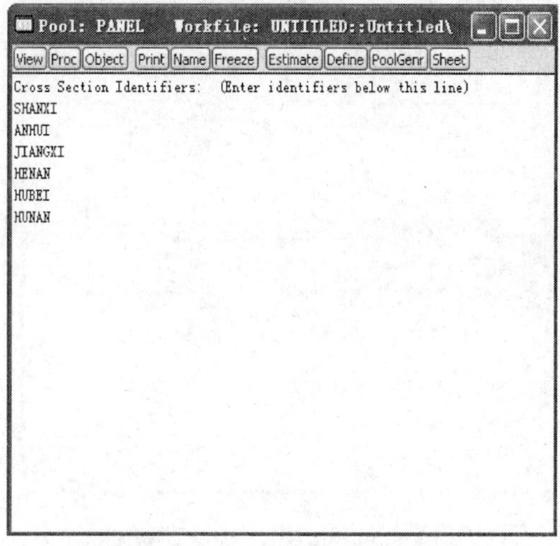

图 7－46 Pool：Panel 对话框

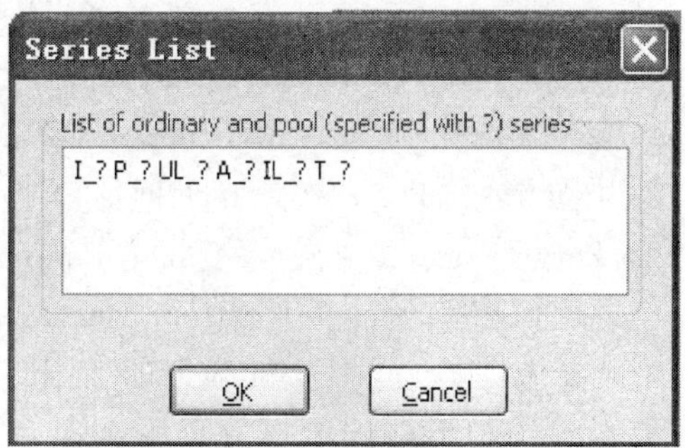

图 7－47 Series List 对话框

Pool: PANEL Workfile: UNTITLED::Untitled\

View Proc Object Print Name Freeze Edit+/- Order+/- Smpl+/- Format Title Estimate Define

obs	I_?	P_?	UL_?	A_?	IL_?
obs	I_?	P_?	UL_?	A_?	IL_
SHANXI-1990	8.270000	7.970000	-1.230000	6.700000	-0.8
SHANXI-1991	8.310000	7.990000	-1.220000	6.710000	-0.8
SHANXI-1992	8.330000	8.000000	-1.220000	6.810000	-0.7
SHANXI-1993	8.420000	8.010000	-1.220000	6.840000	-0.7
SHANXI-1994	8.490000	8.020000	-1.210000	6.830000	-0.7
SHANXI-1995	8.600000	8.030000	-1.200000	6.960000	-0.7
SHANXI-1996	8.630000	8.040000	-1.190000	7.070000	-0.7
SHANXI-1997	8.610000	8.050000	-1.180000	7.180000	-0.7
SHANXI-1998	8.600000	8.060000	-1.170000	7.260000	-0.7
SHANXI-1999	8.630000	8.070000	-1.160000	7.300000	-0.9
SHANXI-2000	8.670000	8.090000	-1.040000	7.370000	-0.9
SHANXI-2001	8.570000	8.090000	-1.050000	7.440000	-0.9
SHANXI-2002	8.710000	8.100000	-0.970000	7.560000	-0.9
SHANXI-2003	8.820000	8.110000	-0.950000	7.730000	-0.8
SHANXI-2004	8.900000	8.110000	-0.930000	7.880000	-0.7
SHANXI-2005	8.970000	8.120000	-0.870000	8.000000	-0.6
SHANXI-2006	9.060000	8.120000	-0.840000	8.080000	-0.6
SHANXI-2007	9.150000	8.130000	-0.820000	8.200000	-0.6
SHANXI-2008	9.210000	8.130000	-0.800000	8.310000	-0.5
ANHUI-1990	7.890000	8.640000	-1.780000	6.460000	-1.0
ANHUI-1991	7.940000	8.660000	-1.770000	6.390000	-1.0
ANHUI-1992	8.020000	8.670000	-1.710000	6.480000	-1.0
ANHUI-1993					

图 7－48 数据输入窗口

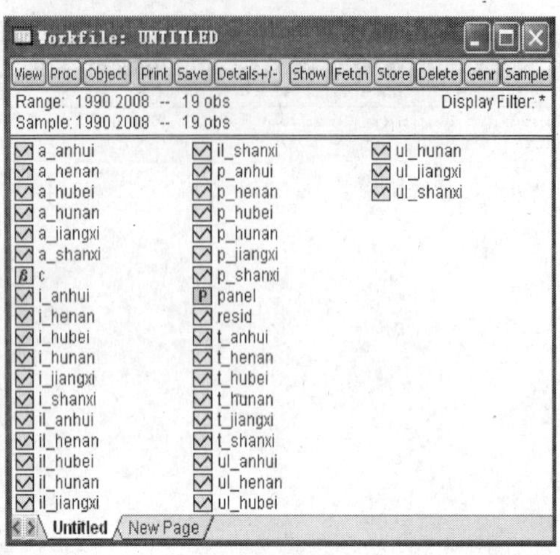

图 7－49　Workfile 工作文件窗口 2

4. 模型的回归。单击数据输入窗口上面的 Estimate 按钮，得到 Pool Estimation 对话框（见图 7－50），在 Dependent variable 中输入被解释变量 I_?；本例建立变截距模型，因此在 Regressors and AR（）terms 中的 Common coefficients（共同系数）中输入变量 P_? UL_? A_? IL_? T_?。如果是建立变斜率模型，则在 Cross-section specific（截面单元特定系数）下的空行中输入相关变量名，比如输入 P_? 表示每个地区中人口变量的系数都不相同；如果考虑变量的时间特征，则 Period specific 中输入变量。Estimation method 中选择对截距的处理方法，单击 Cross-section 的下拉选项，有 None、Fixed（固定效应）和 Random（随机效应）三种，None 表示模型不包含截距，Fixed 表示截距采用固定效应模型，Random 表示截距采用随机效应模型。Period 的下拉选项也有三种选项，是对变量的时期的处理方法，本例选择 None。Weights 中的下拉选项是模型的估计方法，No weights 表示不加权；Cross-section weights 表示跨区域加权，是使用可行的广义最小二乘法（GLS）估计，目的是

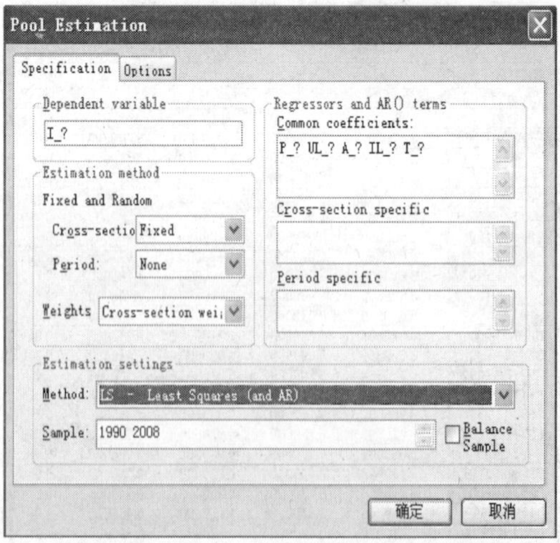

图 7－50　Pool Estimation 对话框

减少由于截面数据造成的异方差影响；Cross-section SUR 表示同时对截面单元异方差性和同期相关性进行修正的 GLS 估计，得到 Parks 估计量。当样本数据中截面单元很多而时序长度又很短时，这种方法通常是失效的（残差的相关系数矩阵退化为奇异阵）；Period weights 和 Period SUR 表示对变量的时期的估计方法。严格来说，是选择固定效应模型还是随机效应模型，需要对模型进行 Hausman 检验，根据检验结果来确定选择哪种效应模型。本实验的分析主要是为了分析各省份之间的差异，不考虑时间对模型的影响，因此 Cross-section 中选择 Fixed，Weights 中选择 Cross-section weights。Estimation settings 是对回归方法的设定，本实验选择最小二乘法（LS）回归（默认选项），TSLS 表示用两阶段最小二乘法回归。单击"确定"按钮，得到回归结果（图 7-51）。单击 View 选择 Representations 可以得到如图 7-52 所示的模型表达式。

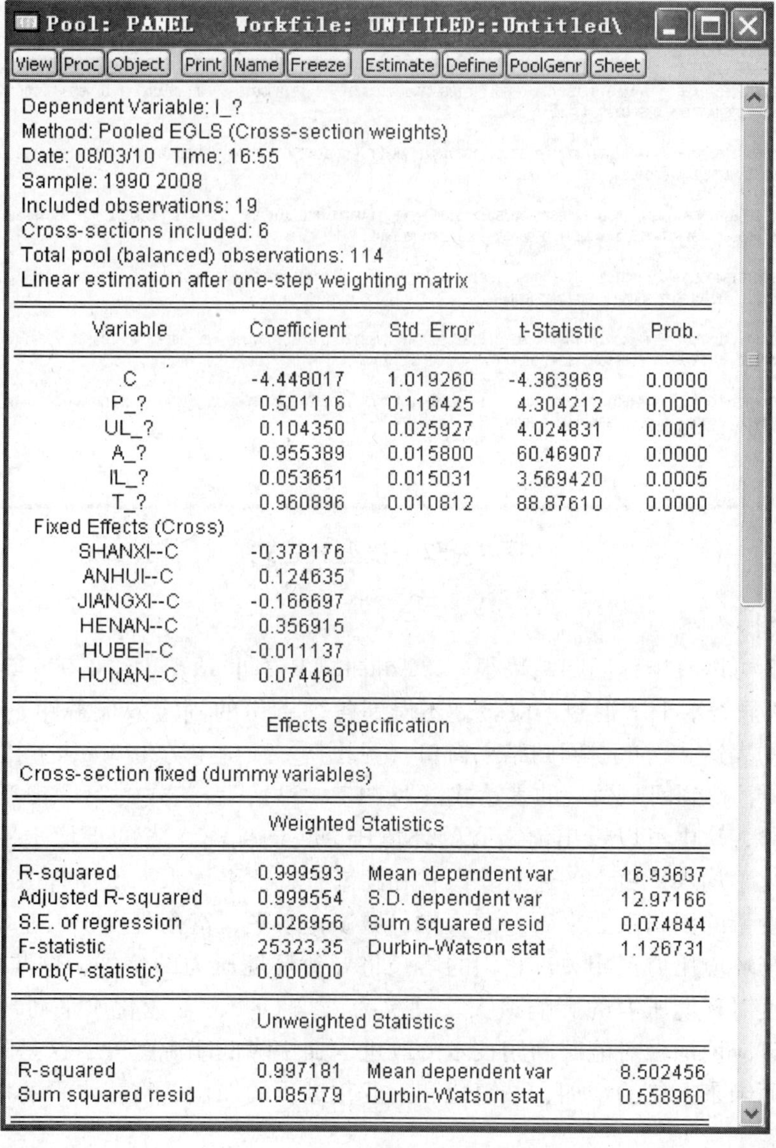
Pool: PANEL　Workfile: UNTITLED::Untitled\

View Proc Object Print Name Freeze Estimate Define PoolGenr Sheet

Dependent Variable: I_?
Method: Pooled EGLS (Cross-section weights)
Date: 08/03/10 Time: 16:55
Sample: 1990 2008
Included observations: 19
Cross-sections included: 6
Total pool (balanced) observations: 114
Linear estimation after one-step weighting matrix

Variable	Coefficient	Std. Error	t-Statistic	Prob.
C	-4.448017	1.019260	-4.363969	0.0000
P_?	0.501116	0.116425	4.304212	0.0000
UL_?	0.104350	0.025927	4.024831	0.0001
A_?	0.955389	0.015800	60.46907	0.0000
IL_?	0.053651	0.015031	3.569420	0.0005
T_?	0.960896	0.010812	88.87610	0.0000
Fixed Effects (Cross)				
SHANXI--C	-0.378176			
ANHUI--C	0.124635			
JIANGXI--C	-0.166697			
HENAN--C	0.356915			
HUBEI--C	-0.011137			
HUNAN--C	0.074460			

Effects Specification

Cross-section fixed (dummy variables)

Weighted Statistics

R-squared	0.999593	Mean dependent var	16.93637
Adjusted R-squared	0.999554	S.D. dependent var	12.97166
S.E. of regression	0.026956	Sum squared resid	0.074844
F-statistic	25323.35	Durbin-Watson stat	1.126731
Prob(F-statistic)	0.000000		

Unweighted Statistics

R-squared	0.997181	Mean dependent var	8.502456
Sum squared resid	0.085779	Durbin-Watson stat	0.558960

图 7-51　模型回归结果

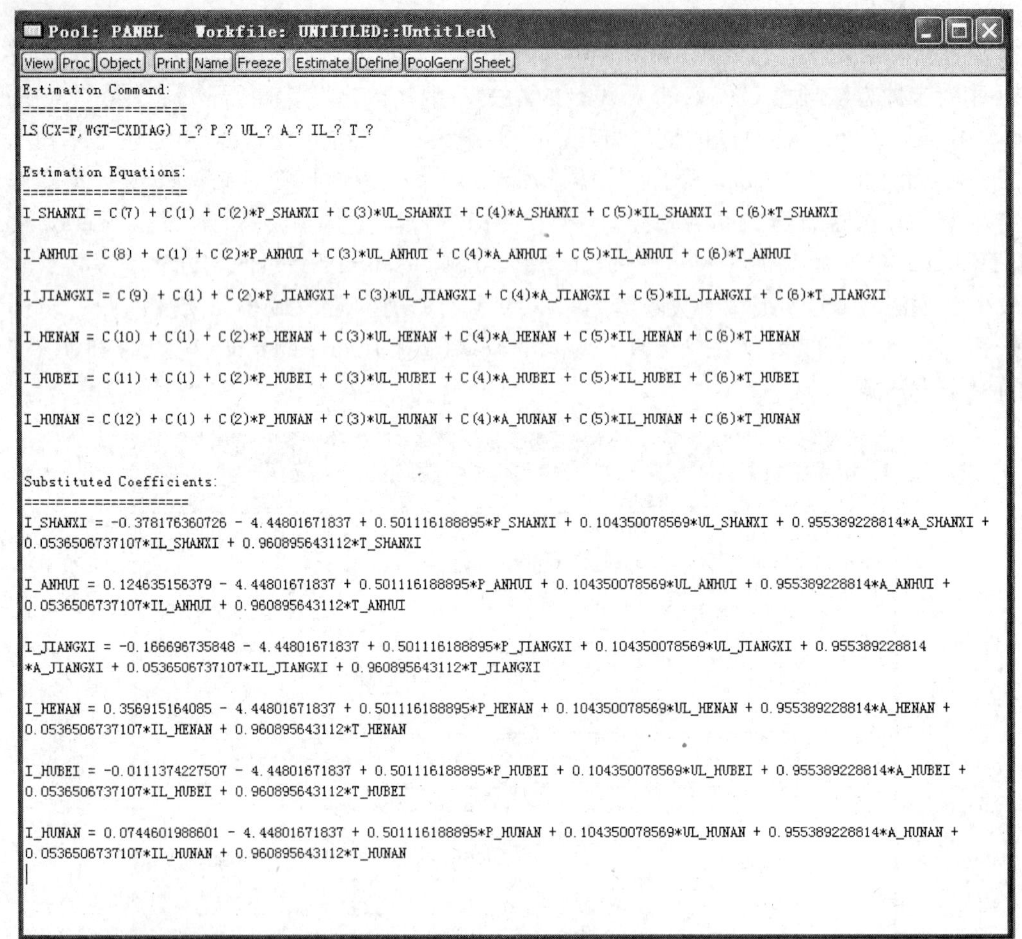

图 7-52 模型表达式

【实验结论】

由图 7-51 可以看出，回归结果很好，Adjusted R-squared 达到 0.999554，各变量的回归系数都在 1% 显著水平下通过 t 检验，还得到各个省份的固定效应截距（Fixed Effects）。为了得到模型的表达式，单击回归结果窗口（见图 7-51）上方的 View 下拉菜单中的 Representations 选项，得到回归模型的表达式（见图 7-52），表达式的第一项反映了各个省份环境压力的差异，从中可以看出河南省的环境压力正向偏离六省的平均水平，环境压力较大。环境压力比平均水平更大的还有安徽省和湖南省，比平均水平低的有山西省、江西省和湖北省。从各变量的回归系数来看，总人口、城镇化水平、富裕程度、工业化水平和能源强度 5 个变量都与环境压力正相关，它们的增长将导致环境压力的增加，这与现实情况相符。其中，能源强度对环境压力的影响最大，其次为人均 GDP，工业化水平对环境压力的影响最小。中部六省应该加强对能源利用技术的改进，加快降低能源强度，这是降低环境压力的最有效办法。而未来人口的增加、城镇化和工业化进程的加快、富裕水平的提升都将对环境产生更大压力。

【实验讨论】

1. 如何对面板数据进行 Hausman 检验。
2. 如何根据回归结果进行分析。

八、实验拓展

1. 如何建立结构 VAR 模型。
2. 如何将单位根检验、协整检验等运用到面板数据模型。

九、参考文献

[1] Davidson J. E. H. , Hendry D. F. , Srba F. , Yeo S. Econometric Modelling of the Aggregate Time-Series Relationship Between Consumers' Expenditure and Income in the United Kingdom [J] . The Economic Journal, 1978 (88): 661 - 692.

[2] Dietz T. , Rosa E. A. . Rethinking the Environmental Impacts of Population, Affluence and Technology [J] . Human Ecology Review, 1994 (1): 277 - 300.

[3] Engle R. F. and Granger C. W. J. . Co-integration and Error Correction: Representation, Estimation, and Testing [J] . Econimetrica, 1987 (55): 251 - 276.

[4] Granger C. W. J. . Investigating Causal Relations by Econometric Models and Cross-spectral Methods [J] . Econometrica, 1969 (3): 424 - 438.

[5] York R. , Rosa E. A. , Dietz T. . Footprints on the Earth: The Environmental Consequences of Modernity [J] . American Sociological Review, 2003, 68 (2): 279 - 300.

[6] 王立猛，何康林. 基于 STIRPAT 模型分析中国环境压力的时间差异——以 1995 ~ 2003 年能源消费为例 [J] . 自然资源学报，2006 (6).

[7] 韩智勇，魏一鸣，范英. 中国能源强度与经济结构变化特征研究 [J] . 数理统计与管理，2004 (1).

[8] 高铁梅等. 计量经济分析方法与建模：Eviews 应用及实例 [M] . 北京：清华大学出版社，2006.

[9] 张晓桐等. 计量经济学软件 Eviews 使用指南（第二版新版）[M] . 天津：南开大学出版社，2004.

[10] 易丹辉. 数据分析与 Eviews 应用 [M]. 北京：中国统计出版社，2002.

第八章

微观经济学理论建模与验证

一、实验1：恩格尔系数、基尼系数的采集与分析

【实验说明】

（一）实验目的

了解和掌握统计年鉴的使用，通过采集和分析真实世界中的相关数据，理清恩格尔系数和基尼系数的理论依据和政策含义。

（二）概念说明

1. 恩格尔系数。

恩格尔系数（Engel's Coefficient）是食品支出总额占个人消费支出总额的比重。它利用食品支出占消费总支出的比例来说明经济发展、收入增加对生活消费的影响程度。通常，国际上主要运用恩格尔系数来衡量一个国家和地区人民生活水平的状况。即一个家庭或国家的恩格尔系数越小，就说明这个家庭或国家经济越富裕。根据联合国粮农组织提出的标准，恩格尔系数在59%以上为贫困，50%~59%为温饱，40%~50%为小康，30%~40%为富裕，低于30%为最富裕。

2. 基尼系数。

基尼系数（Gini Coefficient）是意大利经济学家基尼（CorradoGini，1884~1965）于1922年提出的，定量测定收入分配差异程度。其经济含义是：在全部居民收入中，用于进行不平均分配的那部分收入占总收入的百分比。基尼系数最大为“1”，最小等于“0”。前者表示居民之间的收入分配绝对不平均，即100%的收入被一个单位的人全部占有了；而后者则表示居民之间的收入分配绝对平均，即人与人之间收入完全平等，没有任何差异。但这两种情况只是在理论上的绝对化形式，在实际生活中一般不会出现。因此，基尼系数的实际数值只能介于0~1。

按照联合国有关组织规定：若低于0.2表示收入绝对平均；0.2~0.3表示比较平均；0.3~0.4表示相对合理；0.4~0.5表示收入差距较大；0.5以上表示收入差距悬殊。通常，经济学家采用基尼系数来表现一个国家和地区的财富分配状况。这个指数在0~1，数值越低，表明财富在社会成员之间的分配越均匀；反之亦然。在国际上，通常把0.4作为收入分配差距的“警戒线”，根据黄金分割律，其准确值应为0.382。一般发达国家的基尼指数在0.24~0.36，美国偏高，为0.4。中国大陆基尼系数2010年超过0.5，贫富差距较大。

【实验数据】

（一）数据采集

通常，在历年《中国统计年鉴》和各省统计年鉴中，均对本区域的恩格尔系数有较为详细的描述。但是，考虑到基尼系数的统计口径和统计方法的差异，部分省份的统计年鉴亦没有对本地区的基尼系数予以公布。本书选取《中国统计年鉴（2009）》和《福建统计年鉴（2009）》采集相应的恩格尔系数和基尼系数。具体步骤如下：

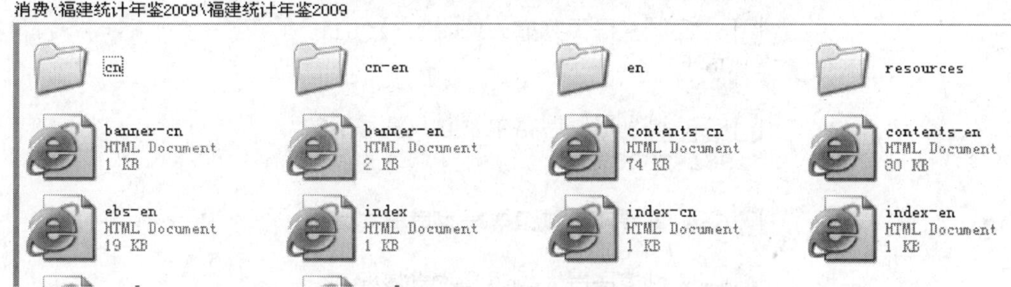

图8－1　《福建统计年鉴2009》的路径图

选择《福建统计年鉴2009》的路径图中的"index－cn"文件，双击后为：

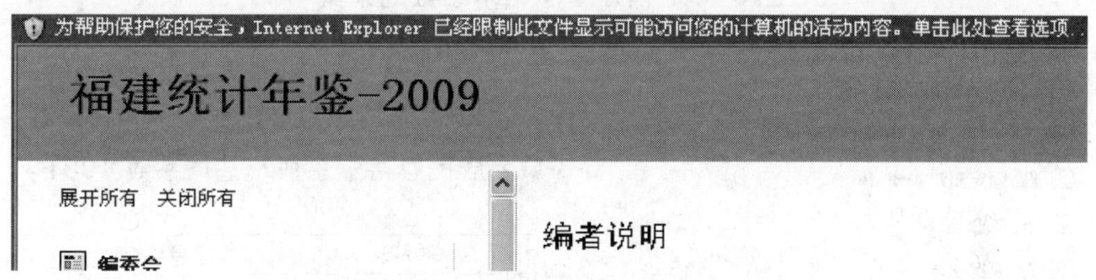

图8－2　《福建统计年鉴2009》主页

右击图8－2左上方的"安全区域"，在随后弹出的菜单中选择"允许阻止的内容"，即可开始采集年鉴中的相关数据。然后，选择左边的目录，单击"六、人民生活"一栏，得图8－3：

单击下拉菜单中的"6－3 城乡居民恩格尔系数及基尼系数（1981～2008）"可得图8－4：

单击"6－3"左上角的"Excel"，可以将该网页形式转变为相应的"Excel"形式。单击"English"，则将该页面转变为英文形式。考虑到本文的实验目的，本文选择将该网页形式转换为"Excel"形式。单击"Excel"，在随后弹出的菜单中，选择相应的路径"保存"或"打开"。至此，数据的采集初步完成。

（二）数据整理

根据上述采集数据的方法，同样可以从《中国统计年鉴（2009）》中采集到中国城镇居民恩格尔系数。整理成Word形式后，如表8－1和表8－2所示。

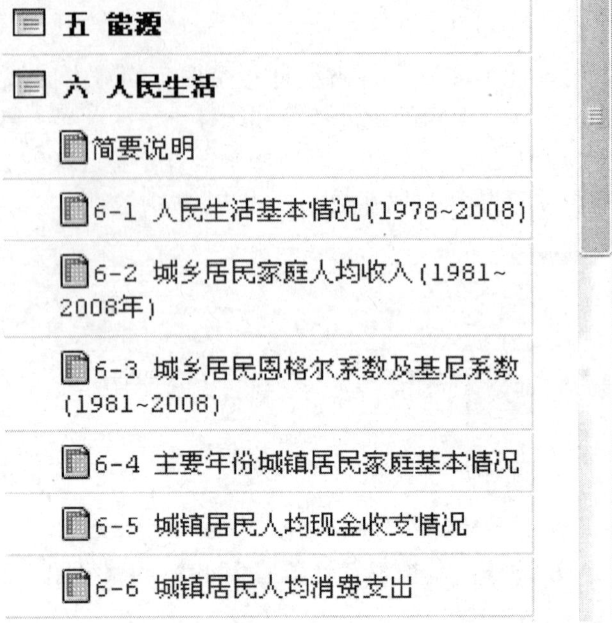

图 8－3 福建省恩格尔系数的采集

Excel English 中文-English

6-3 城乡居民恩格尔系数及基尼系数(1981~2008)

年份	恩格尔系数(%)		基尼系数	
	城镇居民	农村居民	城镇居民	农村居民
1981	62.1			
1982	60.7			
1983	63.4			
1984	62.4			
1985	54.0	62.4	0.24	

图 8－4 福建省居民恩格尔系数及基尼系数

表 8－1 自 1991 年以来福建省和全国的恩格尔系数比较 单位:%

年 份	全 国		福 建	
	城镇居民	农村居民	城镇居民	农村居民
1991	53.8	57.6	60.5	59.0
1995	50.1	58.6	61.1	61.0
2000	39.4	49.1	44.7	48.7
2001	38.2	47.7	44.1	47.5
2002	37.7	46.2	43.4	45.9

续表

年 份	全 国		福 建	
	城镇居民	农村居民	城镇居民	农村居民
2003	37.1	45.6	42.1	45.1
2004	37.7	47.2	41.6	46.7
2005	36.7	45.5	40.9	46.1
2006	35.8	43.0	39.3	45.2
2007	36.3	43.1	38.9	46.1
2008	37.9	43.7	40.6	46.4

资料来源：《中国统计年鉴》(2009) 和《福建统计年鉴》(2009)。

表 8－2　自 1991 年以来福建省城乡居民基尼系数　单位：%

年份	基尼系数（Gini）		年份	基尼系数（Gini）	
	城镇	农村		城镇	农村
1991	0.20	0.242	2000	0.31	0.295
1992	0.25	0.265	2001	0.31	0.303
1993	0.26	0.271	2002	0.33	0.312
1994	0.25	0.273	2003	0.33	0.326
1995	0.25	0.267	2004	0.33	0.355
1996	0.26	0.254	2005	0.33	0.358
1997	0.28	0.262	2006	0.34	0.360
1998	0.29	0.269	2007	0.32	0.361
1999	0.29	0.274	2008	0.36	0.363

资料来源：《福建统计年鉴》(2009)。

将表 8－2 在 Excel 中绘制成图形，如图 8－5 所示：

（三）数据分析

以表 8－1 为例，自 20 世纪 90 年代以来，我国城镇居民和农村居民的恩格尔系数呈现较为明显的下滑趋势，2008 年，尽管恩格尔系数较 2007 年有所反弹，但总体处于下降态势，显示出近 20 年来，我国在经济实现较快增长的同时，城乡居民的生活水平得到了显著的改善，即城镇居民基本达到“富裕”水平，农村居民则基本实现“小康”水平。相比较而言，自 1991 年以来，尽管福建省城镇居民和农村居民的恩格尔系数亦处于明显的下降通道，但与全国的平均恩格尔系数水平仍有一定的差距，2008 年，福建省城镇居民和农村居民的恩格尔系数分别达到 40.6% 和 46.4%，反映出食品支出仍占福建省居民，尤其是农村居民消费支出总额的绝大部分。显然，在当前城乡社会保障不尽完善的时期，如何进一步提高福建省城乡居民的收入水平，不断提高居民生活质量则成为一项艰巨而又紧迫的任务。

【实验讨论】

1. 参照表 8－1 的数据分析方法和基尼系数的相关理论依据，分析表 8－2 中自 1991 年以来福建省城乡居民基尼系数的演变历程。

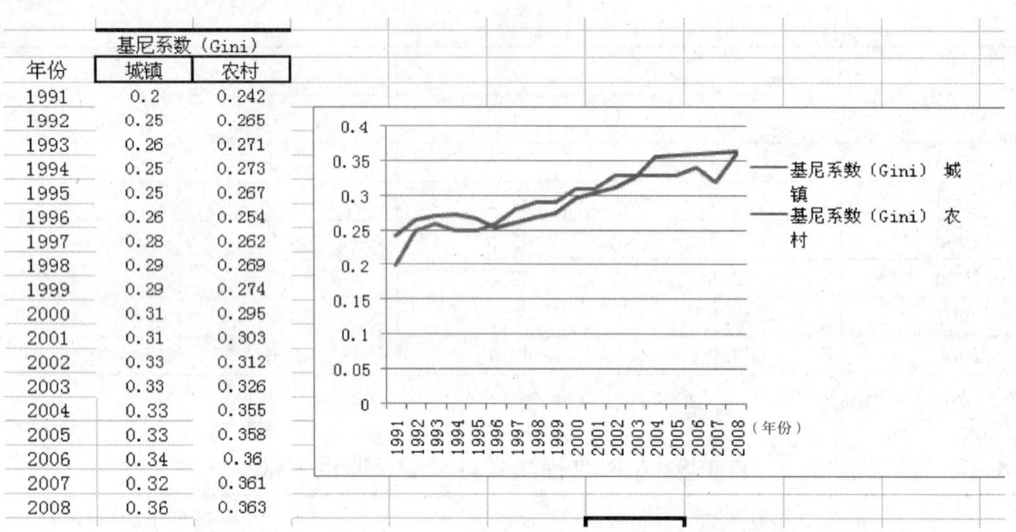

年份	基尼系数（Gini）	
	城镇	农村
1991	0.2	0.242
1992	0.25	0.265
1993	0.26	0.271
1994	0.25	0.273
1995	0.25	0.267
1996	0.26	0.254
1997	0.28	0.262
1998	0.29	0.269
1999	0.29	0.274
2000	0.31	0.295
2001	0.31	0.303
2002	0.33	0.312
2003	0.33	0.326
2004	0.33	0.355
2005	0.33	0.358
2006	0.34	0.36
2007	0.32	0.361
2008	0.36	0.363

图 8－5　自 1991 年以来福建省城乡基尼系数比较

2. 根据该实验的分析内容，结合《微观经济学》中的相关理论，探讨缩小贫富差距和提高人民生活水平的政策建议。

3. 恩格尔曲线的构建模型探讨（何种模型更合理）：Y 表示某商品的支出，X 表示消费者收入，下面哪种模型更合理？

（1）$Y_i = B_1 + B_2X_i + u_i$

（2）$Y_i = B_1 + B_2(1/X_i) + u_i$

（3）$\ln Y_i = B_1 + B_2\ln X_i + u_i$

（4）$\ln Y_i = B_1 + B_2(1/X_i) + u_i$

（5）$Y_i = B_1 + B_2\ln X_i + u_i$

（6）$\ln Y_i = B_1 - B_2(1/X_i) + u_i$

参考：恩格尔曲线的类型

a 生活必需品

b 奢侈品

c 低档品

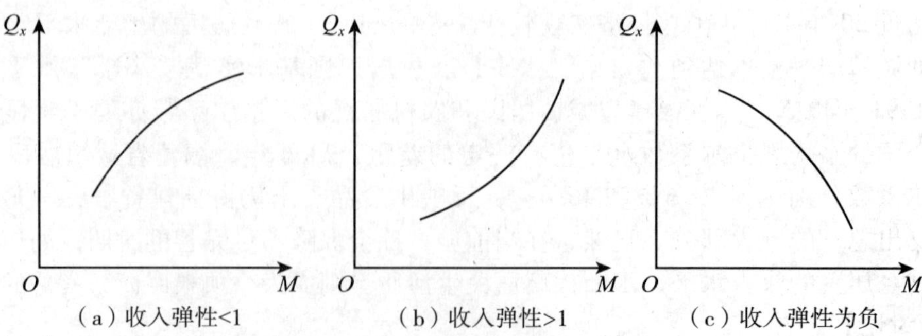

恩格尔曲线的三种情况

二、实验 2：资本存量的估算

资本作为生产函数的基本要素，成为生产函数模型中必不可少的变量，不管是估计常用的柯布－道格拉斯（C－D）生产函数，还是估算全要素生产率（Total Factor Productivity, TFP），都需要用到资本存量指标。生产函数既可以用于微观个体，也可以用于宏观经济，所以，资本存量指标也包含微观个体数据和宏观数据。尽管资本存量数据对于了解国民经济运行和进行经济研究非常重要，但现有统计体系能够查到的也只是金融机构的金融资产和金融负债，没有公布非金融资产的资本存量数据，主要是因为非金融资产的数量众多和估价困难。因此，大多数论文在需要用到资本数据的时候，往往直接用固定资产投资数据替代，尽管固定资产投资和资本存量有一定的相关性，但两者的差别是非常明显的，根本区别在于资本存量是由历年的固定资产投资积累形成，一个是存量数据，一个是流量数据，不可混淆。所以，经济研究中严谨的做法应该是采用一定的方法估算资本存量。

【实验说明】

核算资本存量一般采用永续盘存法，即当期资本存量为前期资本存量折旧后余额加上当期投资，公式为：

$$K_t = K_{t-1}(1-\delta) + I_t/P_t \tag{8.1}$$

这里 K_t 和 K_{t-1} 分别为当前和前一期的资本存量，δ 经济折旧率，I_t 为资本形成总额，P_t 为投资价格指数。这里资本形成总额除以价格指数的目的是使资本存量以不变价格格式，避免物价变化对资本存量核算的影响。

对式（8.1）滞后一期，得到：

$$K_{t-1} = K_{t-2}(1-\delta) + I_{t-1}/P_{t-1} \tag{8.2}$$

代入式（8.1），得到：

$$K_t = K_{t-2}(1-\delta)^2 + I_t/P_t + I_{t-1}(1-\delta)/P_{t-1}$$

以此类推，得到：

$$K_t = K_0(1-\delta)^t + \sum I_{t-i}(1-\delta)^i/P_{t-i}$$

因此，当期资本存量为期初资本存量和历年投资的折旧剩余，其值的大小取决于期初资本存量、折旧率、各年投资和投资价格指数四个变量，在各年投资和投资价格指数已知的情况下，关键是确定期初资本存量和折旧率，不同的方法，对资本存量的结果有很大的影响。对于如何确定期初资本存量和折旧率，很多文献都有讨论，意见并不一致，可以根据实际情况选择恰当的方法，并做相应的调整。

【实验数据】

根据指标的介绍和数据要求，从《福建统计年鉴 2012》中采集到 1978～2011 年的全社会固定资产投资额，从 1991 年开始的价格指数为固定资产投资价格指数，反映了一定时期内固定资产投资额价格变动趋势和程度的相对数，1991 年之前的数据用居民消费者价格指数代替，也可以用其他诸如商品零售价格指数等指标替代，具体如表 8－3 所示。

表 8－3　　福建省历年固定资产投资和价格指数

	A	B	C	D	E
1	年　份	全社会固定资产投资额（亿元）	固定资产投资价格总指数（上年 100）	固定资产投资价格总指数（1978 年 100）	资本存量（亿元）
2	1978	13.35	100.2	100.0	199.11
3	1979	15.30	102.8	102.8	252.33
4	1980	18.30	105.3	108.2	310.69
5	1981	18.47	102.7	111.2	363.03
6	1982	24.45	103.4	115.0	432.82
7	1983	26.97	101.3	116.4	505.80
8	1984	34.61	102.1	118.9	600.60
9	1985	55.62	111.3	132.3	747.84
10	1986	64.46	106.5	140.9	900.54
11	1987	81.60	109.4	154.2	1 074.41
12	1988	100.29	126.5	195.0	1 227.38
13	1989	101.64	118.9	231.9	1 332.84
14	1990	115.41	99.3	230.3	1 459.09
15	1991	145.63	108.6	250.1	1 612.94
16	1992	227.55	114.9	287.3	1 851.87
17	1993	368.45	134.1	385.3	2 148.01

【实验过程】

永续盘存法首先面临的一个问题是如何确定资本存量初始值，由于资本存量的初始数据也是未知的，导致后续资本存量数据没有办法计算，一般需要采用估计方法。一种方法是先假定一个资本存量的初始值，然后用资本存量和 GDP 作线性回归，确定两者之间的关系，然后用初始年的 GDP 估算出期初资本存量，当两者相差较大时，重复这个过程，直至两者比较接近即可。更简便的一种方法是假定资本存量初始值为当年 GDP 的一个倍数，这种方法尽管比较粗糙，误差较大，但简便易行。这里采用后一种方法，假定 1978 年资本存量初始值为当年 GDP 的 3 倍，填入单元格 E2 中。然后，为方便计算价格指数，在 D3 中输入公式 = D2 × C3/100，把固定资产投资价格指数由上年 100 调整为 1978 年的基期为 100，最后按照公式（8.1），在单元格 E3 中输入公式 = E2 × 0.92 + B3 × D $ 29/D3，拖动填充柄至 E35，估算出历年以 2005 年不变价计算的资本存量，这里假定经济折旧率为 8%，至于如何确定经济折旧率，不同的文献给出的选择方法不尽相同，请多方参考。

【实验结论】

把 1978 ~ 2011 年福建省固定资产投资和资本存量数据进行比较，就可以发现，尽管两者的变化趋势相同，都是由缓慢逐步上升到快速上升到趋势，但明显地，资本存量数据的增长速度明显快于固定资产投资的增长速度，如果作为解释变量放入模型中，其对解释变量的意义和参数肯定有很大区别（见图8－6）。

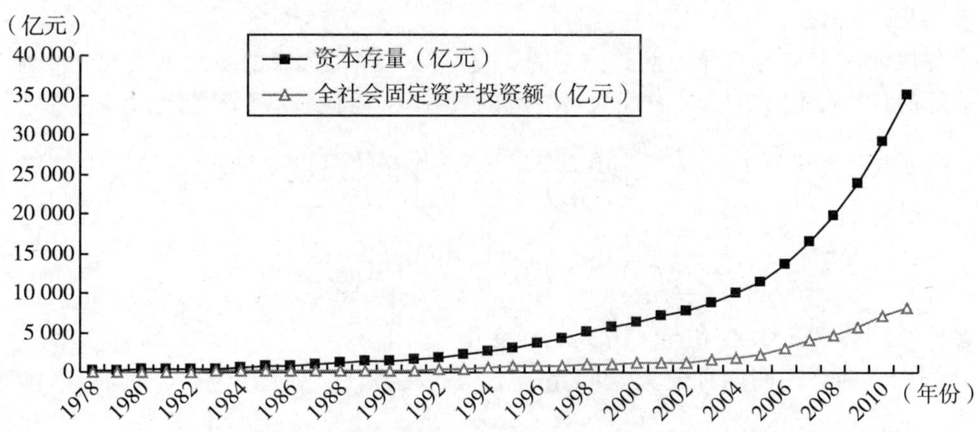

图8－6　1978～2011年福建省固定资产投资和资本存量

【实验讨论】

1. 如何选择合适的经济折旧率，才使得资本存量的估算比较符合实际？
2. 资本存量初值的选择是如何影响当期资本存量的，该如何确定？
3. 构建总成本曲线的数学模型。参考成本曲线特征确定参数值的取值范围。

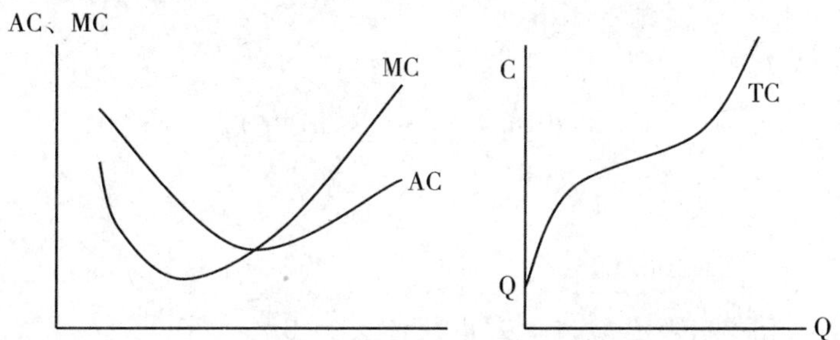

三、生产函数简述

由于前文对柯布－道格拉斯生产函数的应用进行了讲述，这里只对生产函数进行简单介绍。

1. 生产函数的发展①。

（1）从20年代末，美国数学家Charles Cobb和经济学家Paul Dauglas提出了生产函数这一名词，并用1899～1922年的数据资料，导出了著名的Cobb-Dauglas生产函数。

（2）1928年　Cobb，Dauglas　　C－D生产函数

（3）1937年　Dauglas，Durand　　C－D生产函数的改进型

① 该部分的生产函数模型主要参阅李子奈，潘文卿：《计量经济学》（第二版），高等教育出版社，2005年。

(4) 1957 年　Solow　C－D 生产函数的改进型

(5) 1960 年　Solow　含体现型技术进步生产函数

(6) 1967 年　Arrow 等　两要素 CES 生产函数

2. 要素替代弹性。

要素替代弹性定义为两种要素的比例的变化率与边际替代率的变化率之比。表明资本对劳动的边际替代率变化了1%时，资本对劳动的投入比例将变动百分之几。

$$\sigma = \frac{d(K/L)}{K/L} \Big/ \frac{d(MP_L/MP_K)}{MP_L/MP_K}$$

$$= d\left(\ln\left(\frac{K}{L}\right)\right) \Big/ d\left(\ln\left(\frac{MP_L}{MP_k}\right)\right)$$

解释：要素替代弹性 在0与无穷大之间变化

(1) 当为0时，说明两种要素之间完全不能互相替代，如固定投入比例生产函数（里昂惕夫生产函数）。

(2) 当替代弹性 无穷大时，说明两种要素之间可以完全替代，例如线性生产函数。

(3) 替代弹性为 >0 时的一般情况，如 C－D 生产函数 、CES（固定替代弹性函数）等。

3. 生产函数的要素替代弹性（从 CD 到 CES 的演变）。

(1) 线性生产函数模型。

$$Y = \alpha_0 + \alpha_1 K + \alpha_2 L$$

$$\sigma = \frac{d(K/L)}{K/L} \Big/ \frac{d(MP_L/MP_K)}{MP_L/MP_K}$$

$$\sigma = \infty$$

- 思考：为什么?
- 如果选择线性生产函数，就意味着承认什么假设?
- 一种要素可以被另一种要素替代直至减少为0，产出量仍然不变……是否合理

(2) 投入产出生产函数模型。

$$Y = \min\left(\frac{K}{a}, \frac{L}{b}\right)$$

$$\sigma = 0$$

- 思考：为什么?
- 如果选择投入产出生产函数，就意味着承认什么假设?
- 两要素之间完全不可以替代……与现实是否相符?

(3) C－D 生产函数模型 。

$$Y = AK^{\alpha}L^{\beta}$$

产出弹性为：

$$E_K = \frac{\partial Y}{\partial K}\bigg/\frac{K}{Y} = A\alpha K^{\alpha-1}L^{\beta}\,\frac{Y}{K} = \alpha$$

$$E_L = \frac{\partial Y}{\partial L}\bigg/\frac{L}{Y} = AK^{\alpha}\beta L^{\beta-1}\,\frac{Y}{L} = \beta$$

则替代弹性为：

$$\begin{aligned}\sigma &= \frac{\mathrm{d}(K/L)}{K/L}\bigg/\frac{\mathrm{d}(MP_L/MP_K)}{MP_L/MP_K}\\ &= \mathrm{d}\left(\ln\left(\frac{K}{L}\right)\right)\bigg/\mathrm{d}\left(\ln\left(\frac{MP_L}{MP_K}\right)\right)\\ &= \mathrm{d}\left(\ln\left(\frac{K}{L}\right)\right)\bigg/\mathrm{d}\left(\ln\left(\frac{\beta K}{\alpha L}\right)\right)\\ &= \mathrm{d}\left(\ln\left(\frac{K}{L}\right)\right)\bigg/\mathrm{d}\left(\ln\left(\frac{\beta}{\alpha}\right)+\ln\left(\frac{K}{L}\right)\right)\\ &= 1\end{aligned}$$

● 思考：在 C－D 生产函数中要素的替代弹性是否随研究对象变化？是否合理？为什么？可否区分劳动密集型与资本密集型？

● 在 C－D 生产函数中要素的替代弹性是否随样本区间变化？是否合理？为什么？

● 在 C－D 生产函数中要素的替代弹性是否随样本点变化？是否合理？为什么？

（4）CES 生产函数模型（Constant Elasticity of Substitution）。

$$Y = A\,(\delta_1 K^{-\rho} + \delta_2 L^{-\rho})^{-\frac{m}{\rho}}$$

$$\begin{aligned}\sigma &= \frac{\mathrm{d}(K/L)}{K/L}\bigg/\frac{\mathrm{d}(MP_L/MP_K)}{MP_L/MP_K}\\ &= \mathrm{d}\left(\ln\left(\frac{K}{L}\right)\right)\bigg/\mathrm{d}\left(\ln\left(\frac{MP_L}{MP_K}\right)\right)\\ &= \frac{1}{1+\rho}\end{aligned}$$

其中：ρ 为替代参数，δ_1，δ_2 为分配系数，且 $\delta_1+\delta_2=1$，若替代参数等于 0 时，CES 生产函数即 CD 生产函数。

● 思考：在 CES 生产函数中要素的替代弹性是否随研究对象变化？是否合理？为什么？

● 在 CES 生产函数中要素的替代弹性是否随样本区间变化？是否合理？为什么？

● 在 CES 生产函数中要素的替代弹性是否随样本点变化？是否合理？为什么？

可见，此时替代弹性与待估参数有关，但一旦样本选定，则替代弹性就固定了，这就是“不变弹性”的含义。

4. 技术进步。

（1）广义技术进步与狭义技术进步。

● 所谓狭义技术进步，仅指要素质量的提高。

● 狭义的技术进步是体现在要素上的，它可以通过要素的“等价数量”来表示。如 1

个大学生 = 3 个中学生的生产能力，则 1 = 3 做数量变换……

- 所谓广义技术进步，除了要素质量的提高外，还包括管理水平的提高等对产出量具有重要影响的因素，这些因素是独立于要素之外的。在生产函数模型中需要特别处理广义技术进步。

（2）中性技术进步。

- 假设在生产活动中除了技术以外，只有资本与劳动两种要素，定义两要素的产出弹性之比为相对资本密集度，用 ω 表示。即：

- $$\omega = E_L / E_K$$

解释：如果技术进步使得 ω 越来越大，即劳动的产出弹性比资本的产出弹性增长得快，则称为节约劳动型技术进步；如果技术进步使得 ω 越来越小，即劳动的产出弹性比资本的产出弹性增长得慢，则称为节约资本型技术进步；如果技术进步前后 ω 不变，即劳动的产出弹性与资本的产出弹性同步增长，则称为中性技术进步。

在中性技术进步中，如果要素之比不随时间变化，则称为希克斯中性技术进步；如果劳动产出率不随时间变化，则称为索洛中性技术进步；如果资本产出率不随时间变化，则称为哈罗德中性技术进步。

则 C－D 生产函数：$Y = AK^{\alpha}L^{\beta}$

$$E_K = \frac{\partial Y}{\partial K} \Big/ \frac{K}{Y} = A\alpha K^{\alpha-1}L^{\beta}\frac{Y}{K} = \alpha$$

$$E_L = \frac{\partial Y}{\partial L} \Big/ \frac{L}{Y} = AK^{\alpha}\beta L^{\beta-1}\frac{Y}{L} = \beta$$

而改进的 C－D 生产函数模型为 $Y = A_0 e^{\lambda t} K^{\alpha} L^{\beta}$

- 思考：参数的经济意义是什么？
- 关于技术进步的假设是什么？为什么？

四、实验 3：产业结构相似性

【实验说明】

所谓产业结构相似性或“同构化”，是指在各地区产业结构变化过程中不断出现和增强的区域间结构的高度相似趋势。这种产业结构的趋同性或相似性不仅可能造成重复建设及资源配置效率的下降，而且可能由于地区间的恶性竞争进一步影响经济社会的持续健康发展。在现有的参考文献中，关于如何测度产业结构的相似程度，国内外学者各自采用了不同的衡量手段和衡量工具。归纳起来，主要包括克鲁格曼提出的产业分工指数（industrial specialization index）（Krugman，1991）、Finger 和 Kreinin 提出的出口产品相似系数、霍夫曼工业系数和联合国工业发展组织（UNIDO）推荐使用的结构相似系数。为保证实证分析的通用性和可操作性，本书拟采用 UNIDO 推荐使用的相似系数对区域间产业结构的趋同度进行分析和探讨。其中，结构相似系数的计算公式是：

$$S = \sum (x_{in} \times x_{jn}) / \sqrt{(\sum x_{in}^2 \times \sum x_{jn}^2)}$$

其中：x_{in}——区域 i 各行业 n 在本区域所有行业中所占的比例；

x_{jn}——区域 j 各行业 n 在本区域所有行业中所占的比例；

S ——区域间的产业结构相似系数。

通常情况下，S 的取值介于 0 和 1 之间。S 越大，表明区域 i 和区域 j 的相似程度越高。其中，当 $S=1$ 时，表示两个区域产业结构完全趋同；当 $S=0$ 时，则表示两个区域产业结构完全不趋同。根据实践的经验判断，一般在对国家产业结构相似程度进行评价时，以 0.85 为标准来判断高低，而在一国内部各区域进行比较时，由于地区间的差异没有国家间的差异大，因此将产业结构相似系数的判断标准提升到 0.90。但值得注意的是，由于在实践中不同类型和发展水平的产业结构往往较少可比性，例如，西藏与上海和大多数省市区的产业结构相似程度很低，但西藏与它们相比绝无竞争优势可言。正是基于结构相似系数的这种局限性，本文在分析区域间结构相似系数时倾向于将其应用于同等发展水平地区的产业结构比较。

【实验数据】

根据产业结构相似性的理论基础和分析方法，本书利用 2003 ~ 2007 年台商在厦门市和福州市投资数据为样本，估计两市的制造业结构相似系数，具体数据如表 8 - 4 和表 8 - 5 所示。

表 8 - 4　　2003 ~ 2007 年台商在福州市的投资状况　　单位：万美元

	2003 年	2004 年	2005 年	2006 年	2007 年
食品制造业	2 710	360	2 370	750	710
饮料制造业	0	820	50	620	100
纺织业	13 440	2 770	1 840	380	550
纺织服装、鞋、帽制造业	11 590	1 380	3 000	480	680
皮革、毛皮、羽毛（绒）及其制品业	1 400	0	0	180	80
木材加工及木、竹、藤、棕、草制品业	6 550	300	700	310	0
造纸及纸制品业	0	750	970	640	0
印刷业和记录媒介的复制	0	0	0	0	0
石油加工、炼焦及核燃料加工业	0	0	350	0	0
化学原料及化学制品制造业	740	300	620	700	1 120
医药制造业	0	470	870	540	240
橡胶制品业	160	0	0	0	0
塑料制品业	1 740	0	950	1 280	1 820
非金属矿物制品业	1 550	140	380	660	80
金属制品业	1 580	620	5 680	230	0
交通运输设备制造业	2 630	7 200	6 200	1 940	1 130
通信设备、计算机及其他电子设备制造业	2 040	2 340	7 550	3 950	4 130
家具制造业	1 650	0	2 350	320	1 460

资料来源：根据“福州市外商投资局分别编制的《台湾省利用外资（外商直接投资）分行业比重表》(2003 ~ 2007)，台湾‘经济部投资审议委员会’公布的《核准对中国大陆投资分年份地区统计表》(2007 年报)”的相关数据整理而得。

表 8－5　　2003～2007 年台商在厦门市的投资状况　　单位：万美元

	2003 年	2004 年	2005 年	2006 年	2007 年
食品制造业	710	5 570	300	5 140	3 030
饮料制造业	0	3 050	0	0	250
纺织业	760	640	1 090	390	1 470
纺织服装、鞋、帽制造业	3 250	2 950	1 010	6 560	7 880
皮革、毛皮、羽毛（绒）及其制品业	280	1 130	5 200	1 020	560
木材加工及木、竹、藤、棕、草制品业	3 620	2 260	580	2 070	370
造纸及纸制品业	0	530	670	1 980	1 050
印刷业和记录媒介的复制	0	80	0	2 110	1 610
石油加工、炼焦及核燃料加工业	0	100	0	40	40
化学原料及化学制品制造业	980	360	2 590	3 810	1 340
医药制造业	0	0	0	0	3 000
橡胶制品业	480	320	880	70	610
塑料制品业	3 740	4 460	7 920	3 540	13 230
非金属矿物制品业	2 110	3 240	1 950	1 820	1 280
金属制品业	5 930	2 130	1 880	1 460	1 300
交通运输设备制造业	840	380	3 340	2 830	2 420
通信设备、计算机及其他电子设备制造业	25 840	1 000	6 320	3 420	8 880
家具制造业	1 990	1 190	190	0	0

资料来源：根据“厦门市外商投资局分别编制的《台湾省利用外资（外商直接投资）分行业比重表》（2003～2007），台湾‘经济部投资审议委员会’公布的《核准对中国大陆投资分年份地区统计表》（2007 年报）”的相关数据整理而得。

【实验过程】

根据表 8－4 和表 8－5 中相关变量的数据，比较和分析厦门市和福州市产业结构之间的产业结构相似度。依据产业结构相似系数的计算公式，参照厦门市外商投资局与福州市外商投资局分别编制的《台湾省利用外资（外商直接投资）分行业比重表》（2003～2007）和台湾“经济部投资审议委员会”公布的《核准对中国大陆投资分年份地区统计表》（2007）的相关数据，本书详细地计算了 2003～2007 年厦门市与福州市制造业结构相似系数。具体分析步骤如下：

（一）x_{in}和x_{jn}的转变方式

根据结构相似系数的计算公式，首先需要计算出x_{in}（区域i各行业n在本区域所有行业中所占的比例）和x_{jn}（区域j各行业n在本区域所有行业中所占的比例）。结合表 8－4 和表 8－5 中 2003～2007 年的相关数据，借助 Microsoft excel 2007 软件，将 2003 年台商在福州市各制造业的投资额进行“自动求和”，演算方式如图 8－7 所示。2004～2007 年福州市、2003～2007 年厦门市的相关数据的演算方法雷同，由此即可得到相应的x_{in}和x_{jn}数值。

（二）结构相似度（S）的计算

在x_{in}和x_{jn}的转换基础上，计算$x_{in} \times x_{jn}$的大小。然后将之“自动求和”可得。其中，$x_{in} \times x_{jn}$的计算方式为（图 8－8）。

将计算出来的和代入结构相似系数的计算公式

2003	2004	2005	2006	2007
2710	360	2370	750	710
0	820	50	620	100
13440	2770	1840	380	550
11590	1380	3000	480	680
1400	0	0	180	80
6550	300	700	310	0
0	750	970	640	0
0	0	0	0	0
0	0	350	0	0
740	300	620	700	1120
0	470	870	540	240
160	0	0	0	0
1740	0	950	1280	1820
1550	140	380	660	80
1580	620	5680	230	0
2630	7200	6200	1940	1130
2040	2340	7550	3950	4130
1650	0	2350	320	1460
=SUM(B15:B32)				
SUM(number1, [number2], ...)				

	x_{in}
2007	2007
710	=F15/F33*100
100	
550	
680	
80	
0	
0	
0	
0	
1120	
240	
0	
1820	
80	
0	
1130	
4130	
1460	
12100	总和

	x_{in}
2007	2007
710	5.867769
100	=F16/F$33*100
550	4.545455
680	5.619835
80	0.661157
0	0
0	0
0	0
0	0
1120	9.256198
240	1.983471
0	0
1820	15.04132
80	0.661157
0	0
1130	9.338843
4130	34.13223
1460	12.06612
12100	总和

图 8－7　2003 年台商在福州市各制造业的投资加总演算

$$S = \sum (x_{in} \times x_{jn}) \Big/ \sqrt{(\sum x_{in}^2 \times \sum x_{jn}^2)}$$

即可演算出 2003～2007 年台商在福州市和厦门市制造业投资的结构相似系数。具体结果如（见表 8－6）。

福州	厦门	
X_{in}	X_{jn}	$X_{in} \times X_{jn}$
2007	2007	2007
5.8677686	6.2706954	=G16*H16
0.8264463	0.5173841	0.42759
4.5454545	3.0422185	13.82827
5.6198347	16.307947	91.64797
0.661157	1.1589404	0.766242
0	0.7657285	0
0	2.1730132	0
0	3.3319536	0
0	0.0827815	0
9.2561983	2.7731788	25.66909
1.9834711	6.2086093	12.3146
0	1.2624172	0
15.041322	27.379967	411.8309

图 8－8　$x_{in} \times x_{jn}$的计算方式

表 8－6　　　　2003～2007 年厦门市台资与福州市的产业结构相似度

	2003 年	2004 年	2005 年	2006 年	2007 年
制造业结构相似系数	0. 963461	0. 676808	0. 398564	0. 389266	0. 528142

【实验结论】

根据表 8－6 可知，2003～2006 年厦门市与福州市的制造业结构相似系数呈现出逐年递减的趋势，2007 年则略有反弹。从“产业结构相似系数≥0. 9”的判断依据分析，2003 年两市的制造业结构相似系数高达 0. 963461，其他年份则相对较低，体现出台商在厦门市和福州市的产业投资倾向出现了较大的分歧。从图 8－9 可以看出，自 2005 年以来，两市在制造业方面的重叠性呈现弱化的趋势。究其原因，作者认为是两市产业结构政策的调整引致了台商在厦门市和福州市投资时采取了一定的针对性。根据厦门市和福州市分别编制的《台湾省利用外资（外商直接投资）分行业比重表》（2005），2003 年台商在厦门市农林牧渔业、制造业和服务业的投资占比分别为 0. 14%、91. 28% 和 8. 58%，2005 年的相关比重则变化为 0、75. 31% 和 24. 69%。相比之下，2003 年和 2005 年台商在福州市农林牧渔业、制造业和服务业的投资比重分别为 5. 77%、80. 96%、13. 27% 和 1. 65%、96. 78%、1. 57%。显然，由于 2003 年和 2005 年两市在三次产业的占比，尤其是制造业的占比上存在较大的差异和调整，制造业结构相似系数相较于三次产业结构相似系数变小也就成为必然。

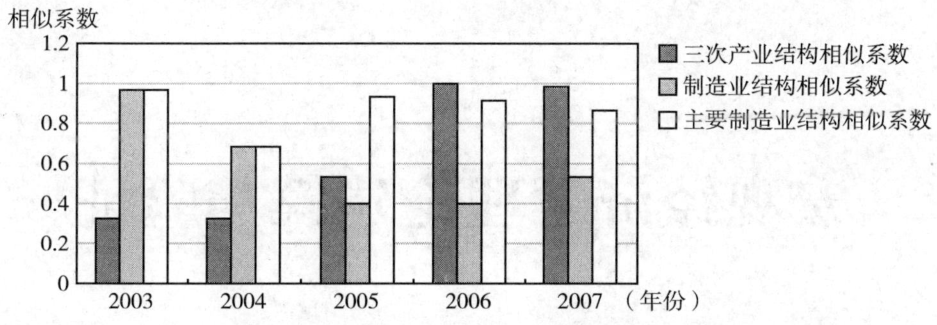

图 8－9　2003～2007 年厦门市台资与福州市的产业结构相似度

【实验讨论】

1. 根据厦门市和福州市制造业结构相似系数的分析方法，查找数据分析文中提到的两市之间“三次产业结构相似系数”和“主要制造业结构相似系数”。（注：该处提及的“主要制造业”主要包括食品制造业、纺织业、石油及煤制品制造业、化学制品制造业、电子零组件制造业、电脑、电子产品及光学制品制造业等 6 大行业）。

2. 结合我国当前的产业政策和 2003～2007 年台商在厦门市、福州市的投资状况，分析吸引台商在大陆投资的路径选择。

五、参考文献

[1] 蔡秀玲，等．厦门市台商投资的区域集群与竞争优势研究［R］．厦门市发改委 2009 年基建计划项目，2009.

[2]［美］迈克尔·波特．国家竞争优势［M］．北京：中信出版社，2007.

[3]［美］迈克尔·波特．竞争优势［M］．北京：华夏出版社，2002.

[4] 李非．21 世纪初期海峡西岸经贸关系走向与对策［M］．北京：九州出版社，2002.

[5] 李月．台湾大陆投资的新特点及对台湾经济的影响［J］．当代经济研究，2008（8）．

[6] 厦门市外商投资局编制的《台湾省利用外资（外商直接投资）分行业比重表》（1987～2007）．

[7] 厦门市统计局．《2007 年厦门市国民经济和社会发展统计公报》．

[8] 台湾“经济部投资审议委员会”．《核准对中国大陆投资分年份业统计表》（2007 年 12 月报、2007 年报、2008 年 1－10 月报）．

[9] 任若恩，刘晓生．关于中国资本存量估计的一些问题［J］．数量经济技术经济研究，1997（1）．

[10] 张军，章元．对中国资本存量 K 的再估计［J］．经济研究，2003（7）．

[11] 张军，等．中国省际物质资本存量估算：1952～2000［J］．经济研究，2004（10）．

第九章

宏观经济学理论建模与验证

一、实验1：国内生产总值（GDP）的构成

【实验说明】

（一）实验目的

了解和掌握统计年鉴的使用，通过采集和分析GDP的相关数据，理清GDP的支出法构成及消费、投资及进出口对GDP的贡献。

（二）概念说明

国内生产总值（GDP）是SNA（国民账户核算体系）核算体系中一个重要的综合性指标。它指一定时期内该区域生产的最终产品和劳务的市场价值。通常，在理解这一概念时，应该注意以下几个问题：

第一，国内生产总值是一个市场价值的概念。

第二，国内生产总值是用最终产品来计量的，即最终产品在该时期的最终出售价值。

第三，国内生产总值一般仅指市场活动导致的价值。

第四，GDP是流量而不是存量。

在核算GDP时，可以采用收入法和支出法。对此，本书主要解析支出法核算GDP。所谓支出法核算GDP，就是从产品的使用出发，把一年内购买的各项最终产品的支出加总而计算出的该年内生产的最终产品的市场价值。采用支出法核算GDP的公式为：

$$GDP = C + I + G + (X - M)$$

其中，C是指居民消费，包括耐用消费品、非耐用消费品的支出及劳务的支出。需要注意的是，购买住房的支出不属于消费。I是指企业增加或更新资本资产（包括厂房、机器设备、住宅及存货）的支出，包括固定资产投资和存货投资。G指政府购买物品和劳务的支出。（X－M）指净出口，是出口X与进口M的差额。

【实验数据】

（一）数据采集

本书选取《中国统计年鉴（2009）》采集相应的GDP数据及其构成。具体步骤如图9－1所示。

选择《中国统计年鉴（2009）》的路径图中的“indexch”文件，双击后如图9－2所示。

单击“信息栏”的“确定”按钮后，右击图9－2左上方的“安全区域”，在随后弹出的菜单中选择“允许阻止的内容”，即可开始采集年鉴中的相关数据。然后，选择左边的目

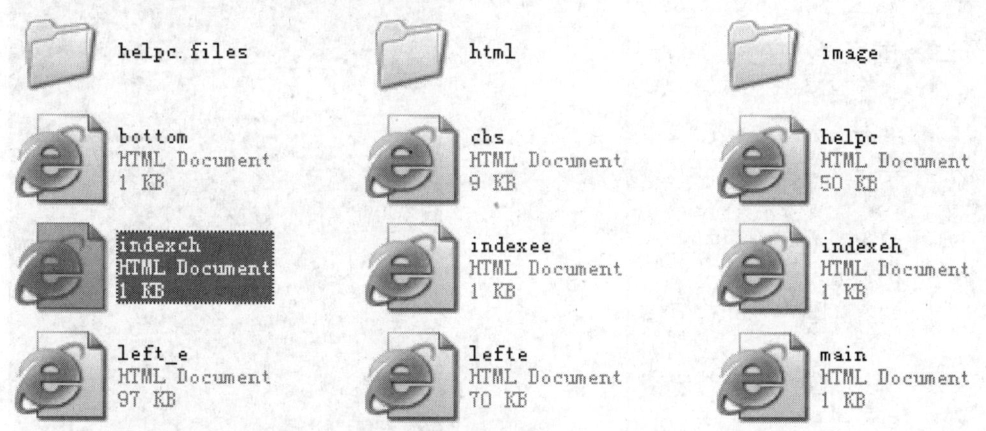

图9－1　《中国统计年鉴》（2009）的路径图

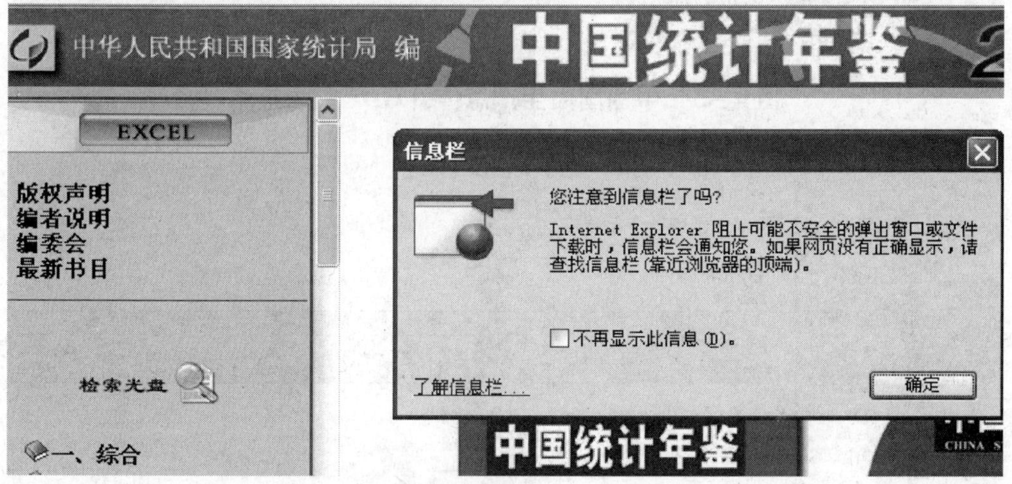

图9－2　《中国统计年鉴》（2009）的网络形式

录，单击“二、国民经济核算”一栏，得图9－3。

单击下拉菜单中的“2－2 国内生产总值构成”，可得图9－4。

单击下拉菜单中的“2－7 支出法国内生产总值”，可得图9－5。

单击“2－17 支出法国内生产总值”左上角的“Excel”，可以将该网页形式转变为相应的“Excel”形式。单击“英文”，则将该页面转变为英文形式。考虑到本书的实验目的，本书选择将该网页形式转换为“Excel”形式。单击“Excel”，在随后弹出的菜单中，选择相应的路径“保存”或“打开”。至此，数据的采集初步完成。

（二）数据整理

根据上述采集数据的方法，可以从《中国统计年鉴》（2009）中采集“三次产业贡献率”、“三次产业对国内生产总值增长的拉动”、“三大需求对国内生产总值增长的贡献率和拉动”。整理成Word形式后，如表9－1和表9－2所示。

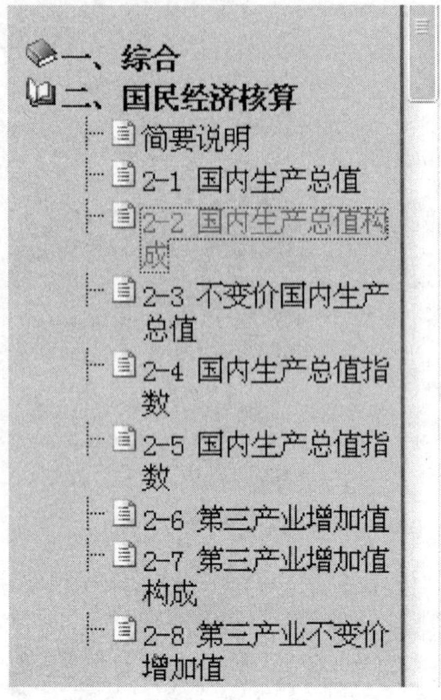

图 9－3　中国国内生产总值（GDP）的采集

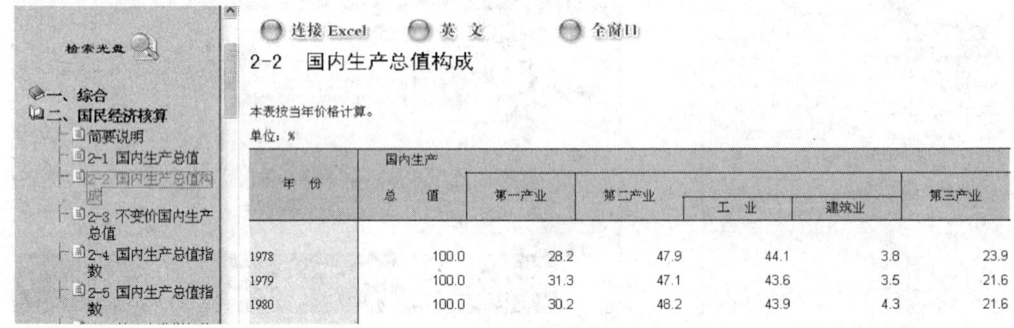

2-2　国内生产总值构成

本表按当年价格计算。

单位：%

年　份	国内生产总　值	第一产业	第二产业			第三产业
				工　业	建筑业	
1978	100.0	28.2	47.9	44.1	3.8	23.9
1979	100.0	31.3	47.1	43.6	3.5	21.6
1980	100.0	30.2	48.2	43.9	4.3	21.6

图 9－4　国内生产总值构成

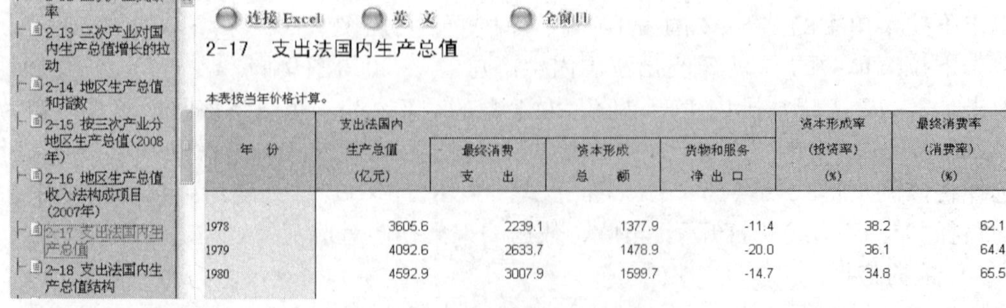

2-17　支出法国内生产总值

本表按当年价格计算。

年　份	支出法国内生产总值（亿元）	最终消费支　出	资本形成总　额	货物和服务净出口	资本形成率（投资率）（%）	最终消费率（消费率）（%）
1978	3605.6	2239.1	1377.9	-11.4	38.2	62.1
1979	4092.6	2633.7	1478.9	-20.0	36.1	64.4
1980	4592.9	3007.9	1599.7	-14.7	34.8	65.5

图 9－5　支出法国内生产总值

表 9－1　三次产业对国内生产总值（GDP）的贡献率和拉动（按不变价格计算）

年份	贡献率（%）					拉动（%）				
	国内生产总值	第一产业	第二产业	工业	第三产业	国内生产总值	第一产业	第二产业	工业	第三产业
1990	100.0	41.7	41.0	39.7	17.3	3.8	1.6	1.6	1.5	0.6
1991	100.0	7.1	62.8	58.0	30.1	9.2	0.6	5.8	5.3	2.8
1992	100.0	8.4	64.5	57.6	27.1	14.2	1.2	9.2	8.2	3.8
1993	100.0	7.9	65.5	59.1	26.6	14.0	1.1	9.2	8.3	3.7
1994	100.0	6.6	67.9	62.6	25.5	13.1	0.9	8.9	8.2	3.3
1995	100.0	9.1	64.3	58.5	26.6	10.9	1.0	7.0	6.4	2.9
1996	100.0	9.6	62.9	58.5	27.5	10.0	1.0	6.3	5.9	2.7
1997	100.0	6.8	59.7	58.3	33.5	9.3	0.6	5.6	5.4	3.1
1998	100.0	7.6	60.9	55.4	31.5	7.8	0.6	4.8	4.3	2.4
1999	100.0	6.0	57.8	55.0	36.2	7.6	0.4	4.4	4.2	2.8
2000	100.0	4.4	60.8	57.6	34.8	8.4	0.4	5.1	4.9	2.9
2001	100.0	5.1	46.7	42.1	48.2	8.3	0.4	3.9	3.5	4.0
2002	100.0	4.6	49.7	44.4	45.7	9.1	0.4	4.5	4.0	4.2
2003	100.0	3.4	58.5	51.9	38.1	10.0	0.3	5.9	5.2	3.8
2004	100.0	7.8	52.2	47.7	40.0	10.1	0.8	5.3	4.8	4.0
2005	100.0	6.1	53.6	47.0	40.3	10.4	0.6	5.6	4.9	4.2
2006	100.0	5.3	53.1	46.6	41.7	11.6	0.6	6.2	5.4	4.9
2007	100.0	3.3	54.2	48.7	42.4	13.0	0.4	7.1	6.4	5.5
2008	100.0	6.5	50.6	46.1	42.9	9.0	0.6	4.5	4.1	3.8

资料来源：根据《中国统计年鉴（2009）》整理而得。

表 9－2　三大需求对国内生产总值增长的贡献率和拉动（按不变价格计算）

年份	最终消费支出		资本形成总额		货物和服务净出口	
	贡献率（%）	拉　动（百分点）	贡献率（%）	拉　动（百分点）	贡献率（%）	拉　动（百分点）
1978	39.4	4.6	66.0	7.7	－5.4	－0.6
1979	87.3	6.6	15.4	1.2	－2.7	－0.2
1980	71.8	5.6	26.5	2.1	1.8	0.1
1981	93.4	4.9	－4.3	－0.2	10.9	0.5

续表

年份	最终消费支出		资本形成总额		货物和服务净出口	
	贡献率（%）	拉　动（百分点）	贡献率（%）	拉　动（百分点）	贡献率（%）	拉　动（百分点）
1982	64.7	5.9	23.8	2.2	11.5	1.0
1983	74.1	8.1	40.4	4.4	-14.5	-1.6
1984	69.3	10.5	40.5	6.2	-9.8	-1.5
1985	85.5	11.5	80.9	10.9	-66.4	-8.9
1986	45.0	4.0	23.2	2.0	31.8	2.8
1987	50.3	5.8	23.5	2.7	26.2	3.1
1988	49.6	5.6	39.4	4.5	11.0	1.2
1989	39.6	1.6	16.4	0.7	44.0	1.8
1990	47.8	1.8	1.8	0.1	50.4	1.9
1991	65.1	6.0	24.3	2.2	10.6	1.0
1992	72.5	10.3	34.2	4.9	-6.8	-1.0
1993	59.5	8.3	78.6	11.0	-38.1	-5.3
1994	30.2	4.0	43.8	5.7	26.0	3.4
1995	44.7	4.9	55.0	6.0	0.3	
1996	60.1	6.0	34.3	3.4	5.6	0.6
1997	37.0	3.4	18.6	1.7	44.4	4.2
1998	57.1	4.4	26.4	2.1	16.5	1.3
1999	74.7	5.7	23.7	1.8	1.6	0.1
2000	65.1	5.5	22.4	1.9	12.5	1.0
2001	50.0	4.1	50.1	4.2	-0.1	
2002	43.6	4.0	48.8	4.4	7.6	0.7
2003	35.3	3.5	63.7	6.4	1.0	0.1
2004	38.7	3.9	55.3	5.6	6.0	0.6
2005	38.2	4.0	37.7	3.9	24.1	2.5
2006	38.7	4.5	42.0	4.9	19.3	2.2
2007	40.6	5.3	39.7	5.1	19.7	2.6
2008	45.7	4.1	45.1	4.1	9.2	0.8

注：1. 三大需求指支出法国内生产总值的三大构成项目，即最终消费支出、资本形成总额、货物和服务净出口。

2. 贡献率指三大需求增量与支出法国内生产总值增量之比。

3. 拉动指国内生产总值增长速度与三大需求贡献率的乘积。

将表 9 - 2 中三大需求对国内生产总值的贡献率在 Excel 中绘制成图形，如图 9 - 6 所示：

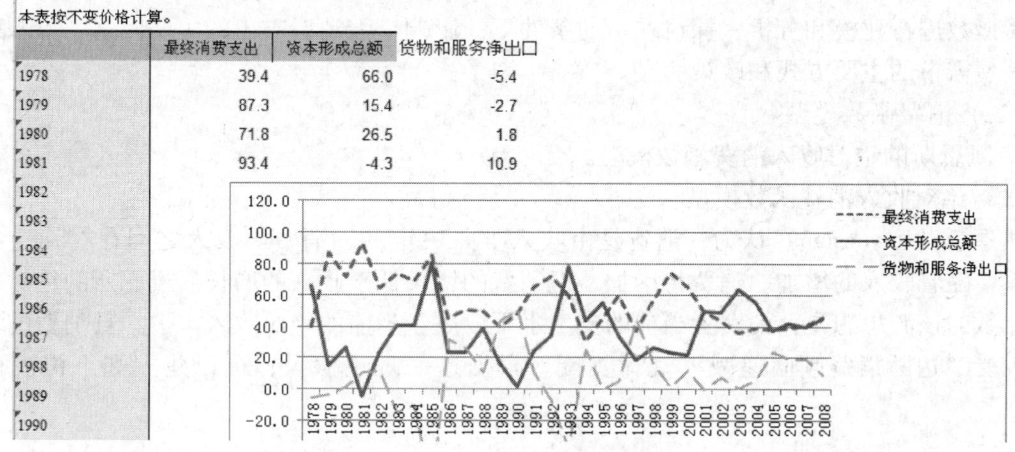

2-20　三大需求对国内生产总值增长的贡献

本表按不变价格计算。

	最终消费支出	资本形成总额	货物和服务净出口
1978	39.4	66.0	-5.4
1979	87.3	15.4	-2.7
1980	71.8	26.5	1.8
1981	93.4	-4.3	10.9
1982			
1983			
1984			
1985			
1986			
1987			
1988			
1989			
1990			

图 9 - 6　自 1978 年以来三大需求对国内生产总值增长的贡献

（三）数据分析

以表 9 - 2 和图 9 - 6 为例，1978 ~ 2008 年，作成拉动经济增长“三驾马车”之一的“最终消费支出”对国内生产总值（GDP）的贡献率逐步下滑，从 1981 年的峰值 93.4% 波动下降至 2003 年的 35.3%。自 2003 年以来，在国家鼓励居民消费的政策刺激下，贡献率才逐渐恢复至 2008 年的 45.7%。相对于最终消费率的逐年下滑，“资本形成总额”则与国家宏观调控政策有着紧密的关系。例如，1981 ~ 1985 年，在改革开放的政策号召下，国内投资快速增长，资本形成总额对国内生产总值的贡献率也快速上升，由 1981 年的 - 4.3% 飙升至 1985 年的 80.9%，随后又在国家紧缩政策的调控下逐步下降至 1990 年的 1.8%。20 世纪 90 年代初期，在邓小平南巡讲话的指引下，全国投资热潮再度高涨。纵观 1990 年代以来资本形成总额对 GDP 的贡献率变化，当国家采取扩张性财政政策时，贡献率随着投资额的上升而上升；当国家采取紧缩性财政政策时，贡献率又随着政府投资的退出而逐步下降。与“最终消费支出”相对应，“货物和服务净出口”对国内生产总值的贡献率则呈现为此消彼长，即当最终消费支出的贡献率上升时，货物和服务净出口的贡献率对应下降；当最终消费支出的贡献率下降时，货物和服务净出口的贡献率则对应上升。

【实验讨论】

1. 结合 GDP 的相关理论，解析表 9 - 1 中三大产业对国内生产总值（GDP）的影响变化。
2. 结合当前国家宏观调控政策，探讨政府投资及房地产政策对国民经济的影响。

二、实验 2：消费函数

【实验说明】

（一）实验目的

在影响个人消费支出的各种因素中，个人收入无疑是最为重要的因素。在以消费支出与个人收入之间的函数关系为研究对象的消费函数理论中，由于对消费者行为的外部环境设定和内部环境设定不同，消费者具有不同的行为方式，从而演绎出了不同的消费函数模型。本实验的目的在于通过对绝对收入消费函数、相对收入消费函数、持久收入消费函数和生命周期消费函数进行建模和分析，探讨在不同条件下，影响个人消费支出的主要因素，寻求刺激居民消费需求的主要方式和政策含义。

（二）消费函数模型①

1. 凯恩斯的绝对收入消费函数模型。

（1）绝对收入消费函数模型。

凯恩斯（Keynesian）认为，消费是由收入唯一决定的，消费与收入之间存在稳定的函数关系。随着收入的增加，消费将增加，但消费的增长低于收入的增长。凯恩斯的绝对收入消费函数的核心思想是：消费者当前的支出水平取决于当前的绝对收入水平，且消费的增加或减少受“边际消费倾向递减”规律支配。根据这一理论假设，可以建立如下消费函数模型：

$$C_t = \alpha + \beta Y_t + \mu_t t = 1, 2, \cdots, T \tag{9.1}$$

式中，C 表示消费额，Y 表示收入，α，β 为待估参数。从经济意义上讲，α 为自发性消费；β 为边际消费倾向，于是有

$$0 < \beta < 1, \quad \alpha > 0$$

模型（9.1）式可以很方便地采用单方程计量经济学模型的估计方法估计其参数。

（2）关于绝对收入消费函数模型的讨论。

模型（9.1）式表达了凯恩斯的消费是由收入唯一决定的假设，但是由于边际消费倾向为常数，并没有真正反映边际消费倾向递减规律。在一般的教科书中，以（9.1）式满足

$$0 < \frac{\partial C}{\partial Y} < 10 < \frac{\partial C}{\partial Y} < 1$$

为由，认为模型反映了边际消费倾向递减规律。实际上，建立变参数模型，即假设

$$\beta = \beta_0 + \beta_1 Y_t$$

式中 $\beta_1 < 0$，代入（9.1）式得到

$$C_t = \alpha + \beta_0 Y_t + \beta_1 Y_t^2 + \mu_t \quad t = 1, 2, \cdots, T \tag{9.2}$$

可以比较好地反映边际消费倾向递减规律。（9.2）式仍然可以很方便地采用单方程计量经济学模型的估计方法估计其参数。

2. 杜森贝里的相对收入消费函数。

（1）“示范性”假设消费函数模型。

杜森贝里（Duesenberry）的相对收入消费函数是对绝对收入假定的一种修正和补充。杜森贝里认为，消费者的消费支出不仅受其现期收入的影响，而且也受周围人的收入与消费的影响，即所谓消费的“不可逆性”。基于消费的“示范性”和“不可逆性”，尽管收入降

① 该部分的消费函数模型主要参阅李子奈，潘文卿：《计量经济学》（第二版），高等教育出版社，2005。

低，人们也会动用储蓄（包括银行储蓄、证券投资等在内的广义储蓄）来尽量维持消费水平。其次，若周围人的消费水平较高，即使某个消费者的收入水平较低，也企图接近周围人的消费水平，于是他的边际消费倾向就会比较高。

由消费的“示范性”，个人的平均消费倾向不仅与收入有关，而且与个人所处的群体的收入分布有关，在收入分布中处于低收入的个人，往往有较高的消费倾向，即

$$\frac{C_i}{Y_i} = \alpha_0 + \alpha_1 \frac{\bar{Y}_i}{Y_i} \tag{9.3}$$

其中，$\bar{Y}_i$为该消费者所处的群体的平均收入水平。从（9.3）式可以看出，当α_0，α_1，$\bar{Y}_i$一定时，对于较低的Y_i，其C_i/Y_i较高，这就是“示范性”作用。（9.3）式的计量形态可表示为

$$C_i = \alpha_0 + \alpha_1 \bar{Y}_i + \mu_i, \quad i = 1,2,\cdots,n \tag{9.4}$$

其中待估参数$0<\alpha_0<1$，反映个人的边际消费倾向；$0<\alpha_1<1$，反映群体平均收入水平对个体消费的影响。该模型可以很方便地采用单方程计量经济学模型的估计方法估计其参数。但是，样本必须取自不同的群体，否则不能反映“示范性”对消费的影响。

（2）“不可逆性”假设消费函数模型。

绝对收入消费函数模型认为消费者的消费行为只因当前收入水平决定，与过去曾经发生的消费活动无关。这种消费行为假设也是不符合客观实际的。杜森贝里认为，消费者的消费支出水平不仅受当前收入的影响，也受自己历史上曾经实现的消费水平影响。例如，若历史上曾经达到较高的消费水平，即使当前的收入水平较低，也企图接近历史上曾经达到的消费水平。于是他当前的边际消费倾向就会比较高，这种现象称为消费的“不可逆性”。

由消费的“不可逆性”，当前的平均消费倾向不仅与收入有关，而且与所曾经达到的最高消费水平有关。当前收入低于曾经达到的最高收入时，往往有较高的消费倾向，即

$$\frac{C_t}{Y_t} = \alpha_0 + \alpha_1 \frac{Y_0}{Y_t} \tag{9.5}$$

其中，Y_0为该消费者曾经达到的最高收入水平。从（9.5）式可以看出，当α_0，α_1，Y_0一定时，对于较低的Y_t，其C_t/Y_t较高，这就是“不可逆性”的作用。（9.5）式的计量形态可表示为

$$C_t = \alpha_0 Y_t + \alpha_1 Y_0 + \mu_t \quad t = 1,2,\cdots,T \tag{9.6}$$

其中待估参数$0<\alpha_0<1$，反映当前的边际消费倾向；$0<\alpha_1<1$，反映曾经达到的最高收入水平对当前消费的影响。一般情况下，收入具有随时间递增的趋势，所以可以用前一个时期的收入代替曾经达到的最高收入。于是模型（9.6）式可以改写为

$$C_t = \alpha_0 Y_t + \alpha_1 Y_{t-1} + \mu_t \quad t = 1,2,\cdots,T \tag{9.7}$$

如果忽略收入的两期滞后量的影响，则可以将（9.7）式再次化简为

$$C_t = \beta_0 + \beta_1 Y_t + \beta_2 C_{t-1} + \varepsilon_t \quad t = 1,2,\cdots,T \tag{9.8}$$

显然，(9.7）式和（9.8）式模型都可以很方便地采用单方程计量经济学模型的估计方法估计其参数。

3. 弗里德曼的持久收入消费函数。

弗里德曼（Frideman）于1957年提出了消费的持久收入假说，它是对凯恩斯的绝对收入假设的修正和补充。弗里德曼将收入分为持久收入（可预料到的、长久的、稳定的收入，即一生中可得到的收入的平均值，如工薪、房租、利息等收入）和瞬时收入（非连续性、带有偶然性的收入），相应的消费也分为持久消费（有经常性质的消费支出）和瞬时消费（非经常性质的消费），即

$$Y_t = Y_t^p + Y_t^t$$
$$C_t = C_t^p + C_t^t$$

其中，Y_t，Y_t^p，Y_t^t 分别为实际收入、持久收入和瞬时收入；C_t，C_t^p，C_t^t 分别为实际消费、持久消费和瞬时消费。持久消费由持久收入决定，瞬时消费由瞬时收入决定。于是持久收入消费函数模型的一种计量形态是

$$C_t = \alpha_0 + \alpha_1 Y_t^p + \alpha_2 Y_t^t + \mu_t, t = 1,2,\cdots,T \tag{9.9}$$

估计（9.9）式的参数的困难在于样本观测值的选取，因为能够得到的实际收入，而不是持久收入和瞬时收入。弗里德曼建议，对于时间序列数据，t 时刻的持久收入可以表示为各期实际收入的加权和：

$$Y_t^p = \lambda Y_t + \lambda(1-\lambda)Y_{t-1} + \lambda\ (1-\lambda)^2 + \cdots, \qquad 0 < \lambda < 1$$

即
$$Y_t^p - Y_{t-1}^p = \lambda(Y_t - Y_{t-1}^p)$$

假设 $C_t^p = \kappa Y_t^p$，将 $C_t = C_t^p + C_t^t$ 中的 C_t^t 归入随机干扰项，利用

$$Y_t^p = \lambda Y_t + (1-\lambda)Y_{t-1}^p$$

于是有
$$C_t = C_t^p + \varepsilon_t = \kappa Y_t^p + \varepsilon_t = \kappa\lambda Y_t + \kappa(1-\lambda)Y_{t-1}^p + \varepsilon_t$$

即
$$C_t = \kappa\lambda Y_t + (1-\lambda)C_{t-1} + \varepsilon_t \tag{9.10}$$

引入常数项后可以表示为与（9.8）式相同的统计形式。

4. 莫迪利亚尼生命周期消费函数。

该理论是由莫迪利亚尼（Modigliani），布伦伯格（Brumberg）和安杜（Ando）于1954年提出的，有时也称为持久财产假定。该理论同持久收入假定一样都考虑到了消费受跨时预算约束的影响，不同的是：生命周期假定认为，消费者是理性的，他只是根据效用最大化原则来使用一生的收入，安排其一生的消费，使一生中的收入等于一生的消费，它拉长了跨时预算约束的时间跨度，是终生跨时预算约束。消费者一生中各时期消费支出流量的现值要等于一生中各时期期望收入流量的现值，这种行为可称为“前瞻行为”。据于此，消费者的预算约束为

$$\sum_{t=1}^{T} \frac{C_t}{(1+r)^{t-1}} = \sum_{t=1}^{T} \frac{Y_t}{(1+r)^{t-1}}$$

其中，r 为贴现率。在预算约束下，消费者总希望将自己一生的全部收入在消费支出中进行最优分配，使得效用 $U(C_1, C_2, \cdots, C_T)$ 达到最大。于是推导消费函数问题就变成下列拉

格朗日函数的极值问题：

$$L(C_1,C_2,\cdots,C_T,\lambda) = U(C_1,C_2,\cdots,C_T) + \lambda\left[\sum_{t=1}^{T}\frac{Y_t}{(1+r)^{t-1}} - \sum_{t=1}^{T}\frac{C_t}{(1+r)^{t-1}}\right] \tag{9.11}$$

（9.11）式的极值条件为

$$\begin{cases}\dfrac{\partial L}{\partial C_t} = \dfrac{\partial U}{\partial C_t} - \dfrac{\lambda}{(1+r)^{t-1}} = 0 \\ \dfrac{\partial L}{\partial \lambda} = \sum\limits_{t=1}^{T}\dfrac{Y_t}{(1+r)^{t-1}} - \sum\limits_{t=1}^{T}\dfrac{C_t}{(1+r)^{t-1}} = 0, \quad t = 1,2,\cdots,T\end{cases}$$

求解该方程组，即可得到最优消费的消费函数为

$$C_t = c_t(Y_1,Y_2,\cdots,Y_T,r)$$

表明消费是各个时期的收入和贴现率的函数。一般近似地用下列函数描述生命周期消费函数模型：

$$C_t = \alpha_1 Y_t + \alpha_2 A_t + \mu_t, \quad t = 1,2,\cdots,T \tag{9.12}$$

其中，A_t 为 t 时刻的资产存量，待估参数 $0<\alpha_1<1$，反映当前的边际消费倾向；$0<\alpha_2<1$，反映消费者已经积累财富对当前消费的影响。对（9.12）式的理论形式（即不出现随机干扰项）作如下变换：

$$\frac{C_t}{Y_t} = \alpha_1 + \alpha_2\frac{A_t}{Y_t}$$

从中可以看出，已经积累的财富越多，其当前的消费倾向 $\frac{C_t}{Y_t}$ 越高。模型（9.12）式可以很方便地采用单方程计量经济学模型的估计方法估计其参数。

【实验数据】

为探讨和验证上述四种消费函数模型，本书选取 1991 ~ 2008 年福建省城镇居民消费和收入数据，借助 Eviews 6.0 分别对福建省城镇居民的消费数据进行拟合和分析（见表 9 - 3）。

表 9 - 3　福建省城镇居民消费数据

年　份	消费（C）（元/人年）	人均可支配收入（Y）（元/人年）	储蓄（S）（元/人）
1991	775	1 953	1331.9
1992	923	2 351	1 769.4
1993	1 146	2 923	2 123.7
1994	1 564	3 935	3 246.0
1995	1 997	4 853	4 742.1
1996	2 265	5 574	6 695.3
1997	2 540	6 144	8 060.8

续表

年 份	消费（C）（元/人年）	人均可支配收入（Y）（元/人年）	储蓄（S）（元/人）
1998	2 548	6 486	9 558. 4
1999	2 597	6 860	10 660. 4
2000	2 788	7 432	10 835. 1
2001	2 811	8 313	12 528. 6
2002	2 915	9 189	15 073. 8
2003	3 052	10 000	18 016. 4
2004	3 335	11 175	20 305. 7
2005	3 730	12 321	23 873. 5
2006	4 290	13 753	27 282. 8
2007	4 808	15 505	28 366. 9
2008	5 633	17 961	

注：由于城镇居民储蓄额在历年《中国金融年鉴》中存在一定的差异，本报告以当年公布的数据为准。

资料来源：根据“《福建统计年鉴（2009）》、《中国金融年鉴（1992～2008）》”的相关数据计算而得。

【实验分析】

（一）变量的散点图分析

为进一步分析福建城镇居民消费支出、人均可支配收入、人均储蓄的相关性，需要对变量 C、Y、S 绘制散点图。在 Eviews 6.0 主菜单中选择“Quick”，在随后弹出的菜单中选“Graph”，在随之打开的序列表（Graph type）对话窗口中选择“Dot Plot”，单击“OK”，即可分别得到变量 C、Y、S 的散点图，如图 9－7、图 9－8 和图 9－9 所示：

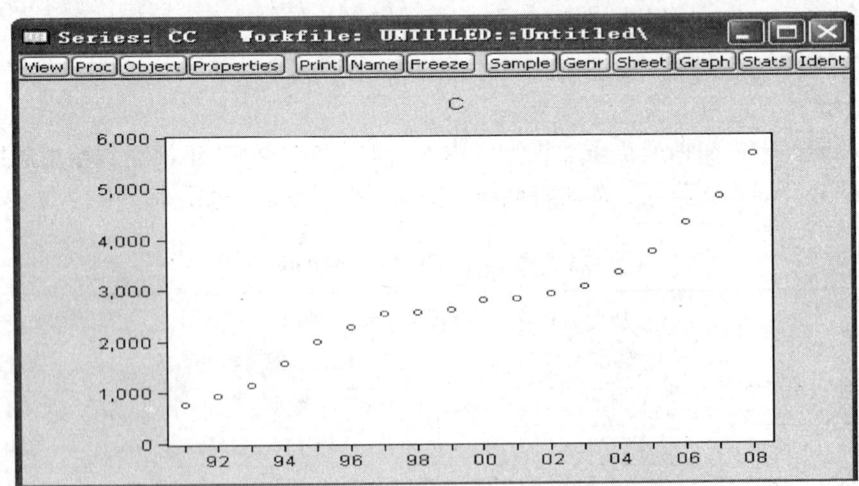

图 9－7 福建省人均消费支出（C）的散点图

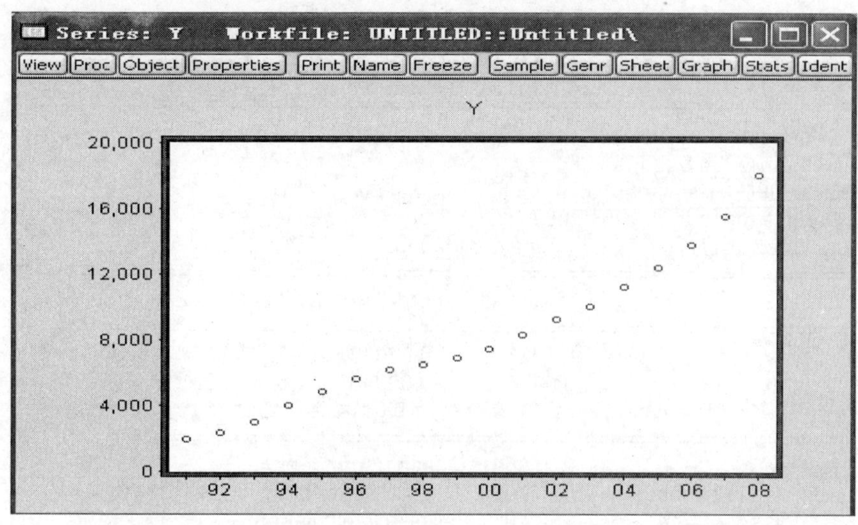

图9-8　福建省人均可支配收入（Y）的散点图

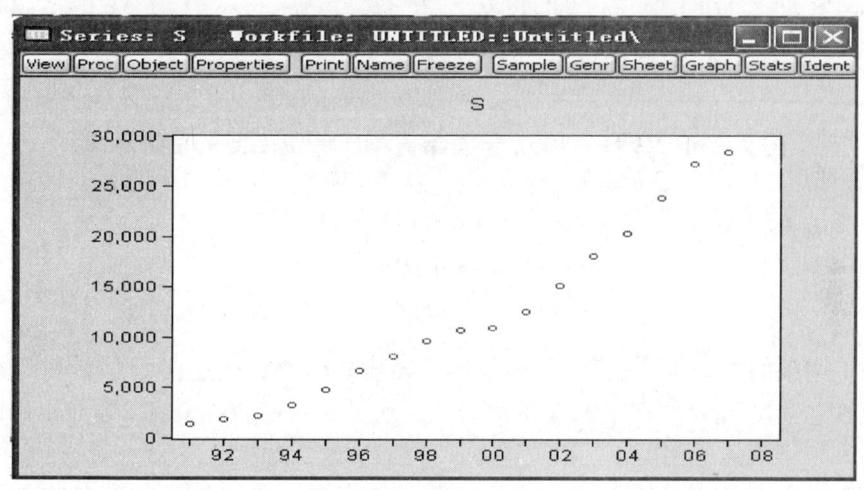

图9-9　福建省人均储蓄（S）的散点图

（二）模型的检验与分析

由变量C、Y、S的散点图可知，三个变量的图形均较有规律，表现为向右上方倾斜。考虑到时间t（t=1，2，…，29）的图形同样呈向右上方倾斜，所以人均消费支出C与Y、S具有一定的相关性。对此，需要借助Eviews 6.0软件和待估计的四个理论模型对1991～2008年福建省城镇居民消费与支出、储蓄的关系予以检验与分析。

采用莫迪利亚尼生命周期消费函数模型，以储蓄余额表示资产存量，对表9-3的相关数据进行计量分析，得到如下分析结果（见图9-10）。

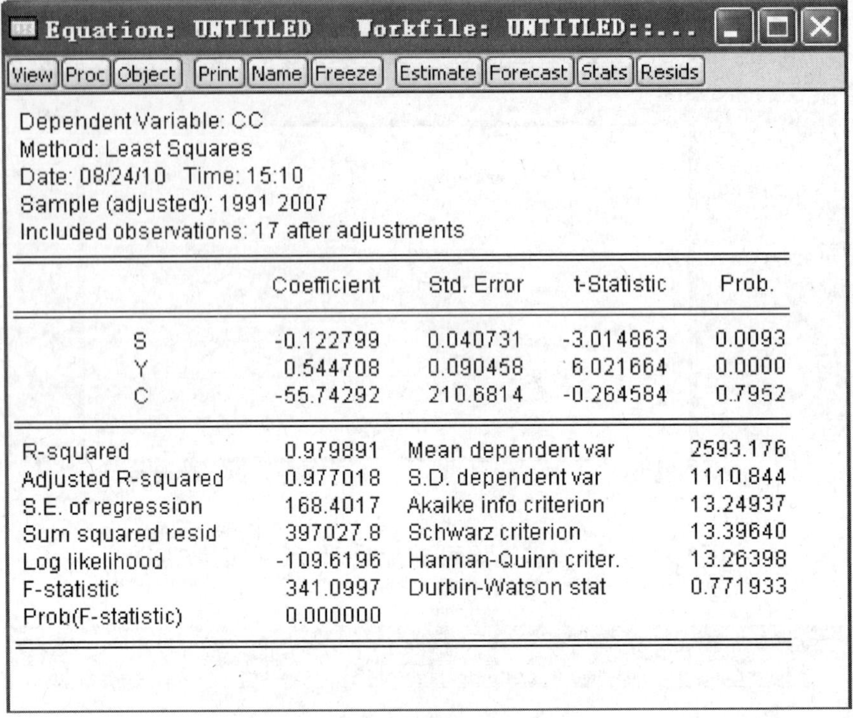

Equation: UNTITLED Workfile: UNTITLED::...

View | Proc | Object | Print | Name | Freeze | Estimate | Forecast | Stats | Resids

Dependent Variable: CC
Method: Least Squares
Date: 08/24/10 Time: 15:10
Sample (adjusted): 1991 2007
Included observations: 17 after adjustments

	Coefficient	Std. Error	t-Statistic	Prob.
S	-0.122799	0.040731	-3.014863	0.0093
Y	0.544708	0.090458	6.021664	0.0000
C	-55.74292	210.6814	-0.264584	0.7952

R-squared	0.979891	Mean dependent var	2593.176
Adjusted R-squared	0.977018	S.D. dependent var	1110.844
S.E. of regression	168.4017	Akaike info criterion	13.24937
Sum squared resid	397027.8	Schwarz criterion	13.39640
Log likelihood	-109.6196	Hannan-Quinn criter.	13.26398
F-statistic	341.0997	Durbin-Watson stat	0.771933
Prob(F-statistic)	0.000000		

图 9－10　1991～2007 年福建省莫氏消费函数的估计结果

$$C_t = -55.743 + 0.545Y_t - 0.123S_t$$
$$(-0.26) \quad (6.02) \quad (-3.01)$$
$$R^2 = 97.99\% \quad F = 341.1 \quad D-W = 0.772$$

计量分析结果的拟合优度较好，t 值也比较显著。但是，模型参数估计量经济意义不合理，原因是 S 和 Y 之间存在严重的多重共线性，而且 D－W 仅为 0.772，显示出两者存在序列相关性，该模型不能应用。

采用杜森贝里的“不可逆”相对收入消费函数模型或弗里德曼的持久收入消费函数模型，对表 9－3 进行计量分析，得到如下分析结果（见图 9－11）。

$$C_t = 548.78 + 0.231Y_t + 0.047Y_{t-1}$$
$$(4.92) \quad (1.43) \quad (0.26)$$
$$R^2 = 97.53\% \quad F = 276.79 \quad D-W = 0.382$$

计量结果显示，Y_t和 Y_{t-1}的 t 都不显著，而且，Y_t和 Y_{t-1}之间存在严重的共线性和自相关性（$D-W$ 仅为 0.382）。该模型也不能应用。

采用凯恩斯的绝对收入消费函数模型，得到如下模型：

$$C_t = 485.88 + 0.279Y_t$$
$$(4.79) \quad (25.56)$$
$$R^2 = 97.61\% \quad F = 653.35 \quad D-W = 0.317$$

Equation: UNTITLED　Workfile: UNTITLED::...

View Proc Object Print Name Freeze Estimate Forecast Stats Resids

Dependent Variable: CC
Method: Least Squares
Date: 08/24/10 Time: 15:27
Sample (adjusted): 1992 2008
Included observations: 17 after adjustments

	Coefficient	Std. Error	t-Statistic	Prob.
Y	0.231453	0.162290	1.426170	0.1757
Y(-1)	0.047404	0.180751	0.262263	0.7969
C	548.7799	111.5199	4.920916	0.0002

R-squared	0.975333	Mean dependent var	2878.941
Adjusted R-squared	0.971810	S.D. dependent var	1232.125
S.E. of regression	206.8735	Akaike info criterion	13.66088
Sum squared resid	599153.3	Schwarz criterion	13.80792
Log likelihood	-113.1175	Hannan-Quinn criter.	13.67549
F-statistic	276.7852	Durbin-Watson stat	0.382291
Prob(F-statistic)	0.000000		

图 9－11　1991～2007 年福建省杜氏消费函数的估计结果

计量模型中显示变量间关系的结构参数估计量经济意义合理，统计检验的拟合优度和 t 值都较为理想。但是模型存在严重的序列相关性。通过广义差分法修正序列相关性得（见图 9－12）。

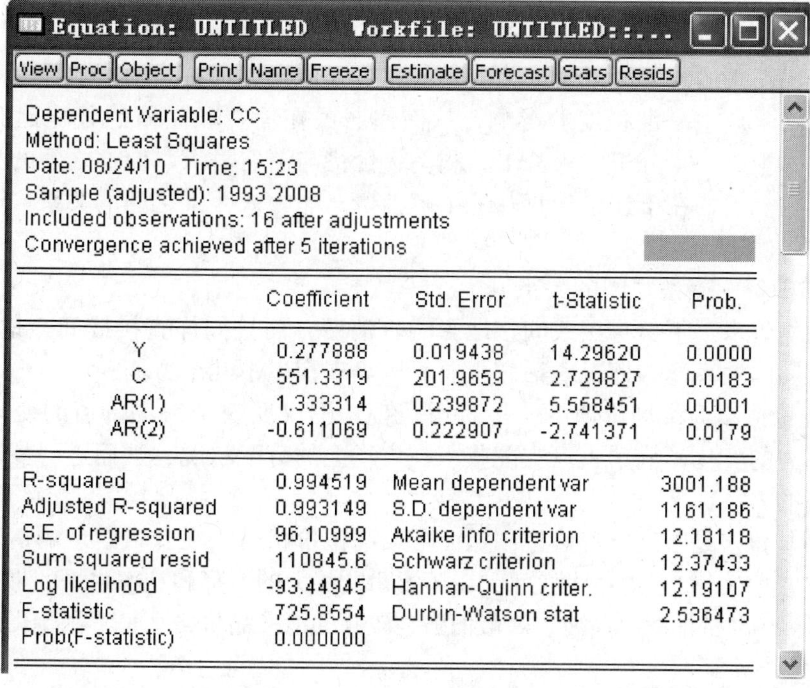

Equation: UNTITLED　Workfile: UNTITLED::...

View Proc Object Print Name Freeze Estimate Forecast Stats Resids

Dependent Variable: CC
Method: Least Squares
Date: 08/24/10 Time: 15:23
Sample (adjusted): 1993 2008
Included observations: 16 after adjustments
Convergence achieved after 5 iterations

	Coefficient	Std. Error	t-Statistic	Prob.
Y	0.277888	0.019438	14.29620	0.0000
C	551.3319	201.9659	2.729827	0.0183
AR(1)	1.333314	0.239872	5.558451	0.0001
AR(2)	-0.611069	0.222907	-2.741371	0.0179

R-squared	0.994519	Mean dependent var	3001.188
Adjusted R-squared	0.993149	S.D. dependent var	1161.186
S.E. of regression	96.10999	Akaike info criterion	12.18118
Sum squared resid	110845.6	Schwarz criterion	12.37433
Log likelihood	-93.44945	Hannan-Quinn criter.	12.19107
F-statistic	725.8554	Durbin-Watson stat	2.536473
Prob(F-statistic)	0.000000		

图 9－12　广义差分法修正后的估计结果

$$C_t = 551.332 + 0.279Y_t + 1.333AR(1) - 0.611AR(2)$$
$$(2.73)\quad(14.30)\quad(5.56)\qquad\qquad(-2.74)$$
$$R^2 = 99.45\%\quad F = 725.86\quad D-W = 2.54$$

显然，经过修正后的模型反映变量间关系的结构参数估计量经济意义合理，自相关性也得到消除。而且，由于该模型的分析数据是以时间序列数据为样本，一般不存在异方差性，统计检验全部通过。

通过采用绝对收入消费函数模型、相对收入消费函数模型、弗里德曼的持久收入消费函数模型和生命周期消费函数模型对 1991 ~2008 年福建省城镇居民消费行为进行检验，可以说明凯恩斯绝对收入消费函数能够较好地描述福建省城镇居民的消费行为。也就是说，福建省城镇居民的消费仍主要由收入决定，所以要刺激城镇居民的消费行为以拉动经济增长，政策倾向仍然是通过扩大社会保障范围、提高工资水平、降低税负等手段不断地提高福建省城镇居民的收入水平。

【实验讨论】

1. 从实验结论可知，决定福建省城镇居民消费支出的主要因素仍为绝对收入，考虑如何提高居民可支配收入，增强居民消费信心。

2. 参照上述实验方法，检验和分析福建省农村居民消费函数。

三、实验 3：价格等非收入因素与消费的关系

【实验说明】

（一）实验目的

在影响居民消费的众多因素中，除收入外，收入分配、利率、物价水平的高低也会对城乡居民的消费需求产生一定程度的影响，从而使居民在消费和储蓄的分配比例方面发生变化。由此，本书拟进一步分析收入分配、利率、价格与消费需求、储蓄之间的关系及其对消费者行为的影响。目的在于让学生直观地了解消费与非收入因素之间的关系。

（二）理论依据与模型

1. 价格和消费、储蓄之间的关系①。

消费品的物价水平不仅直接或间接地影响着消费，而且同样直接或间接地影响着储蓄。如果将三者之间的关系作一概况的话，主要可以表现在以下几个方面：

（1）市场价格作为市场价值的一般货币表现，不仅反映了市场价值的变化情况，而且通过货币购买力的变化影响个人可支配收入在市场上的分配状况，从而进一步影响了个人消费与储蓄之间的关系。

（2）当市场价格是由高危价值控制从而形成高位价格时，在收入既定的情况下，若只考察消费品价格与消费、储蓄之间的关系，由于货币购买力的下降和利率水平的提高，消费者更倾向于增加储蓄，减少消费。所以，一般而言，较高的消费品价格水平不利于促进消费，而有

① 限于篇幅，本实验重点探讨价格与消费、储蓄之间的关系。

利于储蓄的增加。但是，如果消费者不愿意降低实际生活消费水平，储蓄也会相应降低。

（3）当市场价格是由低位价值控制从而形成低位价格时，在收入既定的情况下，若只考虑消费品价格与消费、储蓄之间的关系，由于货币购买力的上升和利率水平的下降，消费者更倾向于增加消费，减少储蓄。所以，一般而言，低的消费品价格水平不利于促进储蓄，而有利于消费的增加。但是，如果消费者不愿意调整实际生活消费水平，储蓄也会相应增加。

（4）当市场价格是由中位价值控制而形成中位价格时，由于人们的实际收入水平、货币购买力水平和利率水平都较为稳定，储蓄和消费之间的关系也将是较为稳定的。

2. 模型的建立。

为更好地分析物价水平等非收入因素对消费需求的影响，本实验拟引入 Blinder 等人关于消费支出与物价指数、利率水平、基尼系数、收入水平关系的检验模型：

$$\frac{C_t}{Y_t} = \alpha + \beta_1 r_t + \beta_2 \pi_t + \beta_3 Gini_t + \beta_4 \frac{C_{t-1}}{Y_t} + e_t, \quad t = 1,2,\cdots,T \tag{9.13}$$

其中，r_t 为名义利率，π_t 为通货膨胀率，$Gini_t$ 为基尼系数；α、β_1、β_2、β_3、β_4 为待估参数。α 为常数；β_1 为消费倾向对利率的弹性系数；β_2 为消费倾向对物价指数的弹性系数；β_3 为消费倾向对基尼系数的弹性系数；β_4 为消费倾向对上一期消费支出/本期收入的弹性系数。

【实验数据】

为进一步阐释消费支出与物价指数、利率水平、基尼系数、收入水平的关系，本实验选取 1991～2008 年福建省农村居民的相关数据为样本，估计 C－D 非收入因素下的消费函数模型，具体数据如表 9－4 所示。

表 9－4　　福建省城乡居民物价指数，消费、基尼系数和利率数据一览表

年份	居民消费价格指数	利率（r）	平均消费倾向（APC）		基尼系数（Gini）		收入（元/人）		消费支出（元/人）	
			城镇	农村	城镇	农村	城镇	农村	城镇	农村
1991	103.5	7.89	0.85	0.88	0.20	0.24	1 953	850	1 867	775
1992	105.9	7.56	0.83	0.83	0.25	0.27	2 351	984	2 342	923
1993	115.4	9.44	0.83	0.88	0.26	0.27	2 923	1 211	2 931	1 146
1994	125.3	10.98	0.85	0.91	0.25	0.27	3 935	1 578	3 812	1 564
1995	115.2	10.98	0.85	0.88	0.25	0.27	4 853	2 049	4 590	1 997
1996	105.9	9.71	0.82	0.82	0.26	0.25	5 574	2 492	5 080	2 265
1997	101.7	7.12	0.80	0.76	0.28	0.26	6 144	2 786	5 765	2 540
1998	99.7	5.03	0.80	0.74	0.29	0.27	6 486	2 946	6 025	2 548
1999	99.1	2.92	0.77	0.73	0.29	0.27	6 860	3 091	6 159	2 597

续表

年份	居民消费价格指数	利率（r）	平均消费倾向（APC）		基尼系数（Gini）		收入（元/人）		消费支出（元/人）	
			城镇	农村	城镇	农村	城镇	农村	城镇	农村
2000	102.1	2.25	0.76	0.75	0.31	0.30	7 432	3 230	6 648	2 788
2001	98.7	2.25	0.72	0.74	0.31	0.30	8 313	3 381	7 125	2 811
2002	99.5	2.02	0.72	0.73	0.33	0.31	9 189	3 539	7 642	2 915
2003	100.8	1.98	0.74	0.73	0.33	0.33	10 000	3 734	8 571	3 052
2004	104.0	2.03	0.73	0.74	0.33	0.36	11 175	4 089	9 502	3 335
2005	102.2	2.25	0.71	0.74	0.33	0.36	12 321	4 450	10 296	3 730
2006	100.8	2.35	0.71	0.74	0.34	0.36	13 753	4 835	11 710	4 290
2007	105.2	3.20	0.71	0.74	0.32	0.36	15 505	5 467	13 006	4 808
2008	104.6	4.14	0.70	0.75	0.36	0.36	17 961	6 196	15 223	5 633

注：利率（r）为一年期存款利率，考虑到利率调整比较频繁，各年的利率采取加权平均计算而得。

资料来源：根据"《福建统计年鉴》(2009)、《中国金融年鉴》(1991～2008)"的相关数据计算而得。

【实验分析】

考虑到数量分析的可行性，本书拟利用表9－4中1991～2008年的相关数据对理论模型(9.13)进行回归分析，其计量结果如下：

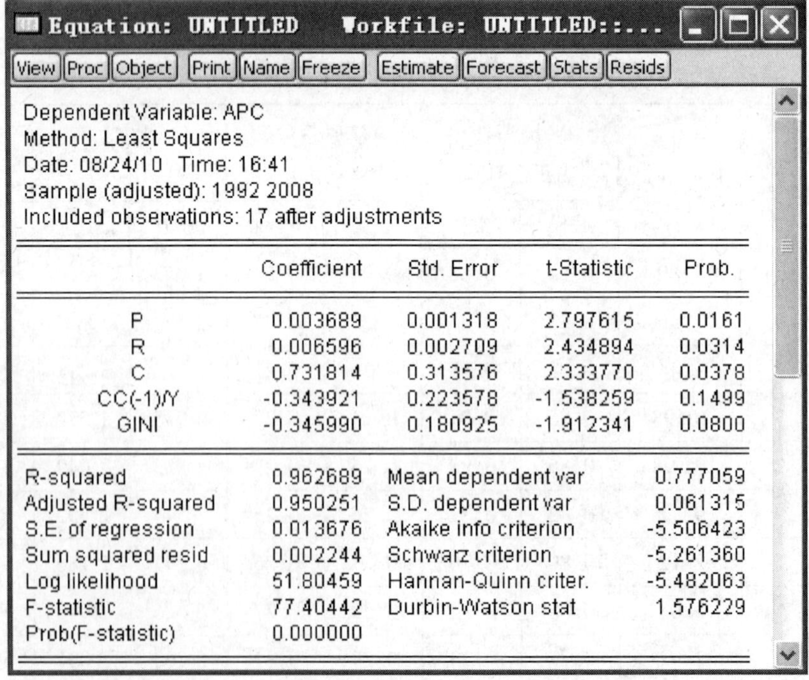

Equation: UNTITLED Workfile: UNTITLED::...

View Proc Object Print Name Freeze Estimate Forecast Stats Resids

Dependent Variable: APC
Method: Least Squares
Date: 08/24/10 Time: 16:41
Sample (adjusted): 1992 2008
Included observations: 17 after adjustments

	Coefficient	Std. Error	t-Statistic	Prob.
P	0.003689	0.001318	2.797615	0.0161
R	0.006596	0.002709	2.434894	0.0314
C	0.731814	0.313576	2.333770	0.0378
CC(-1)/Y	-0.343921	0.223578	-1.538259	0.1499
GINI	-0.345990	0.180925	-1.912341	0.0800

R-squared	0.962689	Mean dependent var	0.777059
Adjusted R-squared	0.950251	S.D. dependent var	0.061315
S.E. of regression	0.013676	Akaike info criterion	-5.506423
Sum squared resid	0.002244	Schwarz criterion	-5.261360
Log likelihood	51.80459	Hannan-Quinn criter.	-5.482063
F-statistic	77.40442	Durbin-Watson stat	1.576229
Prob(F-statistic)	0.000000		

图9－13　1992～2008年福建农村居民消费函数估计结果

$$\widehat{APC} = 0.7318 + 0.0037P + 0.0066R - 0.3460GINZ - 0.3439CC(-1)/Y$$

$$(2.334)\quad(2.798)\quad(2.435)\quad(-1.912)\qquad(-1.538)$$

$$R^2 = 96.27\% \quad F = 77.40 \quad D-W = 1.57$$

由于存在一定程度的多重共线性和相邻残差之间的正相关性，去除 r、Gini 指标并予以广义差分修正，回归分析结果为：

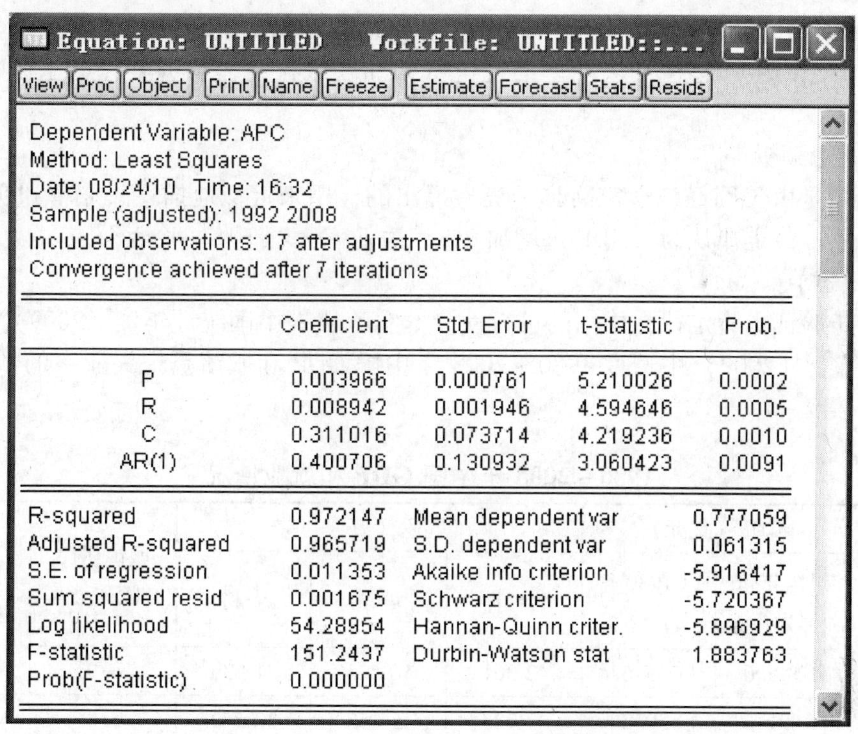

Equation: UNTITLED　Workfile: UNTITLED::...

View Proc Object Print Name Freeze Estimate Forecast Stats Resids

Dependent Variable: APC
Method: Least Squares
Date: 08/24/10 Time: 16:32
Sample (adjusted): 1992 2008
Included observations: 17 after adjustments
Convergence achieved after 7 iterations

	Coefficient	Std. Error	t-Statistic	Prob.
P	0.003966	0.000761	5.210026	0.0002
R	0.008942	0.001946	4.594646	0.0005
C	0.311016	0.073714	4.219236	0.0010
AR(1)	0.400706	0.130932	3.060423	0.0091

R-squared	0.972147	Mean dependent var	0.777059
Adjusted R-squared	0.965719	S.D. dependent var	0.061315
S.E. of regression	0.011353	Akaike info criterion	-5.916417
Sum squared resid	0.001675	Schwarz criterion	-5.720367
Log likelihood	54.28954	Hannan-Quinn criter.	-5.896929
F-statistic	151.2437	Durbin-Watson stat	1.883763
Prob(F-statistic)	0.000000		

图 9－14　广义差分修正后的消费函数

$$\widehat{APC} = 0.3110 + 0.0040P_t + 0.0089r_t + 0.4007ar(1)$$

$$(4.219)\quad(5.210)\quad(4.595)\qquad(3.060)$$

$$R^2 = 97.21\% \quad F = 151.24 \quad D-W = 1.88$$

显然，通过修正后计量分析结果各数据都较为理想。从回归结果看，物价水平与福建省农村居民平均消费倾向有着显著的关系。但是，物价水平和利率对福建省农村居民消费倾向的影响仍相对较小。即物价水平、利率每提高 1%，福建省农村居民的平均消费倾向仅分别增加 0.004% 和 0.0089%。而且，从模型的分析结果可知，Gini 对福建省农村居民平均消费倾向的影响是反向的，即当 Gini 提高 1% 时，APC 就要降低 0.346%。这也在一定程度上揭示了缩小收入分配差距对于提高福建省农村居民消费支出的重要性。

【实验讨论】

1. 在现实生活中，价格是影响居民消费支出的重要因素。然而，在实验分析中，为什么价格对福建省农村居民消费支出的影响却非常小？

2. 参照本实验中的分析方法，解析收入分配、价格、利率等因素对福建省城镇居民消费需求的影响。

四、实验4：奥肯定律

【实验说明】

（一）实验目的

通过采集和分析1978～2008年中国国内生产总值（GDP）和城镇居民登记失业率的相关数据，理清国内生产总值和失业率的理论依据和政策含义，解析奥肯定律在中国失效的缘由。

（二）概念解析

奥肯定律是由美国经济学家阿瑟·奥肯提出的，用来近似地描述失业率和实际GNP之间的交替关系。该定律认为，GDP每增加2%，失业率大约下降一个百分点。

【实验数据】

为进一步验证奥肯定律在中国的可行性，本实验从《中国统计年鉴（2009）》和《中国劳动统计年鉴》（2009）中选取1980～2008年中国GDP和城镇登记失业率的数据为样本，具体数据见表9－5。

表9－5　　1980～2008年中国GDP和就业情况

年份	GDP（亿元）		就业（万人）			城镇居民登记失业率	价格指数（以1980年为基期）（%）
	以当年价计算	以1980年为基期	合计	城镇	农村		
1980	4 545.6	4 545.624	42 361	10 525	31 836	4.9	100
1981	4 891.6	4 439.206	43 725	11 053	32 672	3.8	110.19
1982	5 323.4	4 736.499	45 295	11 428	33 867	3.2	112.39
1983	5 962.7	5 201.196	46 436	11 746	34 690	2.3	114.64
1984	7 208.1	6 122.528	48 197	12 229	35 968	1.9	117.73
1985	9 016.0	7 006.556	49 873	12 808	37 065	1.8	128.68
1986	10 275.2	7 497.395	51 282	13 292	37 990	2.0	137.05
1987	12 058.6	8 200.35	52 783	13 783	39 000	2.0	147.05
1988	15 042.8	8 610.66	54 334	14 267	40 067	2.0	174.70
1989	16 992.3	8 243.096	55 329	14 390	40 939	2.6	206.14
1990	18 667.8	8 783.618	64 749	17 041	47 708	2.5	212.53
1991	21 781.5	9 911.494	65 491	17 465	48 026	2.3	219.76
1992	26 923.5	11 514.12	66 152	17 861	48 291	2.3	233.83
1993	35 333.9	13 174.47	66 808	18 262	48 546	2.6	268.20

续表

年份	GDP（亿元）		就业（万人）			城镇居民登记失业率	价格指数（以1980年为基期）（%）
	以当年价计算	以1980年为基期	合计	城镇	农村		
1994	48 197.9	14 481.22	67 455	18 653	48 802	2.8	332.83
1995	60 793.7	15 598.13	68 065	19 040	49 025	2.9	389.75
1996	71 176.6	16 862.5	68 950	19 922	49 028	3.0	422.10
1997	78 973.0	18 199.91	69 820	20 781	49 039	3.1	433.92
1998	84 402.3	19 608.37	70 637	21 616	49 021	3.1	430.44
1999	89 677.1	21 129.32	71 394	22 412	48 982	3.1	424.42
2000	99 214.6	23 283.24	72 085	23 151	48 934	3.1	426.12
2001	109 655.2	25 554.69	73 025	23 940	49 085	3.6	429.10
2002	120 332.7	28 269.01	73 740	24 780	48 960	4.0	425.67
2003	135 822.8	31 530.23	74 432	25 639	48 793	4.3	430.77
2004	159 878.3	35 721.42	75 200	26 476	48 724	4.2	447.57
2005	183 217.4	40 211.88	75 825	27 331	48 494	4.2	455.63
2006	211 923.5	45 824.27	76 400	28 310	48 090	4.1	462.47
2007	257 305.6	53 089.92	76 990	29 350	47 640	4.0	484.66
2008	300 670.0	58 580.45	77 480	30 210	47 270	4.2	513.26

【实验分析】

考虑到数据的可比性，本实验拟将1980～2008年中国GDP以1980年为基期的物价指数进行换算，结果见图9－15。其中，换算方法为：

		就业总人口					
	GDP	合计	城镇	农村	失业率	价格指数（以1980年为基期）（%）	
1978	3645.2	40152	9514	30638			
1979	4062.6	41024	9999	31025			
1980	4545.6	42361	10525	31836	4.9	100	=B5/G5*100
1981	4891.6	43725	11053	32672	3.8	110.19	
1982	5323.4	45295	11428	33867	3.2	112.39	
1983	5962.7	46436	11746	34690	2.3	114.64	

图9－15　GDP的换算

（一）1980～2008年GDP增长率与就业增长率的比较

为便于比较GDP增长率与失业率的减少幅度，本实验分别计算1980～2008年中国GDP的名义年均增长率和实际增长率。先用2008年的名义GDP除以1980年的当年价GDP，然后采用公式“power（number，power）”计算过去29年的平均增长率，方法如图9－16所示。

	名义GDP	合计	城镇
1980	4545.6	42361	10525
1981	4891.6	43725	11053
1985	9016.0	49873	12808
1990	18667.8	64749	17041
1995	60793.7	68065	19040
1996	71176.6	68950	19922
1997	78973.0	69820	20781
1998	84402.3	70637	21616
1999	89677.1	71394	22412
2000	99214.6	72085	23151
2001	109655.2	73025	23940
2002	120332.7	73740	24780
2003	135822.8	74432	25639
2004	159878.3	75200	26476
2005	183217.4	75825	27331
2006	211923.5	76400	28310
2007	257305.6	76990	29350
2008	300670.0	77480	30210
	=K20/K3		

	名义GDP	合计	城镇
1980	4545.6	42361	10525
1981	4891.6	43725	11053
1985	9016.0	49873	12808
1990	18667.8	64749	17041
1995	60793.7	68065	19040
1996	71176.6	68950	19922
1997	78973.0	69820	20781
1998	84402.3	70637	21616
1999	89677.1	71394	22412
2000	99214.6	72085	23151
2001	109655.2	73025	23940
2002	120332.7	73740	24780
2003	135822.8	74432	25639
2004	159878.3	75200	26476
2005	183217.4	75825	27331
2006	211923.5	76400	28310
2007	257305.6	76990	29350
2008	300670.0	77480	30210
	66.14493		
	=POWER(K21,1/29)		
	POWER(number, power)		

图9－16　名义GDP年平均增长率的计算

同理，可以分别计算出实际GDP、就业总人口、城镇就业人口、农村就业人口的年平均增长率。计算结果图9－17：

2000	99214.6	72085	23151	48934	3.1	426.12	23283.243
2001	109655.2	73025	23940	49085	3.6	429.1	25554.689
2002	120332.7	73740	24780	48960	4.0	425.67	28269.009
2003	135822.8	74432	25639	48793	4.3	430.77	31530.226
2004	159878.3	75200	26476	48724	4.2	447.57	35721.415
2005	183217.4	75825	27331	48494	4.2	455.63	40211.882
2006	211923.5	76400	28310	48090	4.1	462.47	45824.27
2007	257305.6	76990	29350	47640	4.0	484.66	53089.919
2008	300670.0	77480	30210	47270	4.2	513.26	58580.447
	66.144935	1.829040863	2.870308789	1.48479709			12.887218
年均增长率	1.1555154	1.021038661	1.037028381	1.0137236			1.0921476
	名义GDP	就业人口合计	城镇	农村			实际GDP

图9－17　GDP和就业人口年平均增长率的计算结果

根据图9－17的计算结果可知，1980～2008年，中国名义GDP和实际GDP的年平均增长率分别为15.55%和9.21%。相比之下，就业总人口、城镇就业人口和农村就业人口年均增长率则分别2.1%、3.7%和1.37%。也就是说，自20世纪80年代以来，我国经济保持了较快的增长速度，实际 GDP 的年平均增长率高达 9.21%，而 GDP 高速增长的同时，并没有带来就业的快速增加，仅城镇就业人口的年平均增长率达到 3.7%，不符合奥肯定律 GDP 每增长 2%，失业率将下降 1 个百分点的规律。即奥肯定律在中国是失效的。

（二）分阶段 GDP 增长率与就业增长率的比较

为进一步比较不同时期 GDP 增长率和就业增长率，本实验在上述分析的基础上，将 1980～2008 年分解为 1980～1995 年和 1996～2008 年，比较两个阶段 GDP 增长率与就业增长率的变化趋势。具体的分析方法同上，结果如图 9－18 和图 9－19 所示。

	名义GDP	合计	城镇	农村	失业率	价格指数（以1980年为基期）（%）	实际GDP
1980	4545.6	42361	10525	31836	4.9	100	4545.624
1981	4891.6	43725	11053	32672	3.8	110.19	4439.206
1982	5323.4	45295	11428	33867	3.2	112.39	4736.4988
1983	5962.7	46436	11746	34690	2.3	114.64	5201.1964
1984	7208.1	48197	12229	35968	1.9	117.73	6122.5276
1985	9016.0	49873	12808	37065	1.8	128.68	7006.5562
1986	10275.2	51282	13292	37990	2.0	137.05	7497.3945
1987	12058.6	52783	13783	39000	2.0	147.05	8200.3503
1988	15042.8	54334	14267	40067	2.0	174.7	8610.66
1989	16992.3	55329	14390	40939	2.6	206.14	8243.0965
1990	18667.8	64749	17041	47708	2.5	212.53	8783.6175
1991	21781.5	65491	17465	48026	2.3	219.76	9911.4941
1992	26923.5	66152	17861	48291	2.3	233.83	11514.124
1993	35333.9	66808	18262	48546	2.6	268.2	13174.469
1994	48197.9	67455	18653	48802	2.8	332.83	14481.224
1995	60793.7	68065	19040	49025	2.9	389.75	15598.134
	13.4	1.6067845	1.8090261	1.5399234			3.4314617
年均增长率	**1.2**	**1.0300833**	**1.0377442**	**1.0273506**			**1.080109**

图 9－18　1980～1995 年 GDP 和就业人口年平均增长率

1996	71176.6	68950	19922	49028	3.0	100	711.76592
1997	78973.0	69820	20781	49039	3.1	111.33	709.34458
1998	84402.3	70637	21616	49021	3.1	110.44	764.22446
1999	89677.1	71394	22412	48982	3.1	108.90	823.51436
2000	99214.6	72085	23151	48934	3.1	109.33	907.46841
2001	109655.2	73025	23940	49085	3.6	110.10	995.99182
2002	120332.7	73740	24780	48960	4.0	109.22	1101.7894
2003	135822.8	74432	25639	48793	4.3	110.53	1228.873
2004	159878.3	75200	26476	48724	4.2	114.84	1392.2222
2005	183217.4	75825	27331	48494	4.2	116.90	1567.2485
2006	211923.5	76400	28310	48090	4.1	118.66	1786.0114
2007	257305.6	76990	29350	47640	4.0	124.35	2069.1552
2008	300670.0	77480	30210	47270	4.2	131.69	2283.1685
	4.224282	1.123713	1.516414	0.964143			3.2077519
年均增长率	**1.11721**	**1.009013**	**1.032545**	**0.997195**			**1.093802**

图 9－19　1996～2008 年 GDP 和就业人口年平均增长率（以 1996 年为基期）

根据图 9 – 18 和图 9 – 19 可知，1980 ~ 1995 年中国名义 GDP 和实际 GDP 年平均增长率分别为 20% 和 8.01%，就业总人口、城镇就业人口和农村就业人口年均增长率则分别为 3%、3.77% 和 2.74%，实际 GDP 年平均增长率和城镇就业人口年平均增长率的比值为 2.12。相比之下，1996 ~ 2008 年，中国名义 GDP 和实际 GDP 年平均增长率分别为 11.72% 和 9.38%，就业总人口、城镇就业人口和农村就业人口年均增长率则分别为 0.9%、3.25% 和 –0.03%，实际 GDP 年平均增长率和城镇就业人口年平均增长率的比值为 2.89。从两个阶段的比值分析，尽管 1995 年以来我国经济仍然保持了快速的增长势头，实际 GDP 年增长率高达 9.38%，但就业总人口、城镇就业人口和农村就业人口年均增长率却出现不同程度的下滑态势。其中，农村就业人口不仅没有增加，反而年均下降 0.03%。依据奥肯定律，1996 ~ 2008 年相比 1980 ~ 1995 年，中国 GDP 增长对就业的拉动作用与前期相比有一定幅度的降低，即奥肯定律在中国出现变异。

【实验讨论】

1. 解析奥肯定律在中国失效的原因。

2. 当前我国出现大学生就业难和“民工荒”并存的现象，阐释造成该现象的深层次原因。

五、参考文献

[1] [美] 斯蒂格利茨.《经济学》(第三版下册) [M]. 中国人民大学出版社，2005.

[2] 约翰·伊特韦尔，等.《新帕尔格雷夫经济学大辞典》(第二卷) [M]. 北京：经济科学出版社，1996.

[3] 李子奈，潘文卿. 计量经济学 (第二版) [M]. 北京：高等教育出版社，2005.

[4] 姜巍，刘石成. 奥肯定律与中国实证 [J].《统计与决策》，2005 (24).

[5] 黎德福. 论二元经济的菲利普斯曲线和奥肯法则 [J].《世界经济》，2005 (8).

[6] 蔡昉. 为什么奥肯定律在中国失灵 [J].《宏观经济研究》，2007 (01).

[7] 国家统计局. 中国劳动统计年鉴 (2009).

第十章

金融理论建模与验证

一、实验说明

尽管金融危机的周期性爆发对经济稳定运行产生不利影响，但在经济全球化和自由化大背景下，金融市场仍然获得了巨大发展，其中货币市场、债券市场和股票市场日交易量均达到数万亿美元，大规模资产流动与经济运行密不可分。金融工具的日益复杂化和市场规模的快速增长，迫使金融机构和投资者不断寻求更有效的分析工具来反映市场行为，特别是如何将收益和风险用数量化方法来表现成为现代金融学发展重点，大量先进的估值模型和风险评估模型不断被发明出来，很多模型经过了市场的检验。现代金融分析方法越来越多地体现出数量化和工程化趋势，即运用高等概率论、随机微积分、偏微分方程和最优化理论等数学理论建立数学模型，并广泛应用计算机技术开发金融产品，分析市场行为，进而创造性地解决各种金融问题。

本实验主要介绍现代金融学中几个最为基本、也是最为常用的数量模型：戈登（Gordon）股利模型、均值方差模型、资本资产定价模型（CAPM）、投资组合（Portfolio），通过简单案例和实验，加强对现代金融模型的分析和应用能力。

二、实验1：证券价值—戈登（Gordon）股利模型

【实验内容】

戈登（Gordon）股利模型是一个被广泛用于对股票价值进行估计的模型，该模型通过计算公司预期未来支付给股东的股利现值，来确定股票的内在价值，它相当于未来股利的永续流入。其公式为：

$$V=\frac{D_1}{1+r}+\frac{D_1(1+g)}{(1+r)^2}+\frac{D_1(1+g)^2}{(1+r)^3}+\cdots \tag{10.1}$$

应用等比数列的求和公式，上式可以简化为：

$$V=\frac{D_1}{r-g} \tag{10.2}$$

其中，V 是股票价值，D_1 为预期基期每股股息，r 为贴现率，g 为股息年增长率。当然，这有三个假设条件：（1）股息的支付在时间上是永久性的；（2）股息的增长速度是一个常

数 g；(3) 模型中的贴现率大于股息增长率。

【实验数据】

假定某公司股票股利预期每年增长 10%，明年股利是每股 0.5 元，贴现率假定为 12%。

【实验过程】

启动 Excel，在单元格 B3 - B5 中分别输入 0.5，0.1 和 0.12，在 C9 中输入“=B3”，C10 中输入“=C9 *（1 + $B$4）”，按住 C10 右下角填充柄向下拖拉至 C58，表示折算 50 年的股利，第一种方法是在 B6 中输入“=NPV（B5，C9：C58）”，得到公司股票当前的理论价值为 14.85 元，NPV（）是对各个期末现金流进行贴现的函数（见图 10 - 1）。

	A	B	C	D	E	F	G
1	**股票价值和预期股利**						
2							
3	预期1年的股利	0.5			=B3/(B5-B4)		
4	股利的增长率	10%					
5	权益成本	12%					
6	股票价值	14.85	<-- =NPV(B5,C9:C58)		用公式计算的股票价值	25.00	
7							
8		年	预期股利				
9		1	0.50	<-- =B3			
10		2	0.55	<-- =C10*(1+$B$4)			
11		3	0.61	<-- =C11*(1+$B$4)			
12		4	0.67				
13		5	0.73				
14		6	0.81				
15		7	0.89				
16		8	0.97				
17		9	1.07				
18		10	1.18				

图 10 - 1　测算股票价值的戈登（Gordon）股利模型

第二种方法是利用公式 10.2，直接在 F6 中输入“=B3/（B5 - B4）”，得到股票理论价值为 25 元。

改变 B3 - B5 中的初始假设值，B6 和 F6 中的结果自动重新计算。

【实验结论】

只要给定一个公司股票的下一期股利及其增长率，以及贴现率，就可以算出其当前的理论价值，并和其价格进行比较，作出投资判断。但计算结果受到很多不确定性因素的影响，特别是给定的三个变量都具有很强的假设性，计算结果的可靠性受到限制。

【实验讨论】

1. 两种方法计算的结果差距很大，是什么原因造成的?
2. 股利增长率 g 和贴现率 r 长期稳定的假设是否合理，为什么?
3. 如果股利增长率 g 大于贴现率 r，是否意味着股价 V 是负值?

三、实验 2：证券收益和风险

【实验内容】

证券投资收益主要包括两部分，价格波动和红利（或利息），其收益率计算公式为：

$$r_t = (P_t - P_{t-1} + D_t) / P_{t-1} \tag{10.3}$$

P 一般为期末收盘价，D 表示股利，t 表示时间，周期可以是年、月、周等。如果不考虑当期红利 D，则公式简化为：

$$r_t = P_t / P_{t-1} - 1 \tag{10.4}$$

如果计算连续复合收益的话，计算公式为：

$$r_t = \ln (P_t / P_{t-1}) \tag{10.5}$$

证券风险反映的是证券投资收益的不确定性，可以用收益序列的方差或者标准差来衡量收益波动，计算公式为：

$$\sigma_t^2 = Var(r_t) = \sum (r_t - E(r_t))^2 / n \tag{10.6}$$

$$\sigma_t = \sqrt{\sigma_t^2} \tag{10.7}$$

【实验数据】

表 10－1　　浦发银行（600000）股票最近三年的月末价格

月	收盘价	月	收盘价	月	收盘价
200708	55.00	200808	21.97	200908	17.84
200709	52.50	200809	15.62	200909	19.65
200710	58.79	200810	11.74	200910	21.74
200711	51.89	200811	11.99	200911	22.02
200712	52.80	200812	13.25	200912	21.69
200801	46.00	200901	16.69	201001	19.62
200802	42.13	200902	17.78	201002	20.74
200803	35.40	200903	21.92	201003	22.78
200804	32.40	200904	23.17	201004	20.59
200805	28.12	200905	25.65	201005	18.54
200806	22.00	200906	23.02	201006	13.60
200807	22.71	200907	27.17	201007	14.98

【实验过程】

把 36 个月末股票价格输入在单元格 B3：B38 中，在 C4 中输入“＝ln（B4/B3)”，计算出当月收益率，拖拉填充柄至 C38，计算 35 个月收益率。曲线图反映收益率波动非常明显，在 F3 中输入“＝MAX（F4：F38）”得到月收益率最大值，在 F4 中输入“＝MIN（F4：F38）”得到月收益率最小值，在 F5 中输入“＝AVERAGE（F4：F38）”得到月收益率平均值，在 F6 中输入“＝VARP（F4：F38）”得到月收益率方差，在 F7 中输入“＝STDEVP（F4：F38）”得到月收益率标准差。月度平均值和方差分别乘以 12 即得到年度平均值和方差（见图 10－2）。

	A	B	C	D	E	F	G
1	浦发银行	600000					
2	月	收盘价	收益率				
3	200708	55.00			**最大值**	23.08%	<-- =MAX(F4:F38)
4	200709	52.50	-4.65%	<-- =ln(B4/B3)	**最小值**	-42.07%	<-- =MIN(F4:F38)
5	200710	58.79	11.32%		**月平均值**	-3.72%	<-- =AVERAGE(F4:F38)
6	200711	51.89	-12.48%		**月方差**	2.39%	<-- =VARP(F4:F38)
7	200712	52.80	1.74%		**月标准差**	15.47%	<-- =STDEVP(F4:F38)
8	200801	46.00	-13.79%				
9	200802	42.13	-8.79%		**年平均值**	-44.59%	<-- =12*F3
10	200803	35.40	-17.40%		**年方差**	28.71%	<-- =12*F4
11	200804	32.40	-8.86%		**年标准差**	53.58%	<-- =SQRT(F8)
12	200805	28.12	-14.17%				
13	200806	22.00	-24.54%				
14	200807	22.71	3.18%				
15	200808	21.97	-3.31%				
16	200809	15.62	-34.11%				
17	200810	11.74	-28.56%				
18	200811	11.99	2.11%				
19	200812	13.25	9.99%				
20	200901	16.69	23.08%				
21	200902	17.78	6.33%				
22	200903	21.92	20.93%				
23	200904	23.17	5.55%				
24	200905	25.65	10.17%				
25	200906	23.02	-10.82%				
26	200907	27.17	16.58%				
27	200908	17.84	-42.07%				
28	200909	19.65	9.66%				
29	200910	21.74	10.11%				
30	200911	22.02	1.28%				

图 10－2　股票收益和风险测算

【实验结论】

只要给定一段时期内价格，可以算出证券的收益和风险，据此可以对不同的证券进行比较，形成投资决策。但这里应该注意几个影响计算结果的因素，一个是周期类型，对于同一只股票，选择年度数据、月度数据还是周、日数据，其收益率和风险的计算结果不会相同；第二个是期限长短，选择一年、两年甚至更长的时间范围内计算收益率和风险，结果也有很多差别，这就要根据研究需要进行选择，同时还应该考虑市场环境变化和股利发放等重要事项。

【实验讨论】

1. 还有别的方法反映证券投资收益和风险吗？
2. 如何反映“收益越高，风险越大”，怎样验证？

四、实验3：证券投资组合

【实验内容】

投资者始终力求高回报的同时，尽量降低风险，因此分散投资成为降低投资风险的重要方法。投资者将资金分配到不同的资产，避免一种资产价格的大幅度波动对投资者造成严重损失，即“不要把鸡蛋放在一个篮子里”。但问题随之而来，“把鸡蛋放在几个篮子里?”，“每个篮子放几个鸡蛋?”，如何确定资产投资的比例成为分散投资的首要问题。为了解决这个问题，20 世纪 50 年代，哈里·马科维茨（Harry M. Markowitz）创立了证券组合理论并由此而成为金融经济学领域的先驱，他提出了“均值——方差”模型，通过均值方差分析来确定最有效的证券组合，在某些限定的约定条件下确定并求解投资决策过程中资金在投资对象中的最优分配比例问题，其核心思想是投资者进行决策时总希望以尽可能小的风险获得尽可能大的收益，或在收益率一定的情况下，尽可能降低风险。即一组证券的线性组合风险一定的情况下，实现收益率最高，可以用线性规划的方法描述为：

$$MaxR_m = \sum w_i r_i$$

$$s.t. \quad \sum w_i = 1$$

$$\sigma_m^2 \leqslant \sigma^2$$

上式表示在风险一定的条件下收益最大化，r 表示不同的单项投资收益率，w 表示各单项投资资金比例，R_m 表示投资组合的综合收益率，σ_m^2 是投资组合的方差。

或者写成另外一种方式：

$$Min\ \sigma_m^2 = var(R)$$

$$s.t. \quad \sum w_i = 1$$

$$R_m \geqslant R$$

上式表示收益一定的条件下风险最小化。为了简便起见，可以把两个线性规划归并为一个：

$$Max\ (R_m - R_f)/\sigma = (\sum w_i r_i - R_f)/\sigma$$

$$s.t. \quad \sum w_i = 1$$

【实验数据】

这里选择浦发银行（600000）和白云机场（600004）两只股票，用近三年月末收盘价计算收益率，并寻找最优投资组合（见表 10－2）。

表 10－2　上证指数及两只股票近三年月末收盘价

月度	上证指数	浦发银行	白云机场
200708	5 218.825	55	20.05
200709	5 552.301	52.5	19.01
200710	5 954.765	58.79	18.49
200711	4 871.778	51.89	18.51
200712	5 261.563	52.8	20.98
200801	4 383.393	46	18.51
200802	4 348.543	42.13	18.17
200803	3 472.713	35.4	13.99
200804	3 693.106	32.4	16.15
200805	3 433.354	28.12	13.6

续表

月度	上证指数	浦发银行	白云机场
200806	2 736. 103	22	10. 27
200807	2 775. 717	22. 71	10. 8
200808	2 397. 369	21. 97	11. 66
200809	2 293. 784	15. 62	12. 43
200810	1 728. 786	11. 74	7. 17
200811	1 871. 156	11. 99	6. 87
200812	1 820. 805	13. 25	7. 05
200901	1 990. 657	16. 69	7. 87
200902	2 082. 852	17. 78	8. 13
200903	2 373. 213	21. 92	9. 02
200904	2 477. 569	23. 17	8. 82
200905	2 632. 93	25. 65	9. 03
200906	2 959. 362	23. 02	9. 57
200907	3 412. 062	27. 17	10. 3
200908	2 667. 745	17. 84	8. 57
200909	2 779. 426	19. 65	8. 67
200910	2 995. 848	21. 74	9. 17
200911	3 195. 301	22. 02	9. 89
200912	3 277. 139	21. 69	10. 15
201001	2 989. 292	19. 62	10. 71
201002	3 051. 943	20. 74	11. 78
201003	3 109. 105	22. 78	11. 38
201004	2 870. 611	20. 59	10. 27
201005	2 592. 147	18. 54	9. 18
201006	2 398. 37	13. 6	8. 83
201007	2 637. 503	14. 98	10. 17

【实验过程】

把股票价格数据输入 Excel 的单元格 B3：C38 中，在 D4 中输入“ = ln （B4/B3）”，计算出浦发银行股票当月收益率，拖动填充柄至 D38，计算 35 个月收益率，用同样方式在 E4：E38 中计算出白云机场股票月度收益率。在 I4 中输入“ = AVERAGE （D4：D38）”算出浦发银行平均收益率，在 I5 中输入“ = VARP （D4：D38）”算出浦发银行收益率方差。用同样方法在 J4 和 J5 中计算出白云机场的平均收益率和方差。在 I7 中输入“ = COVAR （D4：

D38，E4：E38）”计算两只股票收益率的协方差，在 I8 中输入“ = CORREL（D4：D38，E4：E38）”计算两只股票收益率的相关系数，具体请参见图 10 -3。

首先来分析投资组合的收益和风险的关系，先在 H18 中输入 0，H19 中输入“ = H18 + 0.05”，拖动 H18 填充柄至 H38，得到浦发银行投资比例的不同数值，在 I18 中输入“ =1 - H18”，拖动 I18 填充柄至 I38，得到白云机场投资比例的不同数值。当然这种投资比例可以任意设定，只要确保两个股票投资比例之和为 1 即可。在 J18 中输入“ = I $4 * H14 + J $4 * I14”，得到第一种投资组合的平均收益率，拖动 J18 填充柄至 J38，得到全部 21 种投资组合的平均收益率，在 K18 中输入“ = H14^2 * I $5 + I14^2 * J $5 + 2 * H14 * I14 * I $7”，得到第一种投资组合的方差，拖动 K18 填充柄至 K38，得到全部 21 种投资组合的方差。投资组合的方差和收益关系如图 10 -4 所示。

	A	B	C	D	E	F	G	H	I	J	K	L
1		月末价格		收益率								
2	时间	浦发银行	白云机场	浦发银行	白云机场	投资组合			浦发银行	白云机场		
3	200708	55	20.05									
4	200709	52.5	19.01	-4.65%	-5.33%	-5.29%		**平均收益率**	-3.72%	-1.94%		
5	200710	58.79	18.49	11.32%	-2.77%	-1.98%		**方差**	2.39%	1.92%		
6	200711	51.89	18.51	-12.48%	0.11%	-0.60%						
7	200712	52.8	20.98	1.74%	12.53%	11.92%		**协方差**	1.26%	<-- =COVAR(D4:D38,E4:E38)		
8	200801	46	18.51	-13.79%	-12.53%	-12.60%		**相关系数**	0.5899849	<-- =CORREL(D4:D38,E4:E38)		
9	200802	42.13	18.17	-8.79%	-1.85%	-2.24%		**浦发银行比重a**	0.05619587			
10	200803	35.4	13.99	-17.40%	-26.14%	-25.65%		**1-a**	0.94380413			
11	200804	32.4	16.15	-8.86%	14.36%	13.05%			1	<-- =SUM(I9+I10)		
12	200805	28.12	13.6	-14.17%	-17.19%	-17.02%		C	-0.05	<-- 这是常数		
13	200806	22	10.27	-24.54%	-28.08%	-27.89%		投资组合收益	-2.04%			
14	200807	22.71	10.8	3.18%	5.03%	4.93%		投资组合标准差	1.85%			
15	200808	21.97	11.66	-3.31%	7.66%	7.05%		θ	1.59815886	<-- =(I13-I12)/I14		
16	200809	15.62	12.43	-34.11%	6.39%	4.12%						
17	200810	11.74	7.17	-28.56%	-55.02%	-53.53%		**浦发银行比重**	**白云机场比重**	**收益**	**方差**	
18	200811	11.99	6.87	2.11%	-4.27%	-3.92%		0	1	-1.94%	1.92%	
19	200812	13.25	7.05	9.99%	2.59%	3.00%		0.05	0.95	-2.03%	1.86%	
20	200901	16.69	7.87	23.08%	11.00%	11.68%		0.1	0.9	-2.12%	1.81%	
21	200902	17.78	8.13	6.33%	3.25%	3.42%		0.15	0.85	-2.21%	1.76%	
22	200903	21.92	9.02	20.93%	10.39%	10.98%		0.2	0.8	-2.29%	1.73%	
23	200904	23.17	8.82	5.55%	-2.24%	-1.80%		0.25	0.75	-2.38%	1.70%	
24	200905	25.65	9.03	10.17%	2.35%	2.79%		0.3	0.7	-2.47%	1.69%	
25	200906	23.02	9.57	-10.82%	5.81%	4.87%		0.35	0.65	-2.56%	1.68%	
26	200907	27.17	10.3	16.58%	7.35%	7.87%		0.4	0.6	-2.65%	1.68%	
27	200908	17.84	8.57	-42.07%	-18.39%	-19.72%		0.45	0.55	-2.74%	1.69%	

图 10 -3　投资组合收益和风险测算

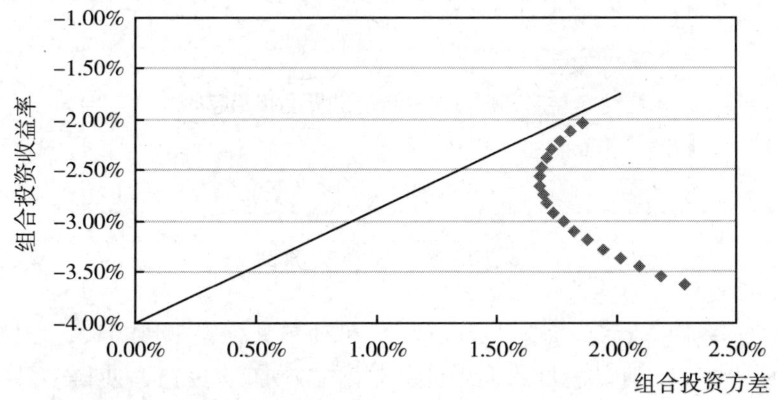

图 10 -4　投资组合方差和收益关系图

投资组合的方差和收益之间是曲线关系，最优投资组合点在曲线上，在曲线右边，表现为收益偏低，风险偏大；在曲线左边，表现为收益偏高，风险偏小，但不能实现。至于曲线上哪一点是最优投资组合，跟证券市场线 SML（图 9 -4 中直线）有关，证券市场线反映的是投资组合的收益与市场平均收益率的关系，这个最优投资组合点就是曲线和直线相切的位置，因此直线的截距就成为影响切点的关键因素，这个截距表示没有风险的情况下平均收益率。

在 I9 和 I10 中分别输入 0.5，在 I11 中输入“ = SUM（I9：I10）”，F4 中输入“ = D4 × I $ 9 + E4 × I $ 10”，计算投资组合的收益率，拖动 F4 填充柄至 F38，在 I13 和 I14 中分别输入“ = AVERAGE（F4：F38）”和“ = VARP（F4：F38）”，计算出组合投资的平均收益率和方差。在 I12 中输入 -0.05，在 I15 中输入“ = （I13 - I12）/I14”。

单击菜单“工具” - > “规划求解”，得到图 10 -6 所示规划求解窗口，如果菜单中没有“规划求解”命令，请单击菜单“工具” - > “加载宏”，在图 10 -5 的加载宏窗口在选择“规划求解”，单击“确定”按钮后，按要求插入 Office 安装光盘，即可安装规划求解功能。

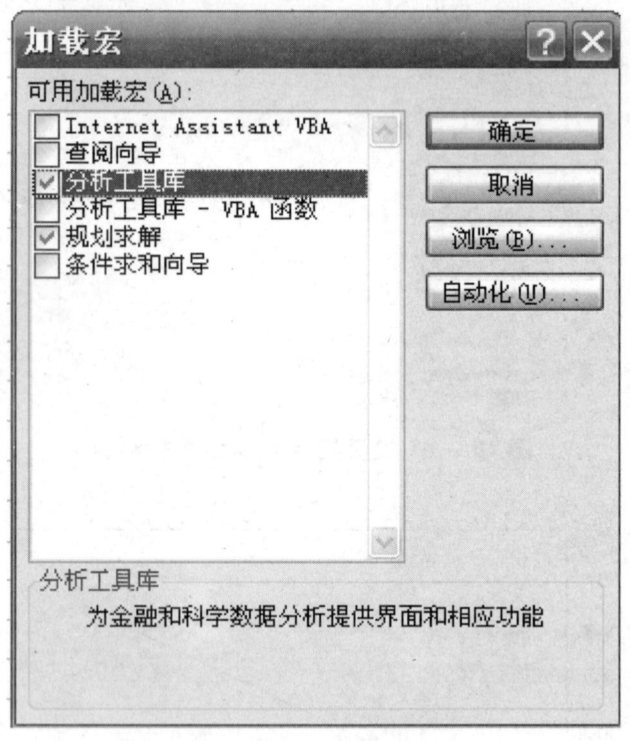

图 10 -5　加载宏窗口

目标单元格选择 $ I $ 15，选择“最大值”，可变单元格是 I9 和 I10，表明投资组合中两个股票的比重可以调整，但要满足约束条件，单击“添加”按钮，使得“I11 = 1”，即两个股票的比重之和为 1，如图 10 -7 所示，再单击“添加”按钮，使得“I9：I10 > = 0”，即任何一个股票的投资比重为非负数。

图 10－6 规划求解窗口

图 10－7 添加约束条件

最后单击“求解”按钮，得到线性规划的唯一解，I9 和 I10 单元格中的数值变为 0.0562 和 0.9438，也就是说，如果浦发银行和白云机场两只股票的比重分别为 5.62% 和 94.38%，可以实现投资组合的收益为 -2.04%，方差为 1.85%。

【实验结论】

投资组合的收益率虽然小于其中一个股票的收益率，大于另外一只股票的收益率，但是其方差比两只股票的方差都要小，也即意味着两只股票组合在一起的投资风险降低了。这个案例中两只股票收益率的相关系数为 0.59，具有一定的正相关性，如果选择的股票收益之间是负相关的化，分散风险的效果更好。

【实验讨论】

1. 如果某一资产投资比重 w 为负数，该如何解释？
2. 包含三只股票以上的投资组合，最优投资权重如何确定？
3. 组合投资分散风险的效果跟什么有关？

五、实验 4：资本资产定价模型（CAPM）

【实验内容】

资本资产定价模型（CAPM）是 20 世纪 60 年代中期由夏普（Sharp）、林特（Linter）和莫森（Mossin）根据马柯威茨（MarKowitz）的最优资产组合选择思想分别独立地提出来的，是第一个关于金融资产定价的均衡模型，是现代金融理论的核心内容。CAPM 模型的作用主要在于：通过预测证券的期望收益率和标准差的定量关系来考虑已经上市的不同证券价格的“合理性”，可以帮助确定准备上市证券的价格；能够估计各种宏观和宏观经济变化对证券价格的影响。

资本资产定价理论认为，证券投资组合的报酬率主要取决于三个因素：一是无风险报酬率，即国债投资或银行存款等无风险投资收益率；二是整个市场的平均报酬率；三是证券投资组合的系统风险系数即β系数，这个系数反映的是某一投资组合的风险程度与市场证券组合的风险程度之比。CAPM模型说明了单个证券投资组合的期望受益率与相对风险程度间的关系，即任何资产的期望报酬等于无风险利率加上一个风险调整对应的收益率，其相对整个市场组合的风险程度越高，需要得到的额外补偿也就越高。

$$E(R_i) = R_f + \beta_i [E(R_m - R_f)]$$

这里 R_i 是单个证券投资组合收益率，R_f 表示无风险报酬率，R_m 表示整个市场的平均报酬率，β_i 为某一投资的风险系数：

$$\beta_i = \text{cov}(R_i, R_m) / \text{var}(R_m)$$

【实验数据】

还是选择上面浦发银行（600000）和白云机场（600004）两只股票近三年月度价格数据作为单个证券投资，以及两个证券的投资组合，作为分析对象，以同期上证指数作为市场证券组合。

【实验过程】

把上证指数和浦发银行（600000）和白云机场（600004）两只股票价格输入B3：D38，在E4中输入“=ln（B4/B3）”，计算出上证指数当月收益率，拖动填充柄至E38，计算35个月收益率，用同样方式在F4：F38和G4：G38中计算出浦发银行和白云机场股票月度收益率。在H4中输入“=F4＊K＄6+G4＊K＄7”，计算投资组合的收益率，这里的K6和K7是由实验三测算出的最优投资比例，拖动H4填充柄至H38，计算投资组合其他月度收益率（见图10-8）。

	A	B	C	D	E	F	G	H	I	J	K	L	M	N
1		月末价格			收益率									
2	时间	上证指数	浦发银行	白云机场	上证指数	浦发银行	白云机场	投资组合			上证指数	浦发银行	白云机场	投资组合
3	200708	5218.8252	55	20.05										
4	200709	5552.3008	52.5	19.01	6.19%	-4.65%	-5.33%	-5.29%		平均收益率	-1.95%	-3.72%	-1.94%	-2.04%
5	200710	5954.7651	58.79	18.49	7.00%	11.32%	-2.77%	-1.98%		贝塔系数	1.00	1.01	0.89	0.90
6	200711	4871.7778	51.89	18.51	-20.07%	-12.48%	0.11%	-0.60%		**浦发银行比重a**	0.0562			
7	200712	5261.563	52.8	20.98	7.70%	1.74%	12.53%	11.92%		**1-a**	0.9438			
8	200801	4383.3931	46	18.51	-18.26%	-13.79%	-12.53%	-12.60%						
9	200802	4348.543	42.13	18.17	-0.80%	-8.79%	-1.85%	-2.24%						
10	200803	3472.7129	35.4	13.99	-22.49%	-17.40%	-26.14%	-25.65%						
11	200804	3693.106	32.4	16.15	6.15%	-8.86%	14.36%	13.05%						
12	200805	3433.354	28.12	13.6	-7.29%	-14.17%	-17.19%	-17.02%						
13	200806	2736.103	22	10.27	-22.70%	-24.54%	-28.08%	-27.89%						
14	200807	2775.717	22.71	10.8	1.44%	3.18%	5.03%	4.93%						
15	200808	2397.3689	21.97	11.66	-14.65%	-3.31%	7.66%	7.05%						
16	200809	2293.7839	15.62	12.43	-4.42%	-34.11%	6.39%	4.12%						
17	200810	1728.786	11.74	7.17	-28.28%	-28.56%	-55.02%	-53.53%						
18	200811	1871.156	11.99	6.87	7.91%	2.11%	-4.27%	-3.92%						
19	200812	1820.8051	13.25	7.05	-2.73%	9.99%	2.59%	3.00%						
20	200901	1990.657	16.69	7.87	8.92%	23.08%	11.00%	11.68%						

图10-8　证券风险系数 β 测算

在K5中输入“=COVAR（＄E4：＄E38，E4：E38）/VARP（＄E4：＄E38）”，拖动填充柄至N5，分别计算出浦发银行、白云机场和投资组合的风险系数 β。浦发银行的风险系数 β 为1.01，说明在评价期内其与市场风险非常接近，而白云机场的风险系数 β 只有

0.89，说明在评价期内其风险要小于市场风险。

【实验结论】

β系数作为一种风险测定，测定的是能够带来收益上的补偿的那部分风险。如果投资者希望通过承担较高风险来获得较高的期望收益，那么就选择β系数较高的证券，而不是总风险较高的风险证券。我们可以看到β值可以衡量某个证券或证券组合相对于市场组合的风险，但它的计算是以历史数据为基础的，在用来衡量未来收益风险或作出预测时，会产生很大的误差，至少是不太可靠的，同时评价时期的长短不同和数据周期的选择都会影响到风险系数β的测算。

【实验讨论】

1. 选择不同的无风险收益率和市场组合收益率，结果会不同吗？
2. 一只股票的风险系数是固定还是可变的，为什么？

六、实验拓展

1. 金融发展与经济增长关系。
2. 比较资本资产定价模型（CAPM）和套利定价理论（APT）的异同。
3. 了解期权定价公式布莱克－斯科尔斯公式（Black－Seholes）及其衍生模型。

七、参考文献

［1］兹维·博迪等著，马勇等译．投资学精要（第五版）［M］．北京：中国人民大学出版社，2007.

［2］埃德温·J·埃尔顿等著．现代投资组合理论和投资分析（第6版）［M］．北京：中国人民大学出版社，2006.

［3］［美］Smion Benninga 著，邵建利等译．财务金融建模－用Excel工具．［M］．上海财经大学出版社，2003.

［4］朱世武．金融计算与建模［M］．北京：清华大学出版社，2007.

第十一章

经济发展现状报告

一、实验说明

对经济发展现状的说明是对经济运行进行深入分析和研究的前提，只有在充分掌握数据，分析经济运行过程的基础上，才能回顾历史，了解现状，发现问题，把握趋势，展望未来。一方面可以验证经济理论对经济现象的描述，另一方面可以经济理论的适用性和条件进行调整，以便更好地对经济工作进行指导。经济发展现状涉及国民经济运行的方方面面，而国民经济是一个复杂的运行系统，包括政府、企业和个人三类主体，涉及生产、分配、交换和消费四个环节，覆盖国内和国外两个市场。主要通过指标来反映国民经济运行，从常用的分析方法来看，指标主要包括总量指标、相对指标和平均指标，总量指标主要反映经济发展的规模和水平，如工业生产总值、GDP、就业人口、进出口总额等；相对指标主要包括速度指标、结构指标和效益指标，如 GDP 增长率、第三产业增加值占 GDP 比重、万元 GDP 综合能耗等；平均指标主要考虑人均水平，如人均 GDP、城镇人均可支配收入等。

本实验主要从经济总量及增长、经济结构及优化、经济协调发展等几个角度，分析我国经济发展现状，加强了解国家提出的加快转变经济发展方式，实现经济社会统筹协调发展的内涵和意义。

二、实验 1：经济总量及增长

【实验内容】

国内生产总值（Gross Domestic Product，GDP）国内生产总值是指在一定时期内（一个季度或一年），一个国家或地区的经济中所生产出的全部最终产品和劳务的价值，常被公认为衡量国家经济状况的最佳指标。从价值形态看，它是所有常驻单位在一定时期内生产的全部货物和服务价值与同期投入的全部非固定资产货物和服务价值的差额，即所有常驻单位的增加值之和。尽管有很多不足之处，仍然是目前反映一个国家经济表现的最有效指标。常用三个方面分析 GDP，总量，增速和人均。计算中一段时期内 GDP 平均增速一般用几何平均公式：

$$r_{\text{GDP}} = \sqrt[n]{\frac{\text{GDP}_{t+n}}{\text{GDP}_t}} - 1 \tag{11.1}$$

由于 GDP 是价值指标，反映产出增速的时候，考虑到价格因素，计算 GDP 增长率还需进行价格缩减。价格指数有两种，一种是以上年为基期，定为 100，称为环比价格指数；另一种是以特定年份为基期，定为 100，称为定基价格指数。人均国内生产总值（Real GDP per capita），也称作"人均 GDP"，是用 GDP 总量除以年平均常住人口总数，常作为衡量经济发展状况的指标。由于 GDP 是国民经济基础指标，其他很多指标与 GDP 的比较，通常可以反映很多丰富的信息。

【实验数据】

表 11－1　　改革开放 30 年中国主要经济指标

年　份	GDP（亿元）	人均 GDP（元）	GDP 增速（%）	人均 GDP 增速（%）	CPI（%）	财政收入（亿元）	进出口总额
1978	3 645.2	381	111.7	110.2	100.0	1 132.26	355.0
1979	4 062.6	419	107.6	106.1			
1980	4 545.6	463	107.8	106.5	109.5	1 159.93	570.0
1981	4 891.6	492	105.2	103.9			
1982	5 323.4	528	109.1	107.5			
1983	5 962.7	583	110.9	109.3			
1984	7 208.1	695	115.2	113.7			
1985	9 016.0	858	113.5	111.9	131.1	2 004.82	2 066.7
1986	10 275.2	963	108.8	107.2			
1987	12 058.6	1 112	111.6	109.8			
1988	15 042.8	1 366	111.3	109.5			
1989	16 992.3	1 519	104.1	102.5			
1990	18 667.8	1 644	103.8	102.3	216.4	2 937.10	5 560.1
1991	21 781.5	1 893	109.2	107.7	223.8	3 149.48	7 225.8
1992	26 923.5	2 311	114.2	112.8	238.1	3 483.37	9 119.6
1993	35 333.9	2 998	114.0	112.7	273.1	4 348.95	11 271.0
1994	48 197.9	4 044	113.1	111.8	339.0	5 218.10	20 381.9
1995	60 793.7	5 046	110.9	109.7	396.9	6 242.20	23 499.9
1996	71 176.6	5 846	110.0	108.9	429.9	7 407.99	24 133.8
1997	78 973.0	6 420	109.3	108.2	441.9	8 651.14	26 967.2
1998	84 402.3	6 796	107.8	106.8	438.4	9 875.95	26 849.7
1999	89 677.1	7 159	107.6	106.7	432.2	11 444.08	29 896.2
2000	99 214.6	7 858	108.4	107.6	434.0	13 395.23	39 273.2
2001	109 655.2	8 622	108.3	107.5	437.0	16 386.04	42 183.6

续表

年　份	GDP（亿元）	人均 GDP（元）	GDP 增速（%）	人均 GDP 增速（%）	CPI（%）	财政收入（亿元）	进出口总额
2002	120 332.7	9 398	109.1	108.4	433.5	18 903.64	51 378.2
2003	135 822.8	10 542	110.0	109.3	438.7	21 715.25	70 483.5
2004	159 878.3	12 336	110.1	109.4	455.8	26 396.47	95 539.1
2005	183 217.4	14 053	110.4	109.8	464.0	31 649.29	116 921.8
2006	211 923.5	16 165	111.6	111.0	471.0	38 760.20	140 971.4
2007	257 305.6	19 524	113.0	112.5	493.6	51 321.78	166 740.2
2008	300 670.0	22 698	109.0	108.4	522.7	61 330.35	179 921.5

资料来源：《中国统计年鉴》（2009）。

【实验过程】

把指标数据输入到单元格 B2:H32 之中，在 K2 中输入“ = B32/B2”，在 K3 中输入“ = POWER（K2，1/30）－1”，算出 GDP 平均增速为 15.85%，包含价格因素在内。这里 POWER（A，B）是乘幂函数，结果是 A 的 B 次方。在 L2 中输入“ = PRODUCT（D3:D32）/POWER（100，30）”，用实际增长指数算出 GDP 按可比价格是 1978 年度的 16.5 倍，这里 PRODUCT（A、B、C、……）是连乘函数，结果是所有参数的乘积。在 L3 中输入“ = POWER（L2，1/30）－1”，算出改革开放 30 年我国 GDP 的实际平均增速为 9.8%。在 L4 中输入“ = POWER（PRODUCT（D5:D14），1/10）/100－1”，计算出 80 年代按可比价格计算的 GDP 平均增速为 9.28%，同理可以算出 90 年代和 21 世纪前 8 年度平均增速。按同样的方法可以算出人均 GDP 的平均增速。

	A	B	C	D	E	F	G	H	I	J	K	L
1	年份	GDP(亿元)	人均GDP（元）	GDP增速（%）	人均GDP增速	CPI（%）	财政收入（亿元）	进出口总额			当年价格	可比价格
2	1978	3645.2	381	111.7	110.2	100.0	1132.26	355.0		GDP增长倍数	82.483	16.506
3	1979	4062.6	419	107.6	106.1					GDP平均增速1978-2008	15.85%	9.80%
4	1980	4545.6	463	107.8	106.5	109.5	1159.93	570.0		GDP平均增速1981-1990		9.28%
5	1981	4891.6	492	105.2	103.9					GDP平均增速1991-2000		10.43%
6	1982	5323.4	528	109.1	107.5					GDP平均增速2001-2008		10.18%
7	1983	5962.7	583	110.9	109.3							
8	1984	7208.1	695	115.2	113.7							
9	1985	9016.0	858	113.5	111.9	131.1	2004.82	2066.7		人均GDP增长倍数	59.539	11.922
10	1986	10275.2	963	108.8	107.2					人均GDP平均增速	14.59%	8.61%
11	1987	12058.6	1112	111.6	109.8							
12	1988	15042.8	1366	111.3	109.5					财政收入增长倍数	54.166	10.363
13	1989	16992.3	1519	104.1	102.5					财政收入平均增速	14.23%	8.11%
14	1990	18667.8	1644	103.8	102.3	216.4	2937.10	5560.1		财政收入占GDP比重	1978年	31.062
15	1991	21781.5	1893	109.2	107.7	223.8	3149.48	7225.8			1990年	15.733
16	1992	26923.5	2311	114.2	112.8	238.1	3483.37	9119.6			2000年	13.501
17	1993	35333.9	2998	114.0	112.7	273.1	4348.95	11271.0			2008年	20.398
18	1994	48197.9	4044	113.1	111.8	339.0	5218.10	20381.9				
19	1995	60793.7	5046	110.9	109.7	396.9	6242.20	23499.9		进出口总额增长倍数	506.82104	
20	1996	71176.6	5846	110.0	108.9	429.9	7407.99	24133.8		进出口总额平均增速	23.07%	
21	1997	78973.0	6420	109.3	108.2	441.9	8651.14	26967.2		外贸依存度	1978年	9.739
22	1998	84402.3	6796	107.8	106.8	438.4	9875.95	26849.7			1990年	29.784
23	1999	89677.1	7159	107.6	106.7	432.2	11444.08	29896.2			2000年	39.584
24	2000	99214.6	7858	108.4	107.6	434.0	13395.23	39273.2			2008年	59.840
25	2001	109655.2	8622	108.3	107.5	437.0	16386.04	42183.6				

图 11－1　几个主要经济指标的分析

由于统计年鉴没有给出其他指标的实际增长指数，只能用物价折算的方法计算财政收入和进出口总额的实际增长速度。在 L12 中输入“ = G32 * 100/F32/G2”，这里除以 F32 消除价格变化对指标数值的影响，财政收入的实际平均增速调整为 8.11%。在 L14 中输入“ = G2 * 100/B2”，计算出 1978 年财政收入占 GDP 比重，用同样方法计算其他年份的比重。在 L21 中输入“ = H2 * 100/B2”，计算出进出口总额占 GDP 比重，也称外贸依存度，用同样方法计算其他年份的外贸依存度。

【实验结论】

改革开放以来，GDP 总量增长迅速，2008 年 GDP 实现 300 670 亿元，按当年价格计算，是 1978 年的 82.48 倍，按历史可比价格计算，是 1978 年的 16.51 倍，年均增长 9.8%，可说是经济发展的奇迹。国内生产总值（GDP）自从 1982 年突破 5 000 亿元以后，1986 年 GDP 总量实现 10 275 亿元，突破万亿元大关，进入 21 世纪后，GDP 总量在 2001 年是 109 655亿元，2006 年是 211 924 亿元，2008 年 300 670 亿元，在短短八年时间内，实现十万亿元到二十万亿元，再到三十万亿元的跨越式增长，80 年代、90 年代和 21 世纪前八年的平均增速分别为 9.28%、10.43% 和 10.18%。2008 年 GDP 总量跻身世界前三强，仅次于美国和日本。30 年来人均 GDP 的平均增速是 8.61%，低于 GDP 平均增速 1.19 个百分点，这是由于人口的快速增长造成的。所以，尽管我国 GDP 总量已经处于世界前列，但人均 GDP 仍落后于世界大部分国家。

从财政收入占 GDP 的比重来看，这一比例是 1978 年最高，为 31.1%，此后经过较长时间的下降，直至 1995 年降至 10.27%，又开始逐渐提升，目前已经超过 20%，说明政府在国民经济分配中的份额正在快速增加。

得益于我国的对外开放政策，外贸依存度则表现为快速稳步增长，1978 年进出口总额不足 GDP 的 10%，这一比例在 90 年代一直是 30% 多。自从 2001 年我国正式加入 WTO 以后，外贸依存度出现急速跃升势头，尽管 2008 年度受全球金融危机影响，有所下降，但快速增长的趋势不会改变。

【实验讨论】

1. 如何用 GDP 增速的变化反映经济周期？
2. 用图形反映外贸依存度的增长趋势。

三、实验 2：产业结构分析

【实验内容】

产业结构也称为国民经济的部门结构，是国民经济各产业部门之间以及各产业部门内部的构成。产业部门的划分一般以联合国颁布的《全部经济活动的国际标准产业分类》（ISIC）和我国颁布的《国民经济行业分类与代码》为标准，比较常用的分析对象是三次产业及各产业内部构成情况。研究产业结构现状和变化趋势，有利于制定合理的产业政策和产业布局，促进国民经济协调发展。

三次产业的产值结构和就业结构是研究产业结构的基本内容，三次产业贡献率和三次产业对国内生产总值增长的拉动作用也值得关注。三次产业贡献率指各产业增加值增量与 GDP 增量之比：

$$g_t = \frac{\Delta P_t}{\Delta \mathrm{GDP}_t} = \frac{P_t - P_{t-1}}{\mathrm{GDP}_t - \mathrm{GDP}_{t-1}} \tag{11.2}$$

三次产业对国内生产总值增长的拉动作用是指对 GDP 增长速度的贡献，等于 GDP 增长速度与各产业贡献率之乘积。

$$l_t = \frac{r_{\mathrm{GPP}} \times \Delta P_t}{\Delta \mathrm{GDP}_t} = \frac{\mathrm{GDP}_t - \mathrm{GDP}_{t-1}}{\mathrm{GDP}_{t-1}} \times \frac{P_t - P_{t-1}}{\mathrm{GDP}_t - \mathrm{GDP}_{t-1}} = \frac{P_t - P_{t-1}}{\mathrm{GDP}_{t-1}} \tag{11.3}$$

这里的 GDP 和各产业增加值按不变价格计算，消除价格因素的影响，如果用现价计算，会产生偏差。

【实验数据】

表 11 -2　　改革开放 30 年中国三次产业增加值和就业人员

年　份	增加值（亿元）				就业人员（万人）		
	GDP	第一产业	第二产业	第三产业	第一产业	第二产业	第三产业
1978	3 645.2	1 027.5	1 745.2	872.5	28 318	6 945	4 890
1979	4 062.6	1 270.2	1 913.5	878.9	28 634	7 214	5 177
1980	4 545.6	1 371.6	2 192.0	982.0	29 122	7 707	5 532
1981	4 891.6	1 559.5	2 255.5	1 076.6	29 777	8 003	5 945
1982	5 323.4	1 777.4	2 383.0	1 163.0	30 859	8 346	6 090
1983	5 962.7	1 978.4	2 646.2	1 338.1	31 151	8 679	6 606
1984	7 208.1	2 316.1	3 105.7	1 786.3	30 868	9 590	7 739
1985	9 016.0	2 564.4	3 866.6	2 585.0	31 130	10 384	8 359
1986	10 275.2	2 788.7	4 492.7	2 993.8	31 254	11 216	8 811
1987	12 058.6	3 233.0	5 251.6	3 574.0	31 663	11 726	9 395
1988	15 042.8	3 865.4	6 587.2	4 590.3	32 249	12 152	9 933
1989	16 992.3	4 265.9	7 278.0	5 448.4	33 225	11 976	10 129
1990	18 667.8	5 062.0	7 717.4	5 888.4	38 914	13 856	11 979
1991	21 781.5	5 342.2	9 102.2	7 337.1	39 098	14 015	12 378
1992	26 923.5	5 866.6	11 699.5	9 357.4	38 699	14 355	13 098
1993	35 333.9	6 963.8	16 454.4	11 915.7	37 680	14 965	14 163
1994	48 197.9	9 572.7	22 445.4	16 179.8	36 628	15 312	15 515
1995	60 793.7	12 135.8	28 679.5	19 978.5	35 530	15 655	16 880
1996	71 176.6	14 015.4	33 835.0	23 326.2	34 820	16 203	17 927
1997	78 973.0	14 441.9	37 543.0	26 988.1	34 840	16 547	18 432
1998	84 402.3	14 817.6	39 004.2	30 580.5	35 177	16 600	18 860

续表

年　份	增加值（亿元）				就业人员（万人）		
	GDP	第一产业	第二产业	第三产业	第一产业	第二产业	第三产业
1999	89 677.1	14 770.0	41 033.6	33 873.4	35 768	16 421	19 205
2000	99 214.6	14 944.7	45 555.9	38 714.0	36 043	16 219	19 823
2001	109 655.2	15 781.3	49 512.3	44 361.6	36 513	16 284	20 228
2002	120 332.7	16 537.0	53 896.8	49 898.9	36 870	15 780	21 090
2003	135 822.8	17 381.7	62 436.3	56 004.7	36 546	16 077	21 809
2004	159 878.3	21 412.7	73 904.3	64 561.3	35 269	16 920	23 011
2005	183 217.4	22 420.0	87 364.6	73 432.9	33 970	18 084	23 771
2006	211 923.5	24 040.0	103 162.0	84 721.4	32 561	19 225	24 614
2007	257 305.6	28 627.0	124 799.0	103 879.6	31 444	20 629	24 917
2008	300 670.0	34 000.0	146 183.4	120 486.6	30 654	21 109	25 717

资料来源：《中国统计年鉴》（2009）。

【实验过程】

把 GDP 和三次产业增加值数据输入单元格 B3：E33，在 F3：F33 中输入 GDP 增速。在 H4 中输入“＝C3/＄B3”，计算出 1978 年第一产业比重，拖动 H3 填充柄至 J3，选中 H3：J3 后，拖动 J3 填充柄至 J33，计算出 1978～2008 年三次产业结构。把三次产业构成的变化制作成柱状图，如图 11－3 所示。在 K4 中输入“＝（C4－C3）/（＄B4－＄B3)”，计算出 1979 年第一产业贡献率，拖动填充柄至 M4，选中 K4：M4，拖动 M4 填充柄至 M33，计算出 1979～2008 年三次产业贡献率。在 N4 中输入“＝K4＊（＄F4－100)”，计算出 1979 年第一产业对 GDP 增长的拉动作用，拖动填充柄至 P4，选中 N4：P4，拖动 P4 填充柄至 P33，计算出 1979～2008 年三次产业贡献率。

	A	B	C	D	E	F	G	H	I	J	K	L	M	N	O	P
1	增加值（亿元）						结构				贡献率			拉动作用		
2	年份	GDP	第一产业	第二产业	第三产业	GDP增速		第一产业	第二产业	第三产业	第一产业	第二产业	第三产业	第一产业	第二产业	第三产业
3	1978	3645.2	1027.5	1745.2	872.5	111.7		28.19%	47.88%	23.94%						
4	1979	4062.6	1270.2	1913.5	878.9	107.6		31.27%	47.10%	21.63%	58.14%	40.32%	1.53%	4.40	3.05	0.12
5	1980	4545.6	1371.6	2192.0	982.0	107.8		30.17%	48.22%	21.60%	20.99%	57.66%	21.35%	1.65	4.52	1.67
6	1981	4891.6	1559.5	2255.5	1076.6	105.2		31.88%	46.11%	22.01%	54.31%	18.36%	27.34%	2.85	0.96	1.43
7	1982	5323.4	1777.4	2383.0	1163.0	109.1		33.39%	44.77%	21.85%	50.47%	29.53%	20.00%	4.57	2.67	1.81
8	1983	5962.7	1978.4	2646.2	1338.1	110.9		33.18%	44.38%	22.44%	31.44%	41.17%	27.39%	3.41	4.47	2.97
9	1984	7208.1	2316.1	3105.7	1786.3	115.2		32.13%	43.09%	24.78%	27.12%	36.90%	35.99%	4.12	5.60	5.46
10	1985	9016.0	2564.4	3866.6	2585.0	113.5		28.44%	42.89%	28.67%	13.73%	42.09%	44.18%	1.85	5.67	5.95
11	1986	10275.2	2788.7	4492.7	2993.8	108.8		27.14%	43.72%	29.14%	17.81%	49.72%	32.46%	1.58	4.40	2.87
12	1987	12058.6	3233.0	5251.6	3574.0	111.6		26.81%	43.55%	29.64%	24.92%	42.55%	32.53%	2.89	4.93	3.77
13	1988	15042.8	3865.4	6587.2	4590.3	111.3		25.70%	43.79%	30.51%	21.19%	44.76%	34.06%	2.39	5.05	3.84
14	1989	16992.3	4265.9	7278.0	5448.4	104.1		25.11%	42.83%	32.06%	20.55%	35.43%	44.02%	0.83	1.44	1.79
15	1990	18667.8	5062.0	7717.4	5888.4	103.8		27.12%	41.34%	31.54%	47.51%	26.22%	26.26%	1.82	1.01	1.01
16	1991	21781.5	5342.2	9102.2	7337.1	109.2		24.53%	41.79%	33.69%	9.00%	44.47%	46.53%	0.83	4.08	4.27
17	1992	26923.5	5866.6	11699.5	9357.4	114.2		21.79%	43.45%	34.76%	10.20%	50.51%	39.29%	1.45	7.19	5.60
18	1993	35333.9	6963.8	16454.4	11915.7	114.0		19.71%	46.57%	33.72%	13.05%	56.54%	30.42%	1.82	7.89	4.25
19	1994	48197.9	9572.7	22445.4	16179.8	113.1		19.86%	46.57%	33.57%	20.28%	46.57%	33.15%	2.65	6.09	4.34
20	1995	60793.7	12135.8	28679.5	19978.5	110.9		19.96%	47.18%	32.86%	20.35%	49.49%	30.16%	2.22	5.41	3.29
21	1996	71176.6	14015.4	33835.0	23326.2	110.0		19.69%	47.54%	32.77%	18.10%	49.65%	32.24%	1.81	4.97	3.23
22	1997	78973.0	14441.9	37543.0	26988.1	109.3		18.29%	47.54%	34.17%	5.47%	47.56%	46.97%	0.51	4.42	4.37
23	1998	84402.3	14817.6	39004.2	30580.5	107.8		17.56%	46.21%	36.23%	6.92%	26.91%	66.17%	0.54	2.11	5.18

图 11－2　三次产业对经济增长点贡献率

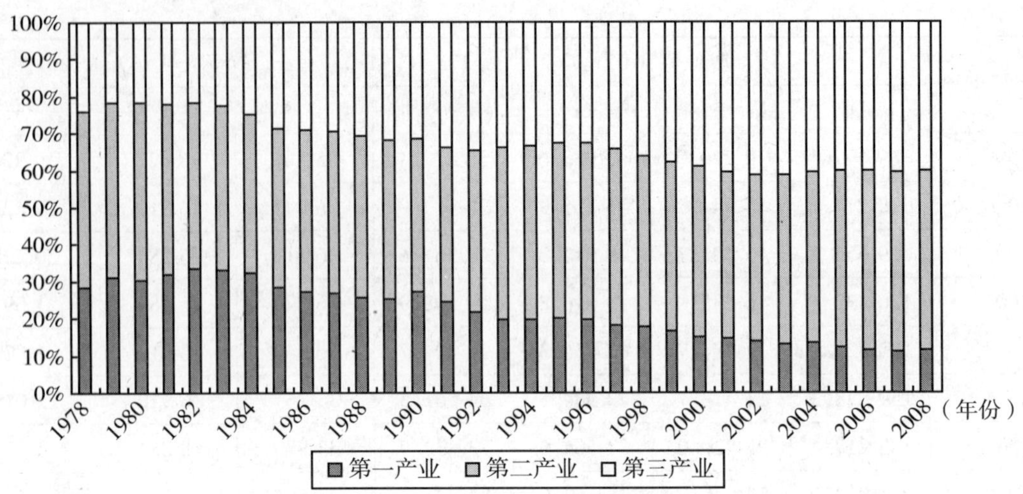

图 11-3　三次产业结构趋势图

【实验结论】

改革开放以后，在“坚持以农业为基础，加快推进工业化进程，大力发展第三产业”的方针指导下，加大产业结构调整力度，经历了由轻型工业——重化加工业——高加工度工业依次推进的产业发展过程，三次产业结构发生了显著变化，三次产业产值结构呈现出一产比重持续下降、三产比重不断攀升、二产比重较为稳定的良好格局，比例关系从 1978 年的 28. 2：47. 9：23. 9 调整到 2008 年的 11. 3：48. 6：40. 1。从增加值构成看，第一产业所占比重明显下降，第二产业所占比重基本持平，第三产业所占比重大幅上升。其中，第一产业所占的比重从 1978 年的 28. 2% 下降到 2008 年的 11. 3%，下降了 16. 9 个百分点；第二产业所占比重由 47. 9% 上升为 48. 6%，上升 0. 7 个百分点；第三产业所占比重由 23. 9 上升为 40. 1%，上升 16. 2 个百分点，现代经济的结构性特征越来越明显。

【实验讨论】

1. 三次产业贡献率和对 GDP 增长的拉动作用有什么变化趋势吗？
2. 三次产业产值结构和就业结构相匹配吗，为什么？
3. 如何反映三次产业内部结构的变化趋势？

四、实验 3：区域经济发展差异

【实验内容】

我国改革开放的进程造成东西部地区经济发展的巨大差异，区域经济发展的不平衡是实现全国统筹协调发展的主要障碍，如何准确地度量各省市经济发展的差异，并反映其变化趋势，有利于区域发展政策的制定。Theil 系数是一种具有空间可分解性的区域经济差异分析方法，可以用来分析区域经济差异总体变化过程、区际经济差异和区内经济差异变化的情况，以及区际经济差异和区内经济差异变化对区域经济总体差异变化的影响，并从中获取更多的政策信息。Theil 系数的计算方法如下：

$$T = \sum (g_i/G) \times \mathrm{Log}[(g_i/G)/(p_i/P)] \tag{11.4}$$

其中，T 为 Theil 系数，测度全国区域经济总体差异，g_i 为第 i 个省市区的 GDP 值，p_i 为第 i 个省市区的人口值，G 为全国的 GDP 值，P 为全国的人口值。Theil 计算的值越大，说明区域差距越大。

【实验数据】

表 11－3　全国各省（直辖市、自治区）GDP 和人口数据

	GDP（亿元）				人口（万人）			
	2005 年	2006 年	2007 年	2008 年	2005 年	2006 年	2007 年	2008 年
全国	183 217.4	211 923.5	257 305.6	300 670.0	130 756.0	131 448.0	132 129	132 802
北京	6 886.31	7 870.28	9 353.32	10 488.03	1 538	1 581	1 633	1 695
天津	3 697.62	4 359.15	5 050.40	6 354.38	1 043	1 075	1 115	1 176
河北	10 096.11	11 660.43	13 709.50	16 188.61	6 851	6 898	6 943	6 989
山西	4 179.52	4 752.54	5 733.35	6 938.73	3 355	3 375	3 393	3 411
内蒙古	3 895.55	4 791.48	6 091.12	7 761.80	2 386	2 397	2 405	2 414
辽宁	8 009.01	9 251.15	11 023.49	1 3461.57	4 221	4 271	4 298	4 315
吉林	3 620.27	4 275.12	5 284.69	6 424.06	2 716	2 723	2 730	2 734
黑龙江	5 511.50	6 188.9	7 065.00	8 310.00	3 820	3 823	3 824	3 825
上海	9 154.18	10 366.37	12 188.85	13 698.15	1 778	1 815	1 858	1 888
江苏	18 305.66	21 645.08	25 741.15	30 312.61	7 475	7 550	7 625	7 677
浙江	13 437.85	15 742.51	18 780.44	21 486.92	4 898	4 980	5 060	5 120
安徽	5 375.12	6 148.73	7 364.18	8 874.17	6 120	6 110	6 118	6 135
福建	6 568.93	7 614.55	9 249.13	10 823.11	3 535	3 558	3 581	3 604
江西	4 056.76	4 670.53	5 500.25	6 480.33	4 311	4 339	4 368	4 400
山东	18 516.87	22 077.36	25 965.91	31 072.06	9 248	9 309	9 367	9 417
河南	10 587.42	12 495.97	15 012.46	18 407.78	9 380	9 392	9 360	9 429
湖北	6 520.14	7 581.32	9 230.68	11 330.38	5 710	5 693	5 699	5 711
湖南	6 511.34	7 568.89	9 200.00	11 156.64	6 326	6 342	6 355	6 380
广东	22 366.54	26 204.47	31 084.40	35 696.46	9 194	9 304	9 449	9 544
广西	4 075.75	4 828.51	5 955.65	7 171.58	4 660	4 719	4 768	4 816
海南	894.57	1 052.85	1 223.28	1 459.23	828	836	845	854
重庆	3 070.49	3 491.57	4 122.51	5 096.66	2 798	2 808	2 816	2 839
四川	7 385.11	8 637.81	10 505.30	12 506.25	8 212	8 169	8 127	8 138
贵州	1 979.06	2 282	2 741.90	3 333.40	3 730	3 757	3 762	3 793

续表

	GDP（亿元）				人口（万人）			
	2005 年	2006 年	2007 年	2008 年	2005 年	2006 年	2007 年	2008 年
云南	3 472.89	4 006.72	4 741.31	5 700.10	4 450	4 483	4 514	4 543
西藏	251.21	291.01	342.19	395.91	277	281	284	287
陕西	3 675.66	4 523.74	5 465.79	6 851.32	3 720	3 735	3 748	3 762
甘肃	1 933.98	2 276.7	2 702.40	3 176.11	2 594	2 606	2 617	2 628
青海	543.32	641.58	783.61	961.53	543	548	552	554
宁夏	606.10	710.76	889.20	1 098.51	596	604	610	618
新疆	2 604.19	3 045.26	3 523.16	4 203.41	2 010	2 050	2 095	2 131

资料来源：《中国统计年鉴》（2009）。

【实验过程】

在 B3：E34 中输入 2005～2008 年全国及 31 个省（市、区）GDP 数据，在 F3：I34 中输入 2005～2008 年全国及 31 个省（市、区）年末总人口数据。在 K4 中输入"=B4*10 000/F4"，计算 2005 年北京市人均 GDP，拖动 K4 填充柄至 N4，选择 K4：N4，拖动填充柄至 N34，计算出 2005～2008 年 31 个省（市、区）人均 GDP，这种计算结果与统计年鉴公布的各地区人均 GDP 有偏差。在 K3 中输入"=STDEV（K4：K34）"，拖动 K3 填充柄至 N3，计算出 2005～2008 年 31 个省（市、区）人均 GDP 的标准差。

J	K	L	M	N	O	P	Q	R	S
	人均GDP					Theil			
	2005	2006	2007	2008		2005	2006	2007	2008
	10859	12099	13753	15112		0.102713	0.106442	0.093247	0.096444
	44774	49780	57277	61876		0.018963	0.018184	0.017031	0.015231
	35452	40550	45295	54034		0.008136	0.008239	0.007196	0.007984
	14737	16904	19746	23164		0.001207	0.001132	0.000321	0.000534
	12458	14082	16898	20345		-0.00117	-0.00132	-0.00137	-0.00107
	16327	19989	25327	32157		0.001412	0.002111	0.002702	0.003934
	18974	21660	25648	31199		0.005755	0.005598	0.005124	0.006235
	13329	15700	19358	23497		-0.00043	-0.00023	-5.3E-05	0.000345
	14428	16189	18475	21723		0.000382	5.21E-05	-0.00063	-0.0005
	51486	57115	65602	72536		0.028238	0.026871	0.024987	0.023038
	24489	28669	33759	39483		0.024226	0.025533	0.023904	0.02435
	27435	31611	37115	41967		0.021402	0.021722	0.020444	0.019154
	8783	10063	12037	14465		-0.00595	-0.00594	-0.00598	-0.00574
	18583	21401	25828	30031		0.004396	0.00442	0.004409	0.004416
	9410	10764	12592	14728		-0.00383	-0.00387	-0.00405	-0.00402

图 11－4　区域经济差异 Theil 系数测算

在 P4 中输入"=（B4/B $3）*LOG（（B4/B $3）/（F4/F $3））"，拖动填充柄至 S4，选择 P4：S4，拖动 S4 填充柄至 S34。在 P3 中输入"=SUM（P4：P34）"，拖动填充柄至 S3，计算出 2005～2008 年全国区域经济 Theil 系数。

【实验结论】

从31个省（市、区）人均GDP的标准差来看，从2005年的10859增长到2008年的15112，呈逐年上升态势，说明这几年内各省人均GDP的差异越来越大，区域经济发展趋于不协调。但从Theil系数来看，从2005年的0.1027下降到2008年的0.0964，整体上呈下降趋势，说明以省级行政区划来看，我国区域经济发展的差异性在减弱，更加趋于平衡。

【实验讨论】

1. 如何反映东、中、西和东北四大区域经济发展的差异？
2. 用人均GDP的标准差和Theil系数反映我国区域经济差异为何结果不同？

五、实验拓展

1. 使用份额－偏离法分析区域经济增长影响因素。
2. 把Theil系数分解成省内差异、省间差异和地带间差异。
3. 延长分析期限，分析新中国成立以来区域经济发展差异的变迁态势。

六、参考文献

［1］李建平，李建建，黄茂兴．中国60年经济发展报告［M］．北京：经济科学出版社，2009.

［2］黄茂兴，李军军，叶琪，邓春宁，周利梅．改革开放30年中国经济热点的回眸与展望［M］．北京：社会科学文献出版社，2008.

［3］中国国家统计局网站“庆祝新中国成立60周年”系列报告：
http：//www.stats.gov.cn/tjfx/ztfx/qzxzgcl60zn/index.htm.

［4］中国国家统计局网站“纪念改革开放30年”系列报告：
http：//www.stats.gov.cn/tjfx/ztfx/jnggkf30n/.

［5］王小鲁，樊纲．中国地区差距的变动趋势和影响因素［J］．经济研究，2004（1）．

［6］李军军，周利梅．新中国成立60年中国经济实力的国际比较及若干启示［J］．经济研究参考，2009（12）．

第十二章

经济指数编制和应用

一、实验说明

经济现象总是复杂多变的，比如物价的变动涉及千千万万的商品种类和型号，股票市场的运行由成百上千只股票组成，对个体的全面分析是没有办法了解总体现象，也不具可行性。常用指数法来综合了解社会经济复杂现象，可以用相对数的形式反映现象总体的数量变动态势，也可以用来分析各个元素对现象总体变动的影响程度。

二、实验 1：质量指数和数量指数

【实验内容】

综合指数是总指数的基本形式，它可以将不可相加汇总的经济总量，通过另一个有关的称为同度量因素的变量而转为可以相加的总量指标，然后以总量指标对比所得到的相对数来说明复杂经济总体的总体单位总量或标志值水平的综合变动，同度量因素的选择有不同的标准，要计算质量指标综合指数，一般取数量指标作为同度量因素，反之，要计算数量指标综合指数，则选择质量指标作为同度量因素。质量指标是指价格、成本等效益指标，数量指标是指产量、销量等规模指标，综合指数则是质量指数和数量指数的综合体，包括销售额、总成本等指标。同度量因素选择基期或者报告期，计算结果也不相同，一般情况下，质量指标的同度量因素选择报告期，即帕式公式，数量指标的同度量因素选择基期，即拉氏公式。总指数可以表示成质量指标综合指数和数量指标综合指数的乘积。

$$I = I_p \times I_q \tag{12.1}$$

$$\frac{\sum P_1 \times Q_1}{\sum P_0 \times Q_0} = \frac{\sum P_1 \times Q_1}{\sum P_0 \times Q_1} \times \frac{\sum P_0 \times Q_1}{\sum P_0 \times Q_0} \tag{12.2}$$

$$\sum P_1 \times Q_1 - \sum P_0 \times Q_0 = (\sum P_1 \times Q_1 - \sum P_0 \times Q_1) + (\sum P_0 \times Q_1 - \sum P_0 \times Q_0) \tag{12.3}$$

如果数据收集受限，价格指数公式也可以改成：

$$I_P = \frac{\sum P_1 \times Q_1}{\sum P_0 \times Q_1} = \frac{\sum P_1 \times Q_1}{\sum (P_1 \times Q_1)/(P_1/P_0)} \tag{12.4}$$

即价格涨幅的调和平均数。

【实验数据】

表 12－1　　2010 年 8 月 16 日银行板块数据

代码	名称	今日收盘价	涨幅	成交量（手）	昨日收盘价	流通市值（亿元）	总市值（亿元）	流通 A 股（万股）	总股本（万股）
601398	工商银行	4. 19	1. 45%	973 551	4. 13	10 364. 74	13 794. 98	25 096 234	33 401 886
601939	建设银行	4. 82	1. 47%	491 810	4. 75	427. 5	11 100. 23	900 000	23 368 908
601988	中国银行	3. 48	1. 16%	388 025	3. 44	6 116. 97	8 732. 07	17 781 892	25 383 916
601288	农业银行	2. 71	0. 74%	3 865 492	2. 69	277. 35	8 647. 24	1 031 032. 5	32 145 882
601328	交通银行	6. 32	1. 61%	658 593	6. 22	1 849. 55	3 499. 35	2 973 550. 2	5 625 964
600036	招商银行	13. 98	1. 90%	690 500	13. 72	2 423. 79	2 960. 31	1 766 613. 1	2 157 661
601998	中信银行	5. 83	1. 57%	266 319	5. 74	1 516. 38	2 240. 51	2 641 770. 5	3 903 334. 5
600000	浦发银行	14. 3	2. 22%	702 981	13. 99	1 441. 48	1 605. 92	1 030 365. 25	1 147 905. 9
601166	兴业银行	26. 43	3. 00%	435 294	25. 66	1 537. 66	1 537. 66	599 245. 06	599 245. 06
600016	民生银行	5. 56	2. 02%	1 724 144	5. 45	1 231. 02	1 455. 95	2 258 760. 2	2 671 473. 2
601169	北京银行	13. 35	1. 83%	383 934	13. 11	518. 57	816. 43	395 552. 9	622 756. 2
600015	华夏银行	12. 13	1. 51%	203 232	11. 95	452. 19	596. 37	378 400	499 052. 84
002142	宁波银行	12. 45	2. 22%	197 338	12. 18	304. 5	304. 5	250 000	250 000
601009	南京银行	11. 36	2. 16%	254 828	11. 12	265. 52	265. 52	238 777. 67	238 777. 67

资料来源：网易财经频道。

【实验过程】

在 Excel 单元格 B3：I16 中输入 12 家银行股票数据，在 L3 中输入“＝C3＊I3”，在 M3 中输入“＝F3＊I3”，选择 L3：M3，拖动 M3 填充柄至 M16，在 L18 中输入“＝SUM（L3：L16）”，拖动 L18 填充柄至 M18。在 L19 中输入“＝L18/M18”，得到价格指数。如图 12－1 所示。

	A	B	C	D	E	F	G	H	I	J	K	L	M	N
1	日期	20100816												
2	代码	名称	收盘价	涨幅	成交量（手）	收盘价	流通市值（亿元）	总市值（亿元）	流通A股（万股）	总股本（万股）		P1Q1	P0Q1	
3	601398	工商银行	4.19	1.45%	973551	4.13	10364.74	13795	25096234	33401886		105153220.5	103647446.42	
4	601939	建设银行	4.82	1.47%	491810	4.75	427.5	11100.2	900000	23368	=C3*I3	4338000	4275000.00	
5	601988	中国银行	3.48	1.16%	388025	3.44	6116.97	8732.07	17781892	25383916		61880984.16	61169708.48	
6	601288	农业银行	2.71	0.74%	3865492	2.69	277.35	8647.24	1031033	32145882		2794098.075	2773477.43	
7	601328	交通银行	6.32	1.61%	658593	6.22	1849.55	3499.35	2973550	5625964		18792837.26	18495482.24	
8	600036	招商银行	14	1.90%	690500	13.72	2423.79	2960.31	1766613	2157661		24697251.14	24237931.73	
9	601998	中信银行	5.83	1.57%	266319	5.74	1516.38	2240.51	2641771	3903334.5		15401522.02	15163762.67	
10	600000	浦发银行	14.3	2.22%	702981	13.99	1441.48	1605.92	1030365	1147905.9		14734223.08	14414809.85	
11	601166	兴业银行	26.4	3.00%	435294	25.66	1537.66	1537.66	599245.1	599245.06		15838046.94	15376628.24	
12	600016	民生银行	5.56	2.02%	1724144	5.45	1231.02	1455.95	2258760	2671473.2		12558706.71	12310243.09	
13	601169	北京银行	13.4	1.83%	383934	13.11	518.57	816.43	395552.9	622756.2		5280631.215	5185698.52	
14	600015	华夏银行	12.1	1.51%	203232	11.95	452.19	596.37	378400	499052.84		4589992	4521880.00	
15	002142	宁波银行	12.5	2.22%	197338	12.18	304.5	304.5	250000	250000		3112500	304500	
16	601009	南京银行	11.4	2.16%	254828	11.12	265.52	265.52	238777.7	238777.67		2712514.331	2655207	
17														
18										求和		291884527.4	287272276.4	
19										价格指数		1.016055329		
20														
21														

=F3*I3

=C3*I3

=SUM(M3:M16)

=SUM(L3:L16

=L18/M18

图 12－1　股票价格指数计算

【实验结论】

用流通股本作为同度量因素，对 12 只银行股票的价格变化进行加权平均，测算出当天银行类股票价格综合指数为 1.61%。

【实验讨论】

1. 可以计算 12 只银行股票涨幅的算术平均值代表银行股票价格指数吗？
2. 同度量因素选择成交量、流通股还是总股本，有差别吗，哪个更好？

三、实验 2：CPI 和 PPI 关系实证分析

【实验内容】

CPI（consumer price index，居民消费价格指数）是一个反映居民家庭一般所购买的消费商品和服务价格水平变动情况的指标，是进行经济分析和决策、价格总水平监测和调控及国民经济核算的重要指标，同人民生活密切相关，在整个国民经济价格体系中具有极为重要的地位。其按年度计算的居民消费价格指数变动率通常被用来作为反映通货膨胀或紧缩程度的指标。一般来讲，物价全面地、持续地上涨被认为发生了通货膨胀，一般的认定标准是超过 3%。

PPI（Producer Price Index，生产者物价指数，或者工业品出厂价格指数）衡量工业企业产品出厂价格变动趋势和变动程度的指数，是反映某一时期生产领域价格变动情况的重要经济指标，也是制定有关经济政策和国民经济核算的重要依据。

PPI 反映生产环节价格水平，CPI 反映消费环节的价格水平。根据价格传导规律，PPI 被认为是一种领先 CPI 变化的先行指标，PPI 对 CPI 有一定的影响，价格的传导是通过生产、流通、消费的价值链来进行的。整体经济价格水平的波动一般首先出现在生产领域，然后通过产业链向下游产业扩散，最后传导至消费品。传导过程可以分为两条：一是以工业品为原材料的生产，存在原材料→生产资料→生活资料的传导。另一条是以农产品为原料的生产，存在农业生产资料→农产品→食品的传导。由于 CPI 不仅包括消费品价格，还包括服务价格，CPI 与 PPI 在统计口径上并非存在严格的对应关系，另外传导过程也有一个时滞效应，因此 CPI 与 PPI 的变化出现不一致的情况是可能的，但如果 CPI 与 PPI 持续处于背离状态，就不符合价格传导规律，可能是由于工业品市场处于买方市场以及政府对公共产品价格的人为控制造成的。

为了反映 CPI 和 PPI 之间的关系，可以用滚动相关系数来测算两者关联程度，计算公式为：

$$r = \mathrm{cov}(\mathrm{CPI},\mathrm{PPI})/(\sigma_{\mathrm{CPI}} \times \sigma_{\mathrm{PPI}})$$

也可以建立 VAR 模型反映两者之间是否存在因果关系：

$$\begin{aligned} \mathrm{CPI}_t &= \alpha_0 + \sum \alpha_i \times \mathrm{PPI}_{t-i} + \sum \beta_i \times \mathrm{CPI}_{t-i} + \varepsilon_i \\ \mathrm{PPI}_t &= \lambda_0 + \sum \lambda_i \times \mathrm{CPI}_{t-i} + \sum \gamma_i \times \mathrm{PPI}_{t-i} + \mu_i \end{aligned} \tag{12.5}$$

【实验数据】

表 12－2　　1998～2009 年月度 CPI 和 PPI

月度	CPI（%）	PPI（%）	月度	CPI（%）	PPI（%）	月度	CPI（%）	PPI（%）
1998－01	0.30	－1.32	2000－07	0.50	4.50	2003－01	0.40	2.40
1998－02	－0.10	－2.65	2000－08	0.30	3.92	2003－02	0.20	4.00
1998－03	0.70	－3.20	2000－09	0.00	3.70	2003－03	0.90	4.60
1998－04	－0.30	－3.69	2000－10	0.00	3.60	2003－04	1.00	3.60
1998－05	－1.00	－4.47	2000－11	1.30	3.50	2003－05	0.70	2.00
1998－06	－1.30	－4.88	2000－12	1.50	2.80	2003－06	0.30	1.30
1998－07	－1.40	－4.96	2001－01	1.20	1.43	2003－07	0.50	1.40
1998－08	－1.40	－5.54	2001－02	0.00	0.90	2003－08	0.90	1.40
1998－09	－1.50	－4.19	2001－03	0.80	0.20	2003－09	1.10	1.40
1998－10	－1.10	－5.38	2001－04	1.60	－0.10	2003－10	1.80	1.20
1998－11	－1.20	－5.68	2001－05	1.70	－0.20	2003－11	3.00	1.90
1998－12	－1.00	－5.38	2001－06	1.40	－0.60	2003－12	3.20	3.00
1999－01	－1.20	－4.92	2001－07	1.50	－1.30	2004－01	3.20	3.50
1999－02	－1.30	－4.89	2001－08	1.00	－2.00	2004－02	2.10	3.50
1999－03	－1.80	－4.62	2001－09	－0.10	－2.90	2004－03	3.00	4.00
1999－04	－2.20	－3.86	2001－10	0.20	－3.10	2004－04	3.80	5.00
1999－05	－2.20	－3.42	2001－11	－0.30	－3.70	2004－05	4.40	5.70
1999－06	－2.10	－3.60	2001－12	－0.30	－4.00	2004－06	5.00	6.40
1999－07	－1.40	－2.51	2002－01	－1.00	－4.20	2004－07	5.30	6.40
1999－08	－1.30	－2.30	2002－02	0.00	－4.20	2004－08	5.30	6.80
1999－09	－0.80	－2.10	2002－03	－0.80	－4.00	2004－09	5.20	7.90
1999－10	－0.60	－0.74	2002－04	－1.30	－3.06	2004－10	4.30	8.40
1999－11	－0.90	－1.04	2002－05	－1.10	－2.63	2004－11	2.80	8.10
1999－12	－1.00	－0.83	2002－06	－0.80	－2.50	2004－12	2.40	7.10
2000－01	－0.20	0.03	2002－07	－0.90	－2.30	2005－01	1.90	5.80
2000－02	0.70	1.20	2002－08	－0.70	－1.70	2005－02	3.90	5.38
2000－03	－0.20	1.87	2002－09	－0.70	－1.40	2005－03	2.70	5.60
2000－04	－0.30	2.59	2002－10	－0.80	－1.00	2005－04	1.80	5.78
2000－05	0.10	0.67	2002－11	－0.70	－0.40	2005－05	1.80	5.90
2000－06	0.50	2.95	2002－12	－0.40	0.40	2005－06	1.60	5.20

续表

月度	CPI（%）	PPI（%）	月度	CPI（%）	PPI（%）	月度	CPI（%）	PPI（%）
2005－07	1.80	5.20	2007－01	2.20	3.30	2008－07	6.30	10.03
2005－08	1.30	5.30	2007－02	2.70	2.60	2008－08	4.90	10.06
2005－09	0.90	4.50	2007－03	3.30	2.70	2008－09	4.60	9.13
2005－10	1.20	4.00	2007－04	3.00	2.90	2008－10	4.00	6.59
2005－11	1.30	3.20	2007－05	3.40	2.80	2008－11	2.40	1.99
2005－12	1.60	3.20	2007－06	4.40	2.49	2008－12	1.20	－1.14
2006－01	1.90	3.05	2007－07	5.60	2.40	2009－01	1.00	－3.30
2006－02	0.90	3.01	2007－08	6.50	2.60	2009－02	－1.60	－4.47
2006－03	0.80	2.49	2007－09	6.20	2.70	2009－03	－1.20	－6.00
2006－04	1.20	1.87	2007－10	6.50	3.20	2009－04	－1.50	－6.60
2006－05	1.40	2.43	2007－11	6.90	4.55	2009－05	－1.40	－7.20
2006－06	1.50	3.52	2007－12	6.50	5.43	2009－06	－1.70	－7.80
2006－07	1.00	3.58	2008－01	7.10	6.10	2009－07	－1.80	－8.20
2006－08	1.30	3.40	2008－02	8.70	6.62	2009－08	－1.20	－7.86
2006－09	1.50	3.50	2008－03	8.30	7.95	2009－09	－0.80	－6.99
2006－10	1.40	2.90	2008－04	8.50	8.12	2009－10	－0.50	－5.85
2006－11	1.90	2.78	2008－05	7.70	8.22	2009－11	0.60	－2.08
2006－12	2.80	3.10	2008－06	7.10	8.84	2009－12	1.90	1.70

资料来源：中国国家统计局。

【实验过程】

第一步：把 CPI 和 PPI 数据输入到单元格 B2：C145 中，制作两个变量的折线图，如图 12－3 所示。在 E2 中输入“＝CORREL（B2：B13，C2：C13）”，计算 1998 年 12 个月 CPI 和 PPI 两者之间的相关系数，拖动 E2 填充柄至 E134，计算 12 年中 CPI 和 PPI 月度数据滚动相关系数，变化趋势如图 12－3 所示。

	A	B	C	D	E	F	G	H
1	月度	CPI	PPI		相关系数			
2	1998-01	0.30	-1.32		0.81	<-- =CORREL(B2:B13,C2:C13)		
3	1998-02	-0.10	-2.65		0.78			
4	1998-03	0.70	-3.20		0.75			
5	1998-04	-0.30	-3.69		0.34			
6	1998-05	-1.00	-4.47		-0.64			
7	1998-06	-1.30	-4.88		-0.87			
8	1998-07	-1.40	-4.96		-0.89			
9	1998-08	-1.40	-5.54		-0.63			
10	1998-09	-1.50	-4.19		-0.44			
11	1998-10	-1.10	-5.38		-0.13			
12	1998-11	-1.20	-5.68		0.25			
13	1998-12	-1.00	-5.38		0.42			
14	1999-01	-1.20	-4.92		0.61			

图 12－2　CPI 和 PPI 相关系数测算

CPI
PPI
15.0
10.0
5.0
0.0
−5.0
−10.0
1998–1
1999–1
2000–1
2001–1
2002–1
2003–1
2004–1
2005–1
2006–1
2007–1
2008–1
2009–1

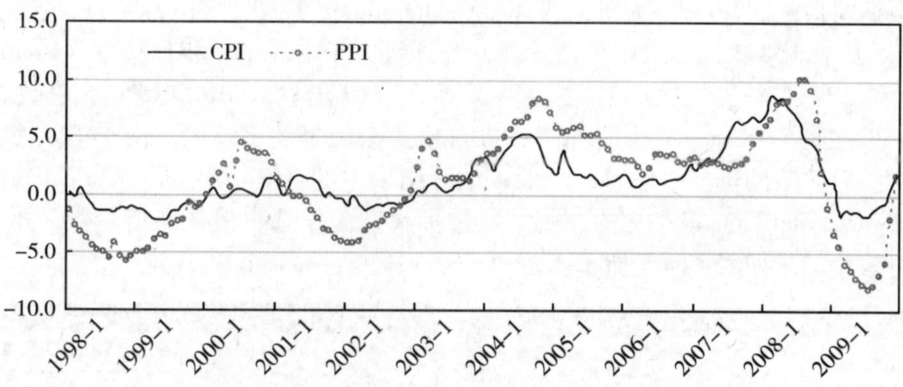

图 12 – 3　1998 ~ 2009 年月度 CPI 和 PPI 变化趋势

第二步：启动 Eviews5.0 软件，单击菜单“File” – > “New” – > “Workfile”，在创建文件窗口选择月度数据，起止时间分别是“1998 – 1”和“2009 – 12”，如图 12 – 4 所示。在命令窗口输入“data cpi ppi”，把 CPI 和 PPI 月度数据复制到数据窗口，如图 12 – 5所示。

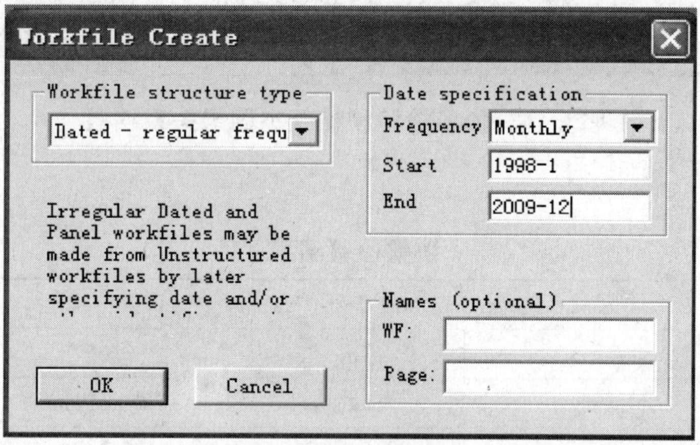

Workfile Create
Workfile structure type
Dated - regular frequ
Date specification
Frequency
Monthly
Start
1998-1
End
2009-12
Irregular Dated and
Panel workfiles may be
made from Unstructured
workfiles by later
specifying date and/or
Names (optional)
WF:
Page:
OK
Cancel

图 12 – 4　创建 Eviews 文件

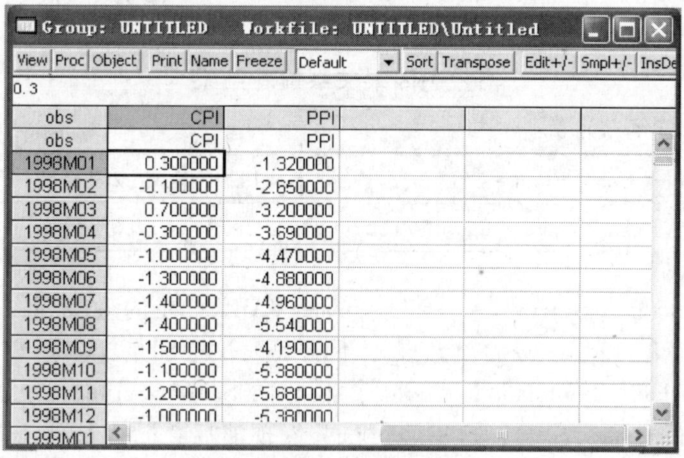

Group: UNTITLED Workfile: UNTITLED\Untitled
View Proc Object Print Name Freeze Default Sort Transpose Edit+/- Smpl+/- InsDe
0.3
obs CPI PPI
obs CPI PPI
1998M01 0.300000 -1.320000
1998M02 -0.100000 -2.650000
1998M03 0.700000 -3.200000
1998M04 -0.300000 -3.690000
1998M05 -1.000000 -4.470000
1998M06 -1.300000 -4.880000
1998M07 -1.400000 -4.960000
1998M08 -1.400000 -5.540000
1998M09 -1.500000 -4.190000
1998M10 -1.100000 -5.380000
1998M11 -1.200000 -5.680000
1998M12 -1.000000 -5.380000
1999M01

图 12 – 5　数据窗口

单击数据窗口的“View”按钮，选择“Cointergration Test”，进行协整检验，操作如图12－6所示。从表12－3的结果中可以发现，统计量大于临界值，相伴概率（Prob）都小于0.05，CPI和PPI两个变量之间存在协整关系，可以建立VAR模型。单击数据窗口的“View”按钮，选择“Granger Causality”，进行格兰杰因果关系检验，由于格兰杰因果关系检验结果对滞后阶数的选择很敏感，一般以估计结果中的AIC（Akaike information criterion）和SC（Schwarz criterion）最小化的原则，通过多次试验来选定最佳滞后阶数，这里设定为滞后2阶，检验结果如表12－4所示。

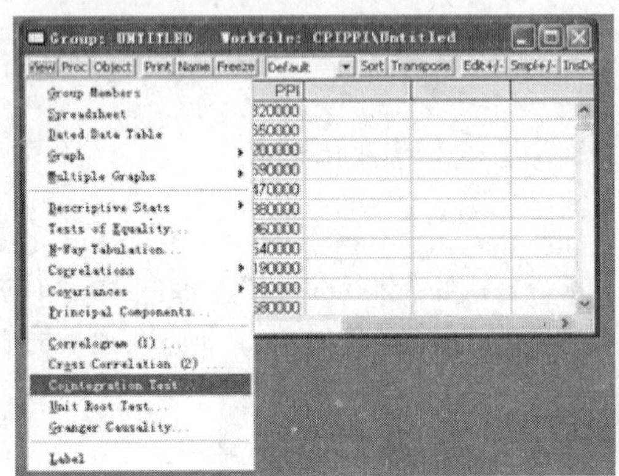
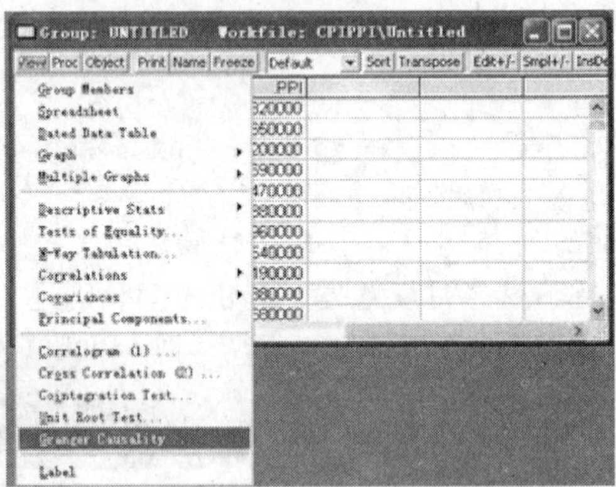

图12－6　协整检验和格兰杰因果关系检验

表12－3　　**协整检验结果**

Unrestricted Cointegration Rank Test（Trace）				
Hypothesized		Trace	0.05	
No. of CE（s）	Eigenvalue	Statistic	Critical Value	Prob.**
None*	0.107915	21.19710	15.49471	0.0062
At most 1*	0.037579	5.324126	3.841466	0.0210

表12－4　　**格兰杰因果关系检验结果**

Null Hypothesis：	Obs	F－Statistic	Probability
PPI does not Granger Cause CPI	142	2.76798	0.06630
CPI does not Granger Cause PPI		6.38092	0.00224

第三步：单击菜单“Quick”－＞“Estimate VAR”，在内生变量（Endogenous Variables）窗口输入“CPI　PPI”，滞后阶数设定不能太大，特别是样本量较小时影响自由度，一般也是以AIC（Akaike information criterion）和SC（Schwarz criterion）最小化的原则，通过多次试验来选定最佳滞后阶数，这里经过试验发现滞后2阶为最佳，具体如图12－7所示，得到估计结果如表12－5所示。

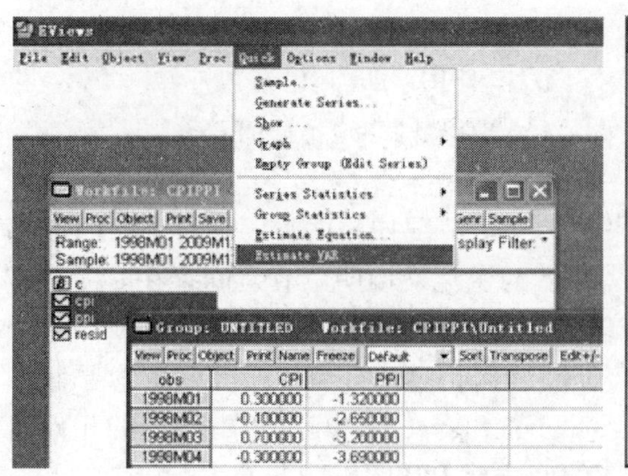

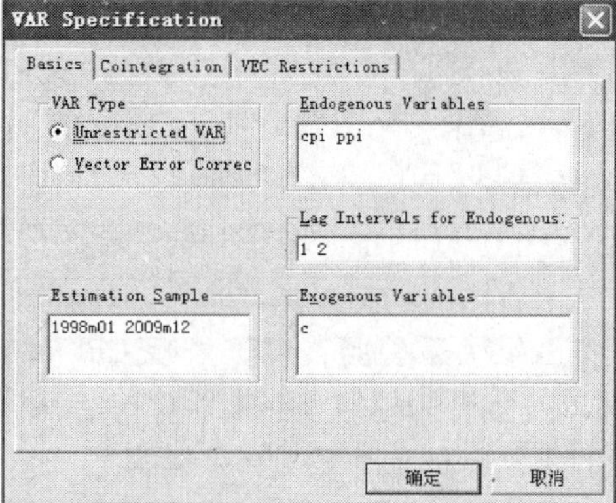

图 12－7　VAR 模型设定窗口

表 12－5　　VAR 模型估计结果

	CPI	PPI
CPI（－1）	1.072353	0.335479
	(0.08892)	(0.10130)
	[12.0597]	[3.31178]
CPI（－2）	－0.124614	－0.259765
	(0.09024)	(0.10280)
	[－1.38094]	[－2.52689]
PPI（－1）	0.143573	1.539214
	(0.06142)	(0.06996)
	[2.33774]	[22.0000]
PPI（－2）	－0.138393	－0.618508
	(0.06039)	(0.06880)
	[－2.29147]	[－8.98970]
C	0.080872	0.015001
	(0.06401)	(0.07292)
	[1.26337]	[0.20571]
R－squared	0.936946	0.972045
Adj. R－squared	0.935105	0.971229
Sum sq. resids	57.15903	74.18005
S. E. equation	0.645925	0.735840
F－statistic	508.9334	1190.938
Log likelihood	－136.8800	－155.3867
Akaike AIC	1.998310	2.258968
Schwarz SC	2.102388	2.363046
Mean dependent	1.390141	1.112606
S. D. dependent	2.535571	4.338155
Determinant resid covariance (dof adj.)		0.208356
Determinant resid covariance		0.193942
Log likelihood		－286.5245
Akaike information criterion		4.176401
Schwarz criterion		4.384558

据此，可以把方程写成：

$$CPI_t = 0.081 + 1.072CPI_{t-1} - 0.125CPI_{t-2} + 0.144PPI_{t-1} - 0.139PPI_{t-2}$$

$$PPI_t = 0.015 + 0.335CPI_{t-1} - 0.260CPI_{t-2} + 1.539PPI_{t-1} - 0.619PPI_{t-2}$$

【实验结论】

从 CPI 和 PPI 两个时间序列的变化趋势来看，交错情况比较明显，而且 PPI 的波动更为显著，从两者的滚动相关系数来看，出现时高时低的变化，说明两者之间存在时滞效应。通过格兰杰因果关系检验，可以发现 CPI 和 PPI 互为因果关系，尽管“PPI does not Granger Cause CPI”假设的相伴概率是 0.0663，大于 0.05，但仍然小于 0.1，可以拒绝原假设，说明 PPI 的变化还是会对 CPI 产生影响。“CPI does not Granger Cause PPI”假设的相伴概率是 0.0022，远小于 0.01，拒绝原假设，说明 CPI 的变化对 PPI 的影响非常大。

通过 VAR 回归结果中的系数可以发现，CPI 和 PPI 都受到前期本身和对方变化的影响，前一期为正的影响，前两期则为负的影响。从影响的程度来看，CPI 和 PPI 都受到自身变化的影响更大。

【实验讨论】

1. CPI 是如何影响 PPI 变化的?
2. 还有其他方法分析 CPI 和 PPI 的互动吗?

四、实验 3：因素分析法的运用

【实验内容】

在综合指数分解成质量指标指数和数量指标指数的基础上，可以把综合指数的变化分解成质量指标指数的变化和数量指标指数的变化，进而可以用质量指标指数的变化和数量指标指数的变化来说明各自对综合指标变化的影响，是一种有效的分析综合指数变动的方法。因素分析法不但可以分析质量指标和数量指标两个因素，在一个综合指标由多个因素构成时，仍然可以用因素分析法分解各个因素。这里以碳排放强度因素分解模型为例，说明因素分析法的运用。

根据能源消耗碳排放来源，碳排放总量的基本公式为：

$$C = \sum_i C_i = \sum_i \left(\frac{C_i}{E_i} \times \frac{E_i}{E} \times \frac{E}{\text{GDP}} \times \frac{\text{GDP}}{P} \times P\right) \tag{12.6}$$

其中，C 为能源消耗碳排放总量，C_i 为第 i 种能源消耗的碳排放量，E 为一次能源消耗总量，E_i 为第 i 种能源消耗量，GDP 为地区生产总值，P 为人口。

对公式进行改造，并构造因素分解模型。将式（12.6）两边同时除以 GDP，得到：

$$A = \frac{C}{\text{GDP}} = \sum_i \left(\frac{C_i}{E_i} \times \frac{E_i}{E} \times \frac{E}{\text{GDP}}\right) = \sum_i (F_i \times S_i \times I) \tag{12.7}$$

其中，A 代表碳排放强度（单位 GDP 碳排放量）；F_i 代表各类能源消耗的碳排放系数，反映能源碳排放技术因素；S_i 代表各类能源在能源消耗总量中的比重，反映能源结构因素，有 $\sum S_i = 1$；I 代表能源消耗强度（单位 GDP 综合能耗），反映能源效率因素。

碳排放强度从时期 0 到时期 t 的绝对变化量可以表示为：

$$\begin{aligned}\Delta A = A^t - A^0 &= \sum_i (F_i^t \times S_i^t \times I^t) - \sum_i (F_i^0 \times S_i^0 \times I^0) \\ &= [\sum_i (F_i^t \times S_i^t \times I^t) - \sum_i (F_i^0 \times S_i^t \times I^t)] + [\sum_i (F_i^0 \times S_i^t \times I^t) - \sum_i (F_i^0 \times S_i^0 \times I^t)] \\ &\quad + [\sum_i (F_i^0 \times S_i^0 \times I^t) - \sum_i (F_i^0 \times S_i^0 \times I^0)] \\ &= \sum_i (\Delta F_i \times S_i^t \times I^t) + \sum_i (F_i^0 \times \Delta S_i \times I^t) + \sum_i (F_i^0 \times S_i^0 \times \Delta I) \\ &= \Delta A_F + \Delta A_S + \Delta A_I \end{aligned} \tag{12.8}$$

ΔA_F、ΔA_S、ΔA_I 分别是影响碳排放强度绝对变化的能源碳排放技术、能源结构及能源效率三个因素分解的绝对量，公式没有剩余项。

碳排放强度从时期 0 到时期 t 的相对变化量可以表示为：

$$\begin{aligned}D_A = \frac{A_t}{A_0} &= \sum_i (F_i^t \times S_i^t \times I^t) / \sum_i (F_i^0 \times S_i^0 \times I^0) \\ &= [\sum_i (F_i^t \times S_i^t \times I^t) / \sum_i (F_i^0 \times S_i^t \times I^t)] \\ &\quad \times [\sum_i (F_i^0 \times S_i^t \times I^t) / \sum_i (F_i^0 \times S_i^0 \times I^t)] \\ &\quad \times [\sum_i (F_i^0 \times S_i^0 \times I^t) / \sum_i (F_i^0 \times S_i^0 \times I^0)] \\ &= D_F \times D_S \times D_I \end{aligned} \tag{12.9}$$

D_F、D_S、D_I 分别是影响碳排放强度相对变化的能源碳排放技术、能源结构及能源效率三个因素分解的相对变化量，公式没有剩余项。

【实验数据】

目前能源消耗主要分为四大类，分别为煤炭、石油、天然气和水电、核电、风电等其他能源，按照 IPCC（2007）给出的三种化石能源消耗的碳排放系数参考值，即每消耗一吨标煤的煤炭、石油和天然气，分别产生 0.7559 吨、0.5857 吨、0.4483 吨碳，再按照 1 吨碳约为 3.7 吨二氧化碳的比例，测算出三类能源消耗的二氧化碳排放系数分别为 2.8 吨、2.17 吨和 1.66 吨，由于这三大类能源各自包含很多类型，各地能源禀赋结构和技术效率存在差异，碳排放系数也不是完全一样的，但差别较小，可以假设在评价期内不变。第四大类水电、核电、风电等其他清洁能源不产生二氧化碳，其碳排放系数为 0。

1978～2009 年福建省能源消耗总量和能源消耗结构数据来自《福建统计年鉴 2010》，主要年份数据如表 12-6 所示。测度能源消耗强度数据的地区生产总值已经调整为按 2005 年可比价格计算，折算方法为：

$$I_t = \frac{E_t}{\mathrm{GDP}_t \times P_{2005}/P_t} = \frac{E_t \times P_t}{\mathrm{GDP}_t \times P_{2005}} \tag{12.10}$$

这里 P_t 和 P_{2005} 分别代表 t 年和 2005 年的地区生产总值价格指数，用以反映剔除物价影响的经济实际增长速度，其他符号含义同前。

表 12 – 6　　主要年份能源消耗总量、能源结构和能源强度

年份	能源消费总量（万吨标准煤）	煤炭（%）	石油（%）	天然气（%）	水电、核电及其他（%）	万元 GDP 综合能耗（吨标煤/万元）
1978	688.0	63.7	12.9	0	23.4	2.577
1990	1 458.3	67.0	12.1	0	20.9	1.480
2000	2 942.6	54.4	23.3	0	22.3	0.748
2005	6 141.6	62.0	22.3	0.1	15.6	0.937
2009	8 916.5	67.6	18.3	1.3	12.8	0.811

资料来源：《福建统计年鉴 2010》。

【实验过程】

首先在 Excel 表中 A 列至 F 列输入 1978 ~ 2009 年度的年份、能源消耗总量及各种能源消耗结构数据，H 列和 I 列分别输入各年度名义 GDP 和 GDP 增长指数（1952 年 = 100），在单元格 J3 中输入公式 = H $ 30 * I3/I $ 30，拖动填充柄至 J34，计算出各年度以 2005 年不变价核算的 GDP，再在 G3 中输入公式 = B3/J3，拖动填充柄至 G34，计算出各年度以 2005 年不变价核算的能源消耗强度。最后在单元格 L5：L8 中输入四种能源的碳排放系数，如图 12 – 8 所示。

	A	B	C	D	E	F	G	H	I	J	K	L
1	year	能源消费总量（万吨标准煤）	煤炭	石油	天然气	水电、风电及其他	万元GDP综合能耗	GDP	GDP指数	2005GDP		
2			S1	S2	S3	S4	I					F
3	1978	688.0	63.7	12.9	0	23.4	2.577	66.37	451.2	266.9		
4	1979	731.0	66.9	13.1	0	20.0	2.595	74.11	476.1	281.7		
5	1980	710.0	64.1	13.9	0	22.1	2.128	87.06	563.9	333.6	F1	2.7968
6	1981	729.0	59.2	13.6	0	27.3	1.893	105.62	651.1	385.2	F2	2.1671
7	1982	780.0	60.6	12.8	0	26.6	1.853	117.81	711.6	421.0	F3	1.6587
8	1983	861.0	61.5	11.8	0	26.7	1.927	127.76	755.3	446.8	F4	0.0000
9	1984	930.0	63.0	12.7	0	24.3	1.765	157.06	890.7	527.0		
10	1985	1043.0	64.0	11.2	0	24.8	1.683	200.48	1047.5	619.7		
11	1986	1114.0	66.4	12.2	0	21.5	1.701	222.54	1107.3	655.1		
12	1987	1215.0	67.0	12.9	0	20.1	1.633	279.24	1257.9	744.2		
13	1988	1363.0	65.9	12.0	0	22.1	1.603	383.21	1437.6	850.5		
14	1989	1404.0	68.3	12.1	0	19.6	1.532	458.40	1549.3	916.6		
15	1990	1458.3	67.0	12.1	0	20.9	1.480	522.28	1665.8	985.5		
16	1991	1530.6	70.9	13.3	0	15.8	1.360	619.87	1902.8	1125.7		
17	1992	1624.0	64.1	13.5	0	22.4	1.199	784.68	2288.8	1354.1		
18	1993	1848.0	61.9	19.2	0	18.9	1.113	1114.20	2806.2	1660.2		

图 12 – 8　碳排放总量和结构数据

在单元格 M3 中输入公式 = B3 * MMULT（C3：F3，L $ 5：L $ 8）/100，拖动填充柄至 M34，测算出历年的碳排放总量，在 N3 中输入公式 = G3 * MMULT（C3：F3，L $ 5：L $ 8）/100，拖动填充柄至 N34，测算出历年的碳排放强度。接下来应用因素分解公式（12.8）的加法模型，计算碳排放强度及各因素的影响，在 O4 中输入公式 = N4 – N3，拖动填充柄至 O34，测算出历年的碳排放强度的变化，由于碳排放系数由技术原因决定，短期难以改变，所以碳排放系数的变化为 0，在 Q4 中输入公式 =（L $ 5 *（C4 – C3）* G4 + L $ 6 *（D4 –

D3) * G4 + L $ 7 * (E4 - E3) * G4)/100，拖动填充柄至 Q34，测算出历年的能源结构变化对碳排放强度变化的影响，在 R4 中输入公式 = (G4 - G3) * MMULT(C3:F3, L $ 5:L $ 8)/100，拖动填充柄至 R34，测算出历年的能源消耗强度变化对碳排放强度变化的影响。相应地，也可以应用公式（12.9）的乘法模型，计算碳排放强度及各因素的影响。

根据碳排放强度变化趋势，把 1978 ~ 2009 年划分为 3 个阶段，根据公式（12.8）测算出各时间段碳排放强度降低额及各因素的影响效果，根据公式（12.9）测算出各时间段碳排放强度变化率及各因素的影响效果，具体如表 12 - 7 所示。

表 12 - 7　　福建省碳排放强度阶段变化及因素分析

时期	碳排放强度降低额 ΔA	贡献值			碳排放强度变化率 D_A	变化率（%）		
		碳排放系数 ΔA_F	能源结构 ΔA_S	能源效率 ΔA_I		碳排放系数 D_F	能源结构 D_S	能源效率 D_I
1978 ~ 2001 年	-3.897	0.0	-0.109	-3.788	0.266	0.0	0.929	0.287
2001 ~ 2005 年	0.663	0.0	0.285	0.378	1.469	0.0	1.159	1.267
2005 ~ 2009 年	-0.207	0.0	0.073	-0.280	0.901	0.0	1.040	0.866
1978 ~ 2009 年	-3.440	0.0	0.201	-3.641	0.352	0.0	1.120	0.315

【实验结论】

福建省碳排放强度下降最快的阶段是 20 世纪 80 年代和 90 年代，碳排放强度由 1978 年的 5.31 吨 CO_2/万元下降到 1990 年的 3.16 吨 CO_2/万元，再下降到 2001 年的 1.42 吨 CO_2/万元，两个时期分别下降了 2.15 吨 CO_2/万元和 1.74 吨 CO_2/万元，共下降了 3.897 吨 CO_2/万元，而 2001 年以后碳排放强度反而上升了 0.46 吨 CO_2/万元，其中 2001 ~ 2005 年碳排放强度上升了 0.663 吨 CO_2/万元。从相对变化来看，2009 年碳排放强度只有 1978 年的 35.3%，有接近 65% 的下降幅度，其中 20 世纪 80 年代下降了 40.5%，90 年代又下降了 32.9 个百分点，而 2000 年以后反而上升了 8.6 个百分点，主要是由于 2001 ~ 2005 年上升了 12.5%。从影响碳排放强度的因素来看，由于各类能源消耗的碳排放系数受到内在技术的制约，在一段时期内变化不明显，可以假定保持不变，因此，主要是能源结构和能源效率两个因素对碳排放强度变化产生影响。1978 ~ 2009 年，碳排放强度下降了 3.44 吨 CO_2/万元，其中由于能源效率提高使碳排放强度下降了 3.641 吨 CO_2/万元，而由于能源结构恶化的原因导致碳排放强度上升了 0.201 吨 CO_2/万元。根据贡献率计算，2009 年碳排放强度比 1978 年下降了 64.8%，其中由于能源效率提升的原因使碳排放强度下降 68.5%，而由于能源结构恶化的原因使碳排放强度上升了 12%。可见，碳排放强度的大幅度下降主要是由于能源效率提升贡献的，能源结构变化不但没有帮助碳减排，反而提高了碳排放强度。

具体到不同阶段，能源效率和能源结构两个因素起作用的力度不同，相互作用的结果具有明显阶段性特征。第一个阶段是在 2001 年以前，20 世纪 80 年代福建省水电开发进入高峰时期，加上工业经济以劳动密集型产业和低能耗产业为主，能源效率提高和能源结构优化共同促使碳排放强度降低了 73.4%；第二个阶段是 2001 ~ 2005 年，工业结构重化趋势明显，为满足重工业迅速增长的能源消耗需求，快速发展的火电使煤炭消耗增长过快，煤炭消耗比重迅速上升，这一阶段内能源效率下降和能源结构恶化共同促使碳排放强度提高了46.9%，第三个阶段是提出海峡西岸经济区战略以后，转变经济发展方式，节能目标责任制和评价考核制度使节能减排工作成效明显，能源效率提高促进碳排放强度下降的积极作用大于能源结构恶化的负面影响，综合作用下，碳排放强度下降了9.9%。

【实验讨论】

1. 对中国历年来的碳排放强度进行因素分解。

2. 根据福建省十二五规划经济发展指标，预测其碳减排潜力，判断其节能减排目标能否完成。

五、实验拓展

1. 了解宏观经济景气指数的编制方法和应用。

2. 了解道琼斯指数和上证综合指数等股票指数的编制原理。

六、参考文献

[1] 中国经济景气监测中心：http：//www. cemac. org. cn/Azhdt. html.

[2] 上海证券交易所：http：//www. sse. com. cn.

[3] 董直庆，蔡玉程，谢加贞．CPI 和 PPI 周期协动效应［J］．数量经济技术经济研究，2009（10）．

[4] 贺力平．消费者价格指数与生产者价格指数：谁带动谁？［J］．经济研究，2008（11）．

[5] 徐伟康．对《消费者价格指数与生产者价格指数：谁带动谁?》一文的质疑［J］．经济研究，2010（5）．

[6] 贺力平．消费者价格指数与生产者价格指数：对徐伟康商榷文章的回复意见[J]．经济研究,2010(5).

第十三章

竞争力评价方法与应用

一、实验说明

竞争是市场经济的本质特征，竞争规律是市场经济的基本规律，竞争力是市场主体参与竞争过程中表现出来的能力。有竞争，就有优劣，竞争程度不同，竞争的结果迥异。对竞争力进行评价一直是研究的重点和热点。由于市场层次不同，竞争主体不同，就表现出丰富多彩的竞争力。从不同层次的区域竞争力来看，有国家竞争力、省域竞争力、城市竞争力和县域竞争力，从中观竞争主体来看，有各种行业竞争力、产业竞争力、企业竞争力、政府竞争力，根据经济社会发展变化，现在又提出了文化竞争力、科技竞争力和环境竞争力等一大批竞争力范畴。

本试验课训练学生如何用科学的方法去建立统计指标和指标体系，描述各经济指标因素与竞争力的关系，通过搜集、整理、分析国民经济和社会发展的实际数据，并应用相关测算和评价模型，来反映竞争力的内在规律和发展趋势。设置本课程实践性教学的目的，一方面是为了进一步加强对竞争力的理解，提高经济学学习和科研能力。另一方面能够运用所掌握的方法和技巧，完成对经济管理资料的搜集、整理和分析，提高对经济竞争力的数量分析能力，从而提高经济管理水平。

二、实验 1：竞争力评价指标体系和模型

【实验内容】

研究竞争力离不开对各主体的竞争力进行评价，评价结果对竞争主体有积极的参考意义，也便于人们加强对评价对象的认识。目前，对竞争力进行评价的方法有很多，包括综合指数法、层次分析法（AHP）、聚类分析法、因子分析法、包络分析法（DEA）以及 TOPSIS 方法等方法都得到较为广泛的应用，但选择不同的评价方法，会产生不同的评价结果，会影响到竞争力评价的科学性和客观性，所以，选择恰当的方法进行评价尤为重要。但不管哪种评价方法，都离不开建立指标体系，单个指标不能完整体现各主体之间竞争的优劣势，因此构建指标体系，收集指标数据是竞争力评价的客观基础，不同评价方法只是处理指标的方法和程序不同而已。

构建竞争力评价指标体系是一个系统性过程，特别是指标的选择要以评价对象的内在属性和基本特征为基础，需要遵循科学性、客观性、系统性、可比性、可得性等原则。但对竞

争力本身的理解因人而异，选择指标时具有很大的主观性，使得构建的指标体系各不相同，对于同一事物的评价结果差距较大，例如，同样是国家竞争力评价，国际上两大权威机构瑞士洛桑国际管理发展学院（IMD）和世界经济论坛（WEF）国际竞争力报告的评价结果就大相径庭。

不同的指标单位不同，数量大小也不相同，要先对指标数据进行无量纲化处理，主要有标准化和归一化两种方法。

标准化公式：

$$x_i = \frac{X_i - \bar{X}}{\sigma_X} \tag{13.1}$$

这里 X_i 和 x_i 分别是某一对象的指标数值和标准得分，$\bar{X}$ 是指标均值，σ_X 是指标均方差，标准得分有正负数，但不受指标单位和量纲影响。

对于正向指标，归一化公式：

$$x_i = \frac{X_i - X_{\min}}{X_{\max} - X_{\min}} \tag{13.2}$$

对于反向指标，归一化公式：

$$x_i = \frac{X_{\max} - X_i}{X_{\max} - X_{\min}} \tag{13.3}$$

这里 X_i 和 x_i 分别是某一对象的指标数值和归一化得分，$X_{\max}$ 和 $X_{\min}$ 分别是指标最大值和最小值，归一化得分值在 0～1 之间，不受指标单位和量纲影响。

各个指标在指标体系中的地位和作用不尽相同，进行综合评价时需要设定不同的权重。权重的确定方法有很多，常见的有层次分析法（AHP）、方差法和德尔菲（专家论证）等。这里简单介绍 AHP 的应用方法和步骤。

（1）运用 AHP 进行系统分析，首先要将所包含的因素分组，每一组作为一个层次，按照最高层、若干有关的中间层和最底层的形式排列起来。设计统计指标两两比较的判断矩阵，如表 13－1 所示。

表 13－1　　判断矩阵

A	A1	A2	……	An
A1	A11	A12	……	A1n
A2	A21	A22	……	A2n
…	…	…	……	
An	An1	An2	……	Ann

专家采用 9 阶标度法对各个指标的重要程度进行标度，其标度的数值与其对该指标的判断关系为：

$Aij=1$ 表示 Ai 与 Aj 一样重要；

$Aij=3$ 表示 Ai 比 Aj 重要一点（稍微重要）

$Aij=5$ 表示 Ai 比 Aj 重要得多（明显重要）

$Aij=7$ 表示 Ai 比 Aj 重要得多（强烈重要）

$Aij=9$ 表示 Ai 比 Aj 极端重要（绝对重要）

它们之间的数2，4，6，8及各数的倒数具有相应的类似意义。显然任何判断矩阵都应满足：

$Aii=1$

$Aij=\frac{1}{A_{ji}}$（i，j=1，2，3，4，…，n）

（2）同级指标权重排序可以归结为计算判断矩阵的特征根和特征向量问题，即对判断矩阵 A 满足 $AW=\lambda_{max}W$ 的特征根与特征向量，式中 λ_{max} 为 A 的最大特征根，W 为对应于 λ_{max} 的正规化特征向量，W 的分量 Wi 即使相应因素单排序的权值。即每一评价指标在它对应的上一个层次中的权重。AHP计算的根本问题是如何计算判断矩阵的最大特征根 λ_{max} 及其特征向量 W。

（3）一致性检验

AHP法的主要优点是将决策者的定性思维过程定量化，但由于评价对象是个复杂的系统，专家们在认识上有不可避免的多样性和片面性，即使有九级标度也不可能保证每个判断矩阵具有完全一致性。因此还必须对形成的判断矩阵进行一致性检验。一致性检验即检查各个的权重之间是否存在矛盾之处。一致性检验依据的是矩阵理论，步骤如下：

计算一致性比率 CI：

$$CI=\frac{\lambda_{max}-n}{n-1} \tag{13.4}$$

显然，当判断矩阵具有完全一致性时，$CI=0$，$\lambda_{max}-n$ 越大，CI 越大，矩阵的一致性越差。计算随机一致性比率 CR：

$$CR=\frac{CI}{RI} \tag{13.5}$$

RI - 平均随机一致性指标，RI 值见表13-2。当阶数大于2时，$CR=CI/RI<0.10$ 时，矩阵具有满意的一致性，否则就需要对判断矩阵进行调整。

表13-2　　平均随机一致性指标RI

矩阵阶数	2	3	4	5	6	7	8
R. I	0	0.52	0.89	1.12	1.26	1.36	1.41
矩阵阶数	9	10	11	12	13	14	15
R. I.	1.46	1.49	1.52	1.54	1.56	1.58	1.59

（4）由于计算判断矩阵的特征根过程复杂，有时候采用和法、根法等简便方法计算权重的近似值。

① 和法。将判断矩阵 A 的 n 个行向量归一化后的算术平均值，近似作为权重向量，即

$$\omega_i = \frac{1}{n}\sum_{j=1}^{n}\frac{a_{ij}}{\sum_{k=1}^{n}a_{kj}} \quad i = 1,2,\cdots,n \tag{13.6}$$

计算步骤是先将 A 的元素按行归一化，然后将归一化后的各行相加，最后将相加后的向量除以 n，即得权重向量。

类似的还有列和归一化方法计算，即

$$\omega_i = \frac{\sum_{j=1}^{n}a_{ij}}{n\sum_{k=1}^{n}\sum_{j=1}^{n}a_{kj}} \quad i = 1,2,\cdots,n \tag{13.7}$$

②根法（即几何平均法）。将 A 的各个行向量进行几何平均，然后归一化，得到的行向量就是权重向量。其公式为

$$\omega_1 = \frac{(\prod_{j=1}^{n}a_{ij})^{\frac{1}{n}}}{\sum_{k=1}^{n}(\prod_{j=1}^{n}a_{kj})^{\frac{1}{n}}} \quad i = 1,2,\cdots,n \tag{13.8}$$

计算步骤是先将 B 的元素按列相乘得一新向量，然后将新向量的每个分量开 n 次方，最后将所得向量归一化后即为权重向量。

【实验数据】

表 13 - 3　　2008 年全国各省（直辖市、自治区）主要外经贸指标

地　　区	GDP（亿元）	进出口（万美元）	出　口（万美元）	进　口（万美元）	外商投资总额（亿美元）	旅游外汇收入（百万美元）
北　京	10 488. 03	27 169 290	5 749 961	21 419 329	983	4 459
天　津	6 354. 38	8 040 084	42 102 99	3 829 785	938	1 001
河　北	16 188. 61	3 842 053	2 400 412	1 441 641	338	274
山　西	6 938. 73	1 439 506	925 312	514 194	180	301
内蒙古	7 761. 80	891 848	359 185	532 663	222	577
辽　宁	13 461. 57	7 243 385	4 206 950	3 036 435	1 248	1 526
吉　林	6 424. 06	1 333 213	477 163	856 050	175	211
黑龙江	8 310. 00	2 313 059	1 680 624	632 435	162	870
上　海	13 698. 15	32 205 531	16 914 514	15 291 017	2 940	4 972
江　苏	30 312. 61	39 227 193	23 802 941	15 424 252	4 159	3 880
浙　江	21 486. 92	21 113 373	15 429 623	5 683 750	1 583	3 024
安　徽	8 874. 17	2 018 385	1 136 411	881 974	255	454

续表

地　区	GDP（亿元）	进出口（万美元）	出　口（万美元）	进　口（万美元）	外商投资总额（亿美元）	旅游外汇收入（百万美元）
福　建	10 823.11	8 482 107	5 699 184	2 782 923	1 121	2 394
江　西	6 480.33	1 361 793	772 666	589 128	335	252
山　东	31 072.06	15 840 751	9 319 479	6 521 273	1 012	1 391
河　南	18 407.78	1 747 934	1 071 890	676 044	293	374
湖　北	11 330.38	2 070 567	1 170 891	899 676	340	443
湖　南	11 156.64	1 254 719	841 288	413 431	266	617
广　东	35 696.46	68 496 880	40 566 447	27 930 433	3 726	9 175
广　西	7 171.58	1 323 617	734 744	588 872	258	602
海　南	1 459.23	452 852	158 720	294 132	967	314
重　庆	5 096.66	952 139	572 205	379 935	238	450
四　川	12 506.25	2 211 365	1 313 249	898 116	421	154
贵　州	3 333.40	336 621	190 078	146 543	32	117
云　南	5 700.10	959 692	498 441	461 250	141	1 008
西　藏	395.91	76 583	70 757	5 826	5	31
陕　西	6 851.32	832 883	538 082	294 801	137	660
甘　肃	3 176.11	609 543	160 135	449 408	38	16
青　海	961.53	68 882	41 910	26 972	33	10
宁　夏	1 098.51	187 940	125 837	62 104	24	3
新　疆	4 203.41	2 221 736	1 929 910	291 826	46	136

资料来源：《中国统计年鉴（2009）》。

【实验过程】

把全国 31 个省（直辖市、自治区）外经贸指标数据输入 Excel 单元格 B2：E32 中，在 I2 中输入“=C2＊6.8＊100/B2/10 000”，计算出北京市 2008 年外贸依存度，这里涉及汇率折算和单位量纲问题。在 J2 中输入“=（D2－E2）/C2”，计算出北京市 2008 年贸易竞争力指数。选中 I2：J2，拖动 J2 填充柄至 J32，计算出全部 31 个省（直辖市、自治区）的外贸依存度和贸易竞争力指数。在 K2 中输入“=RANK（C2，C＄2：C＄32）”，计算出北京市进出口总额在全国 31 个省（直辖市、自治区）中的排名，在 L2 中输入“=RANK（I2，I＄2：I＄32）”，计算出北京市外贸依存度在全国 31 个省（直辖市、自治区）中的排名，在 M2 中输入“=RANK（J2，J＄2：J＄32）”，计算出北京市贸易竞争力指数在全国 31 个省（直辖市、自治区）中的排名。选中 K2：M2，拖动 M2 填充柄至 M32，计算出全部 31 个省（直辖市、自治区）的进出口总额、外贸依存度和贸易竞争力指数的排名。

	A	B	C	D	E	F	G	H	I	J	K	L	M	N
1		GDP（亿元）	进出口（万美元）	出　口（万美元）	进　口（万美元）	外商投资总额（亿美元）	旅游外汇收入（百万美元）	**单指标排名**	外贸依存度	外贸竞争力指数TC	进出口排名	外贸依存度排名	外贸竞争力指数排名	**无量纲化得分**
2	北 京	10488.03	27169290	5749961	21419329	983	4459		176.2	-0.58	4	1	31	
3	天 津	6354.38	8040084	4210299	3829785	938	1001		86.0	0.05	8	5	25	
4	河 北	16188.61	3842053	2400412	1441641	338	274		16.1	0.25	10	13	10	
5	山 西	6938.73	1439506	925312	514194	180	301		[illegible]	[illegible]	17	7	9	
6	内蒙古	7761.80	891848	359185	532663	222	57[illegible]		[illegible]	[illegible]	[illegible]	[illegible]	[illegible]	
7	辽 宁	13461.57	7243385	4206950	3036435	[illegible]	[illegible]		36.6	0.16	[illegible]	[illegible]	[illegible]	
8	吉 林	6424.06	1333213	477163	856050	175	211		14.1	-0.2[illegible]	19	16	28	
9	黑龙江	8310.00	2313059	1680624	632435	162	870		[illegible]	[illegible]	11	12	[illegible]	
10	上 海	13698.15	32205531	16914514	15291017	2940	4972		1[illegible]	[illegible]	3	2	[illegible]	
11	江 苏	30312.61	39227193	23802941	15424252	4159	3880		88.0	0.21	2	4	13	
12	浙 江	21486.92	21113373	15429623	5683750	1583	3024		66.8	0.46	5	6	3	
13	安 徽	8874.17	2018385	1136411	881974	255	454		15.5	0.13	15	14	22	
14	福 建	10823.11	8482107	5699184	2782923	1121	2394		53.3	0.34	7	7	5	
15	江 西	6480.33	1361793	772666	589128	335	252		14.3	0.13	18	15	19	
16	山 东	31072.06	15840751	9319479	6521273	1012	1391		34.7	0.18	6	10	17	
17	河 南	18407.78	1747934	1071890	676044	293	374		6.5	0.23	16	30	11	
18	湖 北	11330.38	2070567	1170891	899676	340	443		12.4	0.13	14	22	20	
19	湖 南	11156.64	1254719	841288	413431	266	617		7.6	0.34	21	28	6	
20	广 东	35696.46	68496880	40566447	27930433	3726	9175		130.5	0.18	1	3	16	
21	广 西	7171.58	1323617	734744	588872	258	602		12.6	0.11	20	21	23	
22	海 南	1459.23	452852	158720	294132	967	314		21.1	-0.30	27	11	29	
23	重 庆	5096.66	952139	572205	379935	238	450		12.7	0.20	23	20	14	
24	四 川	12506.25	2211365	1313249	898116	421	154		12.0	0.19	13	23	15	
25	贵 州	3333.40	336621	190078	146543	32	117		6.9	0.13	28	29	21	

=C2*6.8*100/B2/10000

=(D2-E2)/C2

=RANK(C2,C$2:C$32)

=RANK(I2,I$2:I$32)

=(C2-MIN(
MIN(C$2:C

图 13－1　单指标排名（截图）

我们建立一个简易的各省市外经贸竞争力指标体系，包括进出口总额、外贸依存度、外商投资总额和旅游外汇收入四个指标。首先确定四个指标的权重，假设四个指标重要性两两比较的判断矩阵为：

表 13－4　　判断矩阵

	进出口总额	外贸依存度	外商投资总额	旅游外汇收入
进出口总额	1	1	1/2	1/3
外贸依存度	1	1	1/2	1/3
外商投资总额	2	2	1	1/2
旅游外汇收入	3	3	2	1

这里采用较为简单的和法计算权重，把判断矩阵输入到单元格 C36：F39 中，在 H36 中输入"＝C36/SUM（＄C36：＄F36）"，拖动 H36 填充柄至 K36，选择 H36：K36，拖动 K36 填充柄至 K39，在 H40 中输入"＝AVERAGE（H36：H39）"，拖动 H40 填充柄至 K40，计算出进出口总额、外贸依存度、外商投资总额和旅游外汇收入四个指标的权重分别为 0.351、0.351、0.189 和 0.109，具体操作如图 13－2 所示。

	A	B	C	D	E	F	G	H	I	J	K	L
33												
34												
35			进出口总额	外贸依存度	外商投资总额	旅游外汇收入		归一化				
36		进出口总额	1.00	1.00	0.50	0.33		0.35294	0.3529	0.1764706	0.117647	
37		外贸依存度	1.00	1.00	0.50	0.33		0.35294	0.3529	0.1764706	0.117647	
38		外商投资总额	2.00	2.00	1.00	0.50		0.36364	0.3636	0.1818182	0.090909	
39		旅游外汇收入	3.00	3.00	2.00	1.00		0.33333	0.3333	0.2222222	0.111111	
40							平均值	0.35071	0.3507	0.1892454	0.109329	
41												
42												
43												
44												
45												

=C36/SUM($C36:$F36)

=AVERAGE(H36:H39)

图 13－2　AHP 法确定指标权重

由于四个指标单位不同，需要对四个指标的数据进行无量纲化处理，在 O2 中输入“=(C2－MIN（C$2：C$32））／（MAX（C$2：C$32）－MIN（C$2：C$32））”，计算出北京市进出口总额指标无量纲化得分，在 P2 中输入“=(I2－MIN(I$2:I$32))/(MAX(I$2:I$32)－MIN(I$2:I$32))”，计算出北京市外贸依存度指标无量纲化得分，在 Q2 中输入“=(F2－MIN(F$2:F$32))/(MAX(F$2:F$32)－MIN(F$2:F$32))”，计算出北京市外商投资总额无量纲化得分，在 R^2 中输入“=(G2－MIN(G$2:G$32))/(MAX(G$2:G$32)－MIN(G$2:G$32))”，计算出北京市旅游外汇收入指标无量纲化得分。把四个指标的权重输入到单元格 T2：T5 中，在 S2 中输入“=MMULT(O2:R^2,T$2:T$5)”，计算出北京市外经贸竞争力综合得分。选择单元格 O2：S2，拖动 S2 填充柄至 S32，计算出 31 个省（直辖市、自治区）外经贸竞争力综合得分。

最后进行排名，在 V2 中输入“=RANK（O2，O$2：O$32）”，拖动 V2 填充柄至 Z2，再选择单元格 V2：Z2，拖动 Z2 填充柄至 Z32，计算出 31 个省（直辖市、自治区）外经贸竞争力各指标及综合排名。

	A	M	N	O	P	Q	R	S	T	U	V	W	X	Y	Z
1		外贸竞争力指数排名	**无量纲化得分**	进出口总额	外贸依存度	外商投资总额	旅游外汇收入	**综合得分**	**权重**	**排名**	进出口总额	外贸依存度	外商投资总额	旅游外汇收入	**综合排名**
2	北京	31		0.39604	1	0.235315	0.48584	0.5874	0.351		4	1	8	3	4
3	天津	25		0.[illegible]1649	0.4739	0.224527	0.10885	[illegible]2615	0.351		8	5	10	10	6
4	河北	10		0[illegible]514	0.0658	0.080148	0.0295[illegible]	[illegible].0608	0.189		[illegible]	13	13	22	12
5	山西	9		[illegible]03	0.0539	0.04201	0.03[illegible]	[illegible].0374	0.109		[illegible]	17	21	21	19
6	内蒙古	[illegible]		[illegible]03	0.01[illegible]	[illegible]	[illegible]	[illegible]9			[illegible]	27	20	15	25
7	辽宁	[illegible]		[illegible]5	0.18[illegible]	[illegible]	[illegible]	[illegible]4			[illegible]	[illegible]	5	7	9
8	吉林	28		[illegible]	0.054	0.040781	0.02273	0.0356			[illegible]	[illegible]	22	24	22
9	黑龙江	[illegible]		[illegible]	[illegible]	[illegible]	[illegible]2	0.0577			11	12	23	11	13
10	上海	[illegible]		[illegible]	[illegible]	[illegible]	[illegible]	0.675			3	2	3	2	2
11	江苏	13		0.57226	0.4853	1	0.42272	0.6063			2	4	1	4	3
12	浙江	3		0.30754	0.3617	0.379665	0.32938	0.3425			5	6	4	5	5
13	安徽	22		0.02849	0.0619	0.059981	0.04922	0.0484			15	14	18	16	14
14	福建	5		0.12295	0.2827	0.268619	0.26063	0.2216			7	7	6	6	7
15	江西	19		0.01889	0.055	0.079289	0.02711	0.0439			18	15	14	23	17
16	山东	17		0.23049	0.174	0.242219	0.15134	0.2042			6	10	7	8	8
17	河南	11		0.02454	0.0093	0.069226	0.0405	0.0294			16	30	15	19	24
18	湖北	20		0.02925	0.0441	0.080603	0.04792	0.0462			14	22	12	18	16
19	湖南	6		0.01733	0.0162	0.062766	0.06699	0.0309			21	28	16	13	23
20	广东	16		1	0.7334	0.895798	1	0.8867			1	3	2	1	1
21	广西	23		0.01834	0.0448	0.060851	0.06527	0.0408			20	21	17	14	18
22	海南	29		0.00561	0.0948	0.231376	0.03389	0.0827			27	11	9	20	10
23	重庆	14		0.01291	0.0457	0.05609	0.04871	0.0365			23	20	19	17	20

[$2:I$32)

=MMULT(O2:R2,T$2:T$5)

=RANK(O2,O$2:O$32)

=(C2-MIN(C$2:C$32))/(MAX(C$2:C$32)-MIN(C$2:C$32))

图 13－3　指标无量纲化处理和综合排名

【实验结论】

以北京市为例，进出口总额、外贸依存度和贸易竞争力指数在全国 31 个省（直辖市、自治区）的排名分别是第 4、第 1 和第 31 位，三个排名差距非常大，该用哪个排名来说明北京市的对外经贸水平和竞争力呢？单个指标难以综合说明对象的竞争力或者竞争优劣势，需要计算综合指数来反映。

外经贸竞争力综合排名显示，广东省排在第 1 位，上海市、江苏省分列第 2 和第 3 位，其他东部沿海省份的排名也都比较靠前，而大部分西部地区的综合排名处于落后地位。

【实验讨论】

1. 如何降低指标选择的主观性？
2. 如何理解指标选择、数据处理方法和模型的不同造成竞争力排位的差异？

三、实验2：省域经济综合竞争力评价

【实验内容】

省域作为区域的一个重要组成部分，在当前形势下同样面临着国内和国外两个方面的激烈竞争，如何应对内外两个市场的激烈竞争，最根本的还是要具有很强的经济综合竞争力，这是省域经济在经济全球化大潮中立于不败之地的重要法宝。开展省域经济综合竞争力研究，明确省域之间发展的不平衡性与差距，制定提升省域经济综合竞争力的战略举措，不仅是各省域适应全球化趋势的需要，也是由各省域所组成的更大区域参与国际竞争的基础。

目前研究省域竞争力体系最完善，持续时间最长，影响最大的当属《中国省域经济综合竞争力发展报告》（2007 版、2008 版、2009 版、2010 版、2011 版、2012 版、2013 版）系列蓝皮书，由国务院发展研究中心管理世界杂志社、福建师范大学联合攻关，具体由全国经济综合竞争力研究中心福建师范大学分中心负责组织研究，该书也是福建师范大学省重点学科政治经济学重大攻关课题研究成果。

《中国省域经济综合竞争力发展报告》经过多年的完善，已经建立起一个非常完善的适合中国国情的评价指标体系，包括 1 个一级指标，9 个二级指标，25 个三级指标和 210 个四级指标，具体如表 13 - 5 所示，如欲了解指标体系构建的详细情况，请参见本章参考文献 4。限于篇幅，这里只选择第一组二级指标宏观经济竞争力作为实验样本，包括经济实力竞争力、经济结构竞争力和经济外向度竞争力 3 个三级指标和下属 27 个四级指标。

表 13 - 5　　中国省域经济综合竞争力评价宏观经济竞争力指标组

<table>
<tr><th>二级指标（9 个）</th><th>权重</th><th>三级指标</th><th>权重</th><th>四级指标</th><th>权重</th></tr>
<tr><td>B1</td><td></td><td>C11</td><td></td><td>地区生产总值</td><td>0.105</td></tr>
<tr><td rowspan="12">宏观经济竞争力</td><td rowspan="12">0.15</td><td rowspan="12">经济实力竞争力</td><td rowspan="12">0.4</td><td>地区生产总值增长率</td><td>0.095</td></tr>
<tr><td>人均地区生产总值</td><td>0.098</td></tr>
<tr><td>财政总收入</td><td>0.090</td></tr>
<tr><td>财政总收入增长率</td><td>0.088</td></tr>
<tr><td>人均财政总收入</td><td>0.088</td></tr>
<tr><td>固定资产投资额</td><td>0.095</td></tr>
<tr><td>固定资产投资额增长率</td><td>0.080</td></tr>
<tr><td>人均固定资产投资额</td><td>0.077</td></tr>
<tr><td>全社会消费品零售总额</td><td>0.080</td></tr>
<tr><td>全社会消费品零售总额增长率</td><td>0.052</td></tr>
<tr><td>人均全社会消费品零售总额</td><td>0.052</td></tr>
<tr><td>（12 个）</td><td></td></tr>
</table>

续表

二级指标（9 个）	权重	三级指标	权重	四级指标	权重
宏观经济竞争力	0.15	C12		产业结构优化度	0.188
		经济结构竞争力	0.3	所有制经济结构优化度	0.178
				城乡经济结构优化度	0.187
				就业结构优化度	0.158
				资本形成结构优化度	0.131
				贸易结构优化度	0.158
				（6 个）	
		C13		进出口总额	0.15
		经济外向度竞争力	0.3	进出口增长率	0.10
				出口总额	0.12
				出口增长率	0.10
				实际 FDI	0.12
				实际 FDI 增长率	0.10
				对外经济合作完成营业额	0.08
				外资企业进出口占进出口总额比重	0.08
				外贸依存度	0.15
				（9 个）	

【实验数据】

我国的统计体系实行国家建立集中统一的统计系统，实行统一领导、分级负责的统计管理体制。国务院设立国家统计局，负责组织领导和协调全国统计工作。各级人民政府、各部门和企业事业组织，根据统计任务的需要，设置统计机构、统计人员。我国集中统一的统计体系保证了全国各省、市（区）的统计指标、统计方法和统计口径有一致性和可比性，这是本研究采集各省数据进行省域经济综合竞争力评价的客观基础。统一公开发布的各指标数据具有权威性和公正性，保证了本研究数据来源的客观和公正。

正是基于数据是整个研究的基础，数据来源的权威性和客观性是保证研究质量的前提，数据质量是研究的生命线这样的理念，本研究数据采集全部来源于国家现行统计体系公开发布的数据，主要是各类统计年鉴，主要包括 2009 年《中国统计年鉴》、《中国社会统计年鉴》和 2009 年各省《统计年鉴》、2009 年各行业统计年鉴（如《中国科技统计年鉴》等）以及各部门（如海关、商务部等）发布年度数据等。有的数据出现在不同的年鉴中，要经过对比分析，选择权威的年鉴，对于一些指标在某些年份有缺失的数据，需要经过多方查找和比较验证，力求保证数据的完备性和准确性。

表 13－6　　经济实力竞争力指标组数据

地　区	地区生产总值（亿元）	财政总收入（亿元）	固定资产投资额（亿元）	全社会消费品零售总额（亿元）
北京	10 488.03	2 031.881	3 814.729	4 589
天津	6 354.38	1 027.291	3 389.794	2 000.3
河北	16 188.61	1 524.427	8 866.561	4 880.4
山西	6 938.73	1 266.318	3 531.156	2 356.5
内蒙古	7 761.8	891.8308	5 475.408	2 363.3
辽宁	13 461.57	1 885.517	10 019.07	4 917.5
吉林	6 424.06	667.2457	5 038.923	2 484.3
黑龙江	8 310	944.016	3 655.965	2 838.6
上海	13 698.15	3 424.994	4 823.148	4 537.1
江苏	30 312.61	3 932.556	15 300.55	9 661.4
浙江	21 486.92	2 945.857	9 323.002	7 441.7
安徽	8 874.17	1 000.415	6 746.959	2 965.5
福建	10 823.11	1 211.106	5 207.682	3 828
江西	6 480.33	648.249	4 745.433	2 082.8
山东	31 072.06	3 050.241	15 435.93	10 381.2
河南	18 407.78	1 567.116	10 490.64	5 662.5
湖北	11 330.38	1 172.317	5 647.013	4 965.8
湖南	11 156.64	1 213.099	5 534.036	4 119.7
广东	35 696.46	4 841.63	10 868.67	12 772.2
广西	7 171.58	755.8845	3 756.413	2 338.4
海南	1 459.23	178.172	705.4233	448.4
重庆	5 096.66	704.0186	3 979.592	2 064.1
四川	12 506.25	1 340.67	7 127.813	4 800.8
贵州	3 333.4	568.4558	1 864.452	1 014.9
云南	5 700.1	1 177.071	3 435.925	1 718.5
西藏	395.91	27.10664	309.9149	129.1
陕西	6 851.32	949.593	4 614.422	2 256.1
甘肃	3 176.11	382.6154	1 712.776	990.1
青海	961.53	110.8324	583.2406	252.8
宁夏	1 098.51	150.0198	828.8537	285.2
新疆	4 203.41	570.1225	2 259.975	1 025.7

资料来源：《中国统计年鉴（2009）》。

表 13－7 经济结构竞争力指标组数据

地 区	第一产业增加值（亿元）	非国有企业工业总产值（亿元）	工业总产值（亿元）	第一产业从业人员（万人）	第二产业从业人员（万人）	第三产业从业人员（万人）	总就业人员（万人）	货物和服务净出口（亿元）	存货增加指数	城镇居民全年人均可支配收入（元）	农村居民家庭全年人均纯收入（元）
北京	101.26	5 181.19	9 648.38	65.33	255.58	790.50	1 111.42	－287.75	10.4	21 988.71	9 439.63
天津	110.19	6 230.15	10 075.07	77.86	181.28	173.60	432.736	63.54	8.3	16 357.35	7 010.06
河北	1 804.72	11 808.56	17 054.78	1 488.66	1 148.72	929.81	3 567.1876	1 033.04	8.1	11 690.47	4 293.43
山西	269.68	3 751.21	7 791.71	638.92	414.12	497.07	1 550.0978	－60.00	9.2	11 564.95	3 665.66
内蒙古	762.1	3 485.65	5 812.96	569.33	183.62	328.59	1 081.5339	－1 034.80	3.1	12 377.84	3 953.10
辽宁	1 133.4	10 190.75	18 249.53	703.35	524.31	843.60	2 071.2617	103.44	4.8	12 300.39	4 773.43
吉林	783.8	2 828.73	6 486.01	513.39	214.03	368.77	1 096.1865	－867.32	－3.2	11 285.52	4 191.34
黑龙江	915.38	1 682.37	6 143.17	773.36	359.46	527.04	1 659.862	513.75	5.2	10 245.28	4 132.29
上海	101.84	14 346.96	22 259.94	53.76	348.53	474.29	876.5842	604.05	9.5	23 622.73	10 144.62
江苏	1 816.24	46 700.61	53 316.38	950.27	1 830.43	1 412.47	4 193.172	2 552.79	6.3	16 378.01	6 561.01
浙江	986.02	31 436.73	36 073.93	693.32	1 653.47	1 268.59	3 615.3777	1 616.10	3.7	20 573.82	82 65.15
安徽	1 200.18	4 497.18	7 945.17	1 651.38	925.60	1 020.63	3 597.6195	－36.99	2.1	11 473.58	3 556.27
福建	1 002.11	10 657.26	12 517.91	648.32	705.83	644.72	1 998.8674	365.59	7.6	15 506.05	5 467.08
江西	905.77	3 863.73	6 194.18	914.27	578.43	702.95	2 195.6459	－60.16	2.8	11 451.69	4 044.70
山东	2 509.14	39 241.07	49 873	1 960.05	1 721.87	1 580.27	5 262.1971	2 119.26	6.5	14 264.7	4 985.34
河南	2 217.66	13 741.83	20 442.21	2 920.28	1 486.98	1 365.45	5 772.7175	－185.18	3.9	11 477.05	3 851.60
湖北	1 378	4 888.60	9 601.52	1 070.97	619.78	1 072.27	2 763.0229	100.13	1.8	11 485.8	3 997.48
湖南	1 626.52	5 114.42	8 464.08	1 900.55	734.17	1 114.63	3 749.346	－168.73	2.2	12 293.54	3 904.20
广东	1 695.57	46 648.92	55 252.86	1 546.71	1 776.67	1 969.46	5 292.8428	4 768.81	11.0	17 699.3	5 624.04
广西	1 241.35	2 710.09	4 587.35	1 521.13	557.39	681.09	2 759.6137	－362.09	6.7	12 200.44	3 224.05
海南	361.07	686.57	1 002.78	221.83	44.42	148.56	414.8105	11.17	11.3	10 996.87	3 791.37
重庆	482.39	2 225.12	4 363.25	703.85	461.24	624.42	1 789.5176	－835.83	3.4	12 590.78	3 509.29
四川	2 032	7 197.92	11 047.04	2 212.25	996.20	1 570.17	4 778.6336	－351.72	3.5	11 098.28	3 546.69
贵州	446.38	913.21	2 520.36	1 207.51	262.69	812.84	2 283.046	－813.50	4.2	10 678.4	2 373.99
云南	837.35	1 694.16	4 298.29	1 684.75	301.43	614.64	2 600.8171	－833.50	1.9	11 496.11	2 634.09
西藏	54.89	23.30	41.36	88.48	16.23	48.95	153.6619	－171.39	0.3	11 130.93	2 788.20
陕西	592.63	1 681.79	5 692.33	932.71	381.03	608.27	1 922.0032	－335.16	5.3	10 763.34	2 644.69
甘肃	385.97	640.31	3 231.52	748.17	198.27	427.94	1 374.3758	－235.49	7.6	10 012.34	2 328.92
青海	83.41	212.05	822.72	122.56	56.80	96.92	276.2852	－222.55	3.3	10 276.06	2 683.78
宁夏	97.89	552.23	1 070.71	141.48	70.14	97.84	309.4563	－293.05	5.0	10 859.33	3 180.84
新疆	628.72	658.82	3 296.61	416.30	109.49	275.05	800.8405	－497.43	4.1	10 313.44	3 182.97

资料来源：《中国统计年鉴（2009）》。

表 13 - 8　经济外向度竞争力指标组数据

地　区	进出口总额（亿美元）	出口总额（万美元）	外资企业进出口（亿美元）	实际 FDI（万美元）	对外经济合作完成营业额（万美元）	年末在外劳务人数（人）	GDP（亿元）
北京	1 929.998	4 892 639	495.224	322 168	94 077	8 962	9 353.32
天津	714.4973	3 807 405	541.2377	527 776	22 188	11 975	5 050.4
河北	255.2341	1 700 041	104.8506	242 000	129 000	10 640	13 709.5
山西	115.7948	653 249.2	14.79902	134 000	33 394	2 642	5 733.35
内蒙古	77.35885	294 439.4	7.913619	214 900	8 032	4 505	6 091.12
辽宁	594.7435	3 532 409	313.105	910 000	78 000	48 684	11 023.49
吉林	102.98	385 705.6	49.36517	88 495	41 431.64	47 924	5 284.69
黑龙江	172.9659	1 225 712	11.47214	208 508	68 518	15 281	7 065
上海	2 828.539	14 384 611	1 931.354	792 000	502 400	27 561	12 188.85
江苏	3 494.718	20 360 978	2 800.521	2 189 206	416 043	112 421	25 741.15
浙江	1 768.474	12 826 397	710.7326	1 037 000	208 000	26 986	18 780.44
安徽	159.3229	881 373.4	54.83786	300 000	71 851	14 199	7 364.18
福建	744.4738	4 993 757	462.4326	406 100	52 400	50 964	9 249.13
江西	94.48541	544 458.7	49.68384	310 000	44 766	9 437	5 500.25
山东	1 224.744	7 511 011	665.5705	1 101 159	301 928	83 974	25 965.91
河南	127.8513	837 491.6	25.78395	306 162	100 345	22 306	15 012.46
湖北	148.6895	817 293.9	55.6076	276 622	144 660	10 363	9 230.68
湖南	96.85853	651 539.7	16.68034	327 051	93 933	21 591	9 200
广东	6 341.86	36 931 609	4 082.191	1 712 603	505 306.6	27 827	31 084.4
广西	92.58997	510 915.7	28.89974	68 400	12 000	1 232	5 955.65
海南	35.14411	136 445.8	14.5792	112 000	780	386	1 223.28
重庆	74.37944	450 720.7	30.22972	108 534	20 585	5 510	4 122.51
四川	143.7812	860 595.9	49.63224	49 161.42	121 000	11 530	10 505.3
贵州	22.703	146 546.6	2.441501	12 700	9 618.075	775	2 741.9
云南	87.93567	476 827.9	5.576403	39 500	45 773.45	10 863	4 741.31
西藏	3.93464	32 636.4	0.013819	2 418	0	0	342.19
陕西	68.87339	467 524.9	16.11321	65 468.97	21 197	5 772	5 465.79
甘肃	55.2367	165 865.7	2.670687	11 802	10 617	781	2 702.4
青海	6.12073	38 591.3	1.227282	31 000	0	0	78 3.61
宁夏	15.81515	108 567.4	4.080565	9 194.966	1 160.098	347	889.2
新疆	137.1583	1 150 217	2.811891	12 484	36 639	861	3 523.16

资料来源：《中国统计年鉴（2009）》。

【实验过程】

把经济实力竞争力指标组数据输入 Excel 单元格 C2：F32 中，在 H2：S2 中计算出 12 个四级指标的值，在 U2 中输入"=(H2-MIN(H$2:H$32))/(MAX(H$2:H$32)-MIN(H$2:H$32))"，计算出北京市地区生产总值指标得分，拖动 U2 填充柄至 AF2，在 AH2：AH13 中输入经济实力竞争力指标组指标权重，在 AG2 中输入"=MMULT(U2：AF2,AH$2:AH$13)"，计算出北京市经济实力竞争力得分。选中 U2：AG2，拖动 AG2 填充柄至 AG32，计算出全部 31 个省（市、区）经济实力竞争力得分。用同样的方法在 AB37：AB67 中计算出经济结构竞争力三级指标得分，在 AC72：AC102 中计算出经济外向度竞争力三级指标得分。

在 B105：D105 中分别输入"=AF2"、"=AB37"和"=AC72"，在 F105：F107 中输入 3 个三级指标的权重，在 E105 中输入"=MMULT（B105：D105，F$105：F$107）"，选中 B105：E105，拖动 E105 填充柄至 E135，计算出 31 个省（市、区）宏观经济竞争力得分。在 H105 中输入"=RANK（B105，B$105：B$135）"，拖动 H105 填充柄至 K105，选中 H105：K105，拖动 K105 填充柄至 K135，计算出 31 个省（市、区）宏观经济竞争力及下属三级指标排名。按照上游区 1－10，中游区 11－20，下游区 21－31 的区分，把各省（市、区）宏观经济竞争力排名列在地图上。

【实验结论】

2008 年全国各省（市、区）宏观经济竞争力处于上游区的依次排序是广东省、江苏省、上海市、浙江省、山东省、天津市、北京市、辽宁省、河北省、福建省；处于中游区的依次排序为河南省、湖北省、内蒙古自治区、吉林省、四川省、江西省、湖南省、黑龙江省、安徽省、重庆市；处于下游区的依次排序为山西省、新疆维吾尔自治区、广西壮族自治区、宁夏回族自治区、陕西省、海南省、西藏自治区、青海省、云南省、贵州省、甘肃省。

经济实力竞争力方面，排在前 10 位的省（市、区）依次为山东省、江苏省、广东省、天津市、上海市、辽宁省、浙江省、内蒙古自治区、河南省、吉林省。经济结构竞争力方面，排在前 10 位的省（市、区）依次为浙江省、江苏省、上海市、广东省、天津市、北京市、山东省、福建省、河北省、辽宁省。经济外向度竞争力方面，排在前 10 位的省（市、区）依次为广东省、上海市、江苏省、北京市、浙江省、山东省、四川省、天津市、新疆维吾尔自治区、西藏自治区。

【实验讨论】

1. 省域宏观经济竞争力与区域分布有关吗？
2. 宏观经济竞争力排名与单纯的 GDP 排名有区别吗？

四、实验 3：国家和地区竞争力的影响因素分析

【实验内容】

进入 21 世纪，经济全球化进程加快，全球分工的趋势更为明显，各个国家和地区经济相互影响，相互依存，联动性增强，直接影响各个国家和地区的发展和建设。同时，资源在全球范围内配置的格局将促使各种竞争主体之间的竞争逐步趋向国际化，并由此对它们的决策产生巨大影响。增强国力，提升国家竞争力，已日益成为当今各国政府普遍关注的世界话

题。如何培育国家竞争优势，提高国际竞争力，不仅是现代发达国家的追求，也是中国政府的必然选择。

由于 WEF 评价涵盖的国家和地区较多，评价指标体系也有一定的代表性，这里以 WEF 的 GCI 指数为例，建立以竞争力综合得分为因变量，子要素为自变量的线性回归模型，分析各子要素对竞争力的贡献程度，模型如下：

$$JZL_i = \alpha + \sum_{i=1}^{n} \beta_i X_i + \varepsilon_i \qquad (i = 1,2,\cdots,134;n = 12) \tag{13.9}$$

JZL 是各个国家和地区竞争力综合得分，X 是竞争支柱得分，下角标 i 代表不同的国家和地区。很明显，解释变量多达 12 个，而这些竞争支柱又存在正向的相关关系，回归模型不可避免存在多重共线性，不能直接估计参数。处理的方法是主成分回归分析，把原来较多的解释变量线性组合成较少的几个变量，这少数几个变量捕捉了大部分原始信息，又不存在相关性。

$$F = (F_1,F_2,\cdots,F_m)' = \prod \cdot ZX = (a_{ij})_{m\times n} \cdot (zx_i)_{n\times 1} \tag{13.10}$$

每个主成分都是由 12 个原始指标的线性组合，且是正交的就可以用于建立竞争力得分回归模型，避免了模型的多重共线性问题。

$$JZL_i = \alpha + \sum_{i=1}^{m} \beta_i F_i + \varepsilon_i \tag{13.11}$$

【实验数据】

表 13－9　　2008 年 WEF 的 CGI 因子排名和得分

国家和地区	A Rank	Score	B1 Rank	Score	B2 Rank	Score	B3 Rank	Score
Albania	108	3.55	100	3.89	99	3.44	130	2.74
Algeria	99	3.71	61	4.46	113	3.29	126	2.85
Argentina	88	3.87	89	4.12	81	3.76	81	3.43
Armenia	97	3.73	93	4.04	103	3.41	113	3.03
Australia	18	5.2	15	5.75	10	5.31	22	4.66
Austria	14	5.23	9	5.81	20	5.03	12	5.16
Azerbaijan	69	4.1	62	4.45	79	3.82	57	3.72
Bahrain	37	4.57	28	5.31	46	4.32	54	3.76
Bangladesh	111	3.51	117	3.57	97	3.48	115	2.98
Barbados	47	4.4	33	5.23	56	4.16	51	3.84
Belgium	19	5.14	18	5.6	21	5.02	15	5.02
Benin	106	3.56	103	3.81	123	3.2	100	3.21

续表

国家和地区	A Rank	Score	B1 Rank	Score	B2 Rank	Score	B3 Rank	Score
Bolivia	118	3.42	108	3.68	128	3.1	134	2.59
Bosnia and Herzegovina	107	3.56	98	3.93	102	3.42	129	2.8
Botswana	56	4.25	53	4.65	82	3.76	98	3.22
Brazil	64	4.13	96	3.98	51	4.28	42	4.04
Brunei Darussalam	39	4.54	29	5.3	77	3.84	87	3.35
Bulgaria	76	4.03	82	4.2	65	4.05	92	3.3
Burkina Faso	127	3.36	126	3.43	118	3.25	95	3.27
Burundi	132	2.98	132	3.14	133	2.73	125	2.85
Cambodia	109	3.53	107	3.72	115	3.28	112	3.04
Cameroon	114	3.48	109	3.67	120	3.22	108	3.08
Canada	10	5.37	8	5.84	5	5.44	16	4.96
Chad	134	2.85	133	2.96	134	2.69	131	2.7
Chile	28	4.72	36	5.15	30	4.58	44	4
China	30	4.7	42	5.01	40	4.41	32	4.18
Colombia	74	4.05	77	4.24	70	3.96	60	3.71
Costa Rica	59	4.23	63	4.45	60	4.09	39	4.07
Croatia	61	4.22	49	4.69	62	4.08	62	3.7
Cyprus	40	4.53	23	5.48	39	4.43	41	4.05
Czech Republic	33	4.62	45	4.85	28	4.67	25	4.37
Denmark	3	5.58	4	6.14	3	5.49	7	5.37
Dominican Republic	98	3.72	99	3.9	90	3.64	86	3.38
Ecuador	104	3.58	90	4.12	117	3.27	118	2.95
Egypt	81	3.98	83	4.18	88	3.7	74	3.54
El Salvador	79	3.99	66	4.43	84	3.75	96	3.24
Estonia	32	4.67	30	5.27	26	4.73	40	4.06
Ethiopia	121	3.41	119	3.56	121	3.21	114	2.98
Finland	6	5.5	1	6.18	13	5.21	5	5.53
France	16	5.22	13	5.76	16	5.09	14	5.08
Gambia, The	87	3.88	81	4.22	107	3.36	78	3.48

续表

国家和地区	A Rank	Score	B1 Rank	Score	B2 Rank	Score	B3 Rank	Score
Georgia	90	3. 86	91	4. 07	87	3. 72	109	3. 07
Germany	7	5. 46	7	5. 96	11	5. 22	4	5. 54
Ghana	102	3. 62	106	3. 74	95	3. 49	107	3. 09
Greece	67	4. 11	51	4. 66	57	4. 16	68	3. 65
Guatemala	84	3. 94	84	4. 17	86	3. 72	65	3. 69
Guyana	115	3. 47	115	3. 6	112	3. 31	111	3. 04
Honduras	82	3. 98	78	4. 24	91	3. 62	89	3. 32
Hong Kong	11	5. 33	5	6. 05	6	5. 43	21	4. 69
Hungary	62	4. 22	64	4. 43	48	4. 31	55	3. 75
Iceland	20	5. 05	11	5. 8	22	4. 89	19	4. 82
India	50	4. 33	80	4. 23	33	4. 49	27	4. 29
Indonesia	55	4. 25	76	4. 25	49	4. 29	45	3. 98
Ireland	22	4. 99	32	5. 24	19	5. 05	20	4. 72
Israel	23	4. 97	41	5. 06	23	4. 84	13	5. 1
Italy	49	4. 35	58	4. 53	42	4. 38	31	4. 19
Jamaica	86	3. 89	97	3. 95	75	3. 91	72	3. 57
Japan	9	5. 38	26	5. 36	12	5. 22	3	5. 65
Jordan	48	4. 37	47	4. 8	63	4. 07	47	3. 9
Kazakhstan	66	4. 11	74	4. 29	64	4. 05	77	3. 5
Kenya	93	3. 84	104	3. 8	76	3. 9	50	3. 87
Korea，Rep.	13	5. 28	16	5. 71	15	5. 15	10	5. 2
Kuwait	35	4. 58	39	5. 12	52	4. 19	52	3. 82
Kyrgyz Republic	122	3. 4	124	3. 49	110	3. 33	123	2. 9
Latvia	54	4. 26	55	4. 63	47	4. 31	84	3. 39
Lesotho	123	3. 4	118	3. 57	125	3. 16	110	3. 06
Libya	91	3. 85	75	4. 27	114	3. 29	102	3. 16
Lithuania	44	4. 45	46	4. 84	43	4. 37	49	3. 87
Luxembourg	25	4. 85	12	5. 78	27	4. 69	24	4. 51
Macedonia，FYR	89	3. 87	68	4. 42	92	3. 58	105	3. 16
Madagascar	125	3. 38	125	3. 49	119	3. 23	97	3. 22
Malawi	119	3. 42	127	3. 43	101	3. 42	101	3. 2

续表

国家和地区	A Rank	Score	B1 Rank	Score	B2 Rank	Score	B3 Rank	Score
Malaysia	21	5.04	25	5.42	24	4.82	23	4.63
Mali	117	3.43	116	3.58	122	3.2	99	3.21
Malta	52	4.31	40	5.08	44	4.35	56	3.74
Mauritania	131	3.14	130	3.28	130	2.91	120	2.93
Mauritius	57	4.25	50	4.67	66	4.03	69	3.65
Mexico	60	4.23	60	4.47	55	4.16	70	3.6
Moldova	95	3.75	95	3.99	98	3.48	128	2.83
Mongolia	100	3.65	102	3.87	105	3.39	119	2.94
Montenegro	65	4.11	59	4.52	72	3.95	88	3.33
Morocco	73	4.08	67	4.42	85	3.73	76	3.51
Mozambique	130	3.15	131	3.21	129	3.09	127	2.84
Namibia	80	3.99	48	4.71	93	3.57	104	3.16
Nepal	126	3.37	120	3.55	126	3.12	121	2.91
Netherlands	8	5.41	10	5.81	7	5.38	9	5.2
New Zealand	24	4.93	19	5.58	17	5.07	28	4.26
Nicaragua	120	3.41	122	3.54	116	3.27	124	2.86
Nigeria	94	3.81	105	3.74	71	3.96	64	3.69
Norway	15	5.22	14	5.76	14	5.19	18	4.91
Oman	38	4.55	31	5.25	61	4.09	48	3.87
Pakistan	101	3.65	110	3.67	89	3.67	85	3.39
Panama	58	4.24	54	4.64	67	4.02	58	3.71
Paraguay	124	3.4	123	3.51	111	3.31	132	2.69
Peru	83	3.95	94	4.02	69	4.01	83	3.4
Philippines	71	4.09	85	4.17	68	4.02	67	3.65
Poland	53	4.28	70	4.39	41	4.39	61	3.7
Portugal	43	4.47	37	5.14	34	4.47	43	4.03
Puerto Rico	41	4.51	44	4.96	38	4.44	26	4.32
Qatar	26	4.83	21	5.5	31	4.53	35	4.14
Romania	68	4.1	87	4.15	54	4.18	75	3.53
Russian Federation	51	4.31	56	4.54	50	4.29	73	3.56
Saudi Arabia	27	4.72	34	5.21	45	4.35	37	4.09

续表

国家和地区	A Rank	Score	B1 Rank	Score	B2 Rank	Score	B3 Rank	Score
Senegal	96	3. 73	101	3. 88	96	3. 48	59	3. 71
Serbia	85	3. 9	88	4. 15	78	3. 82	91	3. 3
Singapore	5	5. 53	3	6. 14	2	5. 52	11	5. 16
Slovak Republic	46	4. 4	52	4. 66	32	4. 52	53	3. 8
Slovenia	42	4. 5	38	5. 13	37	4. 45	33	4. 15
South Africa	45	4. 41	69	4. 41	35	4. 46	36	4. 13
Spain	29	4. 72	27	5. 34	25	4. 75	29	4. 25
Sri Lanka	77	4. 02	92	4. 07	74	3. 92	34	4. 14
Suriname	103	3. 58	73	4. 31	127	3. 11	117	2. 97
Sweden	4	5. 53	6	6	9	5. 35	6	5. 53
Switzerland	2	5. 61	2	6. 14	8	5. 35	2	5. 68
Syria	78	3. 99	71	4. 38	104	3. 41	80	3. 45
Taiwan	17	5. 22	20	5. 53	18	5. 06	8	5. 26
Tajikistan	116	3. 46	112	3. 65	124	3. 19	103	3. 16
Tanzania	113	3. 49	114	3. 61	108	3. 34	106	3. 12
Thailand	34	4. 6	43	4. 97	36	4. 45	46	3. 91
Timor-Leste	129	3. 15	128	3. 42	132	2. 77	133	2. 62
Trinidad and Tobago	92	3. 85	65	4. 43	80	3. 78	79	3. 47
Tunisia	36	4. 58	35	5. 17	53	4. 19	30	4. 21
Turkey	63	4. 15	72	4. 34	59	4. 1	63	3. 7
Uganda	128	3. 35	129	3. 34	106	3. 37	90	3. 32
Ukraine	72	4. 09	86	4. 15	58	4. 12	66	3. 66
United Arab	31	4. 68	17	5. 67	29	4. 64	38	4. 09
United Kingdom	12	5. 3	24	5. 46	4	5. 45	17	4. 93
United States	1	5. 74	22	5. 5	1	5. 81	1	5. 8
Uruguay	75	4. 04	57	4. 53	83	3. 76	82	3. 42
Venezuela	105	3. 56	111	3. 65	94	3. 55	116	2. 98
Vietnam	70	4. 1	79	4. 23	73	3. 94	71	3. 59
Zambia	112	3. 49	121	3. 54	100	3. 43	93	3. 29
Zimbabwe	133	2. 88	134	2. 88	131	2. 87	122	2. 9

资料来源：WEF“Global Competitiveness Report 2008～2009”。

说明：由于篇幅限制，这里只列出3个竞争要素的得分和排名，下属12个竞争支柱的排名和得分省略，请参见数据文件。

【实验过程】

2009～2010年度GCI共有133个国家和地区参与评价，利用原始数据进行主成分分析，得到结果如表13－10所示。按照方差超过85%的原则，前三个主成分累积方差贡献率达到85.66%，基本包含全部指标的信息，且降维效果较好，因此选择前三个主成分作为评价指标，并计算出特征向量，见表13－11。

表13－10　全部解释方差

主成分	特征值	方差贡献率（%）	累计贡献率（%）
1	8.609	71.742	71.742
2	0.919	7.656	79.398
3	0.752	6.265	85.663
4	0.574	4.787	90.450
5	0.387	3.227	93.677
6	0.254	2.120	95.797
7	0.154	1.285	97.083
8	0.116	0.968	98.050
9	0.092	0.765	98.815
10	0.057	0.471	99.286
11	0.050	0.413	99.699
12	0.036	0.301	100.000

第一主成分的贡献率是71.7%，在大部分指标上的载荷都比较高，只是在X_3和X_{10}上的载荷较低，反映了制度、法规、教育和技术等基础环境因素对竞争力差异的影响，可以成为“制度基础因子”；第二主成分的方差贡献率是7.7%，主要在X_{10}上的载荷较高，反映了市场规模对竞争力差异的影响，可以成为“市场因子”；第三主成分的方差贡献率是6.3%，主要在X_3上的载荷较高，反映了宏观经济指标对竞争力差异的影响，可以成为“经济因子”。

表13－11　特征向量

	主成分		
	F_1	F_2	F_3
X_1	0.889	−0.273	−0.060
X_2	0.933	−0.027	−0.059
X_3	0.147	−0.016	0.827
X_4	0.777	0.232	−0.049
X_5	0.935	0.105	−0.052
X_6	0.945	−0.089	−0.056
X_7	0.692	−0.497	0.095
X_8	0.883	−0.177	−0.085
X_9	0.960	−0.011	−0.036
X_{10}	0.106	0.885	−0.090
X_{11}	0.942	0.141	−0.119
X_{12}	0.918	0.051	−0.112

将各原始指标数据标准化，以特征向量为系数进行线性组合，得到各主成分的值，估计主成分回归模型，结果如下：

$$JZL = 4.212 + 0.068F_1 + 0.057F_2 + 0.061F_3$$
$$(149.1)^{***} \quad (13.3)^{***} \quad (3.87)^{***} \quad (2.22)^{**}$$
$$Ad - R^2 = 0.775 \quad F = 149.2^{***} \quad D.W. = 2.1$$

注：括号内为系数的 t 检验值，*、**、*** 分别表示通过 10%、5%、1% 的显著性检验。

【实验结论】

从方程可以看出，F_1、F_2、F_3 与 JZL 高度相关，t 统计量、DW 统计量和 F 统计量均通过检验，方程拟合较好。调整后的判定系数 0.775 说明竞争力得分的总变差中有 77.5% 可以从这三个主成分的变化中得到解释。从参数估计结果来看，三个主成分的系数都为正，数值大小也是比较接近的，说明竞争力得分变化对各因素得分变化的敏感程度差别不大。具体来讲，“制度基础因子”对综合竞争力的影响最大，每提高一个得分，将使综合得分平均提高 0.068 分，这足以使一国的综合排名提升 3～5 位，由于“制度基础因子”是 10 个竞争支柱的线性组合，包含 10 个竞争支柱的信息，每个方面的竞争力发生细小变化，都将影响到综合竞争力的变化。而“市场因子”和“经济因子”的系数较小，对综合竞争力的影响相对小一些，而且这两个因子都只包含一个竞争支柱的信息。所以从解释变量的作用来看，要提升一国综合竞争力，不仅要发展经济，拓展市场，更加需要注重制度建设，促进教育、科技、医疗卫生事业的综合协调发展。

【实验讨论】

1. 如何解决指标体系中的信息冗余？
2. 国际竞争力评价中的指标有可比性吗？
3. 如何提高主观性评价指标的可信度？

五、实验拓展

1. 比较瑞士洛桑国际管理发展学院 IMD 和世界经济论坛 WEF 的国际竞争力报告。
2. 比较中国社会科学院和香港中国城市竞争力研究会分别发布的城市竞争力报告。

六、参考文献

[1] 洛桑国际管理发展学院（IMD）. World Competitiveness Yearbook 2010. http://www.imd.ch.

[2] 世界经济论坛（WEF）. Global Competitiveness Report 2009－2010. http://www.weforum.org.

[3] [美] 迈克尔·波特. 国家竞争优势 [M]. 北京：中信出版社，2007.

[4] 李建平，李闽榕，黄茂兴等. 中国省域经济综合竞争力发展报告（2011－2012）[M]. 北京：社会科学文献出版社，2013.

［5］李闽榕，李建平，黄茂兴．中国省域经济综合竞争力评价与预测研究［M］．北京：社会科学文献出版社，2007.

［6］李闽榕，黄茂兴，李军军．省域经济综合竞争力预测模型的构建与精确度验证［J］，管理世界，2009（2）.

［7］金碚．中国工业国际竞争力：理论、方法与实证研究［M］．北京：经济管理出版社，1997.